Kremin-Buch · Internationale Rechnungslegung

Beate Kremin-Buch

Internationale Rechnungslegung

Jahresabschluss nach HGB, IAS
und US-GAAP

Grundlagen – Vergleich – Fallbeispiele

2., überarbeitete Auflage

GABLER

Professor Dr. Beate Kremin-Buch lehrt Rechnungswesen und Controlling an der FH Ludwigshafen.

Die Deutsche Bibliothek – CIP-Einheitsaufnahme
Ein Titeldatensatz für diese Publikation ist bei der Deutschen Bibliothek erhältlich.

1. Auflage Juli 2000
2., überarbeitete Auflage April 2001

Alle Rechte vorbehalten

© Betriebswirtschaftlicher Verlag Dr. Th. Gabler GmbH, Wiesbaden 2001
Lektorat: Jutta Hauser-Fahr / Karin Janssen

Der Gabler Verlag ist ein Unternehmen der Fachverlagsgruppe BertelsmannSpringer.

Konzeption und Layout des Umschlags: Ulrike Weigel, www.CorporateDesignGroup.de
Druck und buchbinderische Verarbeitung: Hubert & Co, Göttingen
Printed in Germany

ISBN 3-409-21496-8

Vorwort zur zweiten Auflage

Jeder Autor wünscht sich, dass sein Buch vom Markt gut aufgenommen und mit Interesse gelesen wird. Beide Wünsche sind bei der „Internationalen Rechnungslegung" in Erfüllung gegangen. Die rege Nachfrage erfordert schon ein halbes Jahr nach dem Erscheinen des Buchs eine neue Auflage. Dank des intensiven Studiums durch Kollegen – vor allem aber auch durch Studierende – konnten verschiedene Mängel entdeckt und korrigiert werden. Außerdem wurden Neuerungen eingearbeitet, wie Änderungen im Bereich der steuerlichen Vorschriften zur Abschreibung von Wirtschaftsgütern.

Um über zukünftige Neuerungen und Entwicklungen zeitnah informieren zu können, wurde auf der homepage http://www.fh-ludwigshafen.de/kremin-buch die Rubrik „Aktuelles" eingerichtet.

Wie immer, gilt auch diesmal mein besonderer Dank meinem Mann. Ohne ihn sind die wesentlichen Dinge meines Lebens – so auch meine Bücher – nicht denkbar.

Sollten Fehler verblieben sein, gehen sie selbstverständlich allein zu meinen Lasten. Für Anregungen und Kritik wäre ich dankbar.

Frankfurt, im Februar 2001   Beate Kremin-Buch

Vorwort zur ersten Auflage

Das externe Rechnungswesen erlebt derzeit eine stürmische Entwicklungsphase, weil immer mehr weltweit agierende Konzerne – sogenannte „Global Player" – ihren Konzernabschluss nicht mehr nach dem HGB, sondern nach internationalen Standards erstellen. Sie versprechen sich dadurch vor allem einen einfacheren Zugang zu den internationalen Kapitalquellen.

Bei den internationalen Standards unterscheidet man die

- IAS (International Accounting Standards),

- US-GAAP (US-amerikanische Generally Accepted Accounting Principles).

Dieses Lehrbuch will die Grundzüge der Rechnungslegung nach HGB, IAS und US-GAAP klar und leicht verständlich darstellen. In jedem Kapitel wird zunächst der Sachverhalt aus der Sicht der deutschen Rechnungslegung erörtert. Anschließend werden Gemeinsamkeiten und Unterschiede zur Rechnungslegung nach IAS und US-GAAP herausgearbeitet. Die Ausführungen werden durch zahlreiche Beispiele unterstützt.

Wie immer danke ich meinem Mann, ohne dessen fundierte Kenntnisse, konstruktive Kritik und weitreichende Unterstützung auch dieses Buch nicht hätte erscheinen können. Sein Verständnis für meine wissenschaftliche Arbeit ist ebenso außergewöhnlich wie seine Geduld mit mir.

Sollten Fehler verblieben sein, gehen sie selbstverständlich allein zu meinen Lasten. Für Anregungen und Kritik wäre ich dankbar.

Frankfurt, im April 2000   Beate Kremin-Buch

Inhaltsverzeichnis

Abbildungsverzeichnis

Abkürzungs- und Symbolverzeichnis

Abb.	Abbildung
Abschn.	Abschnitt
AfA	Absetzung für Abnutzung
AG	Aktiengesellschaft
AICPA	American Institute of Certified Public Accountants
AK	Anschaffungskosten
AktG	Aktiengesetz
Anm.	Anmerkung
APB	Accounting Principles Board Opinion
ARB	Accounting Research Bulletin
Art.	Artikel
Aufl.	Auflage
Bd.	Band
BGB	Bürgerliches Gesetzbuch
bzw.	beziehungsweise
d. h.	das heißt
DBW	Die Betriebswirtschaft
DM	Deutsche Mark
$	US-amerikanische Dollar
EStG	Einkommensteuergesetz
EStR	Einkommensteuer-Richtlinien
etc.	et cetera
e. V.	eingetragener Verein
f., ff.	folgende
FAS	Statement(s) of Financial Accounting Standards
FASB	Financial Accounting Standards Board
FEK	Fertigungseinzelkosten (= Fertigungslöhne)

FGK	Fertigungsgemeinkosten
F+E	Forschung und Entwicklung
GG	Grundgesetz
ggf.	gegebenenfalls
GmbH	Gesellschaft mit beschränkter Haftung
GmbHG	GmbH-Gesetz
GoB	Grundsätze ordnungsmäßiger Buchführung
G+V-Position(en)	Positionen der Gewinn- und Verlustrechnung
HfA	Hauptfachausschuss
HGB	Handelsgesetzbuch
HK	Herstellkosten
Hrsg.	Herausgeber
hrsg.	herausgegeben
IAS	International Accounting Standard (s)
IASC	International Accounting Standards Committee
i.d.R.	in der Regel
IDW	Institut der Wirtschaftsprüfer
i. V.	in Verbindung
Jg.	Jahrgang
KapAEG	Kapitalaufnahmeerleichterungsgesetz
KPMG	KPMG Deutsche Treuhand-Gesellschaft
MEK	Materialeinzelkosten
MGK	Materialgemeinkosten
Mio.	Million(en)
n	Nutzungsdauer
No.	number
Nr.	Nummer
NYSE	New York Stock Exchange
o. O.	ohne Ortsangabe
p. a.	per annum

PKW	Personenkraftwagen
§, §§	Paragraph(en)
R	Richtlinie
RAP	Rechnungsabgrenzungsposten
S.	Satz, Seite(n)
SEC	Securities and Exchange Commission
SEKF	Sondereinzelkosten der Fertigung
SFAC	Statement of Financial Concepts
SFAS	Statement of Financial Accounting Standards
SOP	Statement(s) of Position
Sp.	Spalte
t	Tonne(n)
TDM	Tausend Deutsche Mark
Tz.	Teilziffer
u.a.	und andere(s), unter anderem
US	United States
USA	United States of Amerika
US-GAAP	US-Generally Accepted Accounting Principles
v.	von
VGK	Vertriebsgemeinkosten
vgl.	vergleiche
Vol.	volume
VWGK	Verwaltungsgemeinkosten
z.B.	zum Beispiel

1. Vom HGB zu IAS und US-GAAP

1.1 Notwendigkeit zur Harmonisierung der Rechnungslegung

Immer mehr Unternehmen sind nicht nur auf dem nationalen Güter- und Dienstleistungsmarkt tätig, sondern agieren auch auf den internationalen Märkten. Diese Ausweitung der Aktivitäten führt zu einem wachsenden Kapitalbedarf, z.B. um die Entwicklung umfassender Strategien für den internationalen Wettbewerb finanzieren zu können. Parallel zu der Ausweitung ihrer Aktivitäten auf die internationalen Güter- und Dienstleistungsmärkte versuchen viele Unternehmen, ihren wachsenden Kapitalbedarf nicht nur durch den nationalen, sondern auch durch die internationalen Kapitalmärkte zu decken. So ging z.B. 1993 die damalige Daimler Benz AG an die New Yorker Börse (NYSE). Die Suche der Unternehmen nach einem Zugang zu den internationalen Kapitalmärkten wirft jedoch ein gravierendes Problem auf. Potenzielle Kapitalgeber ziehen die Jahresabschlüsse der Unternehmen heran, um ihre Anlageentscheidungen zu fundieren. Die Jahresabschlüsse kommen aber im kontinental-europäischen Raum durch eine ganz andere Bilanzierungs- und Bewertungspraxis zu Stande, als im anglo-amerikanischen Raum. Die kontinental-europäische Rechnungslegung – in besonders starker Ausprägung durch das deutsche Bilanzrecht gemäß HGB vertreten – ist durch das Gesellschafts-, aber auch das Steuerrecht geprägt und insbesondere dem Gläubigerschutz verhaftet. Dagegen ist die anglo-amerikanische Rechnungslegung – die insbesondere durch die US-GAAP und die IAS repräsentiert wird – investororientiert. Die unterschiedlichen Bilanzierungs- und Bewertungsregeln in der kontinental-europäischen und der anglo-amerikanischen Rechnungslegung können zu erheblichen Unterschieden in den Jahresabschlüssen der Unternehmen führen. So wies z.B. die damalige Daimler Benz AG 1993 nach deutschem Handelsrecht einen Jahresüberschuss in Höhe von 615 Mio. DM aus, während nach US-GAAP aus dem Jahresüberschuss ein Jahresfehlbetrag von 1 839 Mio. DM wurde (vgl. Ballwieser, 1998, S. 344). Das Beispiel Daimler Benz, heute DaimlerChrysler, ist kein Einzelfall. Die norwegische Norsk Hydro zeigte 1992 nach norwegischem Recht einen Jahresüberschuss von 167 Mio. Kronen, während sich nach US-GAAP ein Jahresüberschuss in Höhe von 1,8 Mio. Kronen ergab (vgl. Hayn, 1997, S. 96). Ebenfalls im Jahr 1992 präsentierte die australische Gesellschaft News Corporation nach australischem Recht einen Überschuss in Höhe von 502 Mio. australischen Dollar, nach US-GAAP verblieb hiervon nur noch ein Überschuss von 241 Mio. australischen Dollar (vgl. Maret/Wepler, 1999, S. 41, Hayn, 1997, S. 96). Das Beispiel der australischen News Corporation ist besonders interessant, weil häufig angenommen wurde, dass Differenzen dieser Art nur auf Grund der Gegensätze zwischen der Rechnungslegung im englischsprachigen Raum und der in anderen Ländern entstehen könnten (vgl. Maret/Wepler, 1999, S. 41).

Die Differenzen zwischen den gläubigerschutzorientierten HGB-Abschlüssen und den investororientierten IAS- bzw. US-GAAP-Abschlüssen kommen hauptsächlich aus folgenden Gründen zustande (vgl. Bauer, 1994, S. 112):

■ **Wahlrechte**

Das HGB sieht bei der Bilanzierung umfangreichere Bilanzierungs- und Bewertungswahlrechte vor.

■ **Steuerliche Einflüsse**

HGB-Abschlüsse unterliegen in weit höherem Maß steuerlichen Einflüssen (z.B. durch die Gewährung steuerlicher Abschreibungen).

■ **Stille Reserven**

Nach dem deutschen Vorsichtsprinzip müssen bzw. dürfen umfangreichere stille Reserven gebildet werden. Dadurch wird ein Gestaltungsspielraum geschaffen. Eine stille Reserve ergibt sich z.B. dadurch, dass nach dem HGB Vermögensgegenstände höchstens mit ihren Anschaffungs- bzw. Herstellungskosten, nicht aber mit den höheren Marktwerten bewertet werden dürfen (vgl. § 253, (1), S. 1 HGB).

Insbesondere die Möglichkeit der Bildung stiller Reserven spielte und spielt in der nationalen sowie internationalen Bilanzierungsdiskussion eine zentrale Rolle. Mit der Bildung stiller Reserven wird das Ziel verfolgt, das Eigenkapital als Haftungsgrundlage für die Gläubiger zu sichern, indem ein vorzeitiger Mittelabfluss in Form erhöhter Gewinnausschüttungen verhindert wird. So gesehen sind stille Reserven also im Sinne der Gläubiger, nicht aber vorteilhaft für Investoren. Das Problem der stillen Reserven für die Investoren hat Gustav Saage schon 1959 (S. 14) sehr anschaulich beschrieben: „Durch die Bildung und Auflösung stiller Reserven wird nicht nur der Gewinn manipuliert, sondern auch das Eigenkapital unrichtig dargestellt. Hieraus ergibt sich zwangsläufig in der Folgezeit eine Verzerrung der Ertragslage und eine unrichtige öffentliche Meinungsbildung mit allen ihren sozialpolitischen Folgen. Durch die Bildung und Auflösung stiller Reserven wird aber auch der Einblick in die absolute Höhe des Betriebsergebnisses unmöglich gemacht. Rückschläge der Unternehmung und Fehler der Verwaltung bleiben so der Öffentlichkeit und den Aktionären verborgen."

Obwohl die Bildung stiller Reserven zum Schutz der Gläubiger gedacht ist, kann man auch aus Gläubigersicht gegen sie argumentieren. Das Beispiel Daimler Benz AG zeigt anschaulich, dass nach deutschem Recht der Ausweis und die Ausschüttung von Gewinnen auch dann möglich ist, wenn nach anglo-amerikanischem Recht bereits Verluste entstanden sind. Die Ausschüttung liquider Mittel an die Anteilseigner schwächt aber das Eigenkapital als Haftungsgrundlage für die Gläubiger und kann infolgedessen in einer Verlustsituation nie in ihrem Sinne sein.

Zusammenfassend lässt sich sagen, dass die nach unterschiedlichen Rechnungslegungsvorschriften erstellten Jahresabschlüsse der Unternehmen nicht vergleichbar sind. Kontinental-europäische Abschlüsse – allen voran der HGB-Abschluss – genügen den Anforderungen der internationalen Kapitalmärkte nicht. Wollen kontinental-europäische Unternehmen Zugang zu den internationalen Kapitalmärkten finden, müssen sie ihre Rechnungslegung den dortigen Regeln anpassen. Das bedeutet, dass sie nach IAS oder US-GAAP bilanzieren müssen – die Rechnungslegung muss harmonisiert werden.

Der deutsche Gesetzgeber hat die Problematik erkannt und nach einer Lösung gesucht. Die Lösung sollte ein Kompromiss sein, der einerseits deutschen Unternehmen den Weg zu internationalen Kapitalmärkten ebnet, aber andererseits das Vorsichtsprinzip deutscher Prägung bewahrt. Der gefundene Kompromiss sieht wie folgt aus. Im Februar 1998 wurde das sogenannte Kapitalaufnahmeerleichterungsgesetz (KapAEG) verabschiedet und damit verbunden eine Öffnung das Handelsrechts vorgenommen (vgl. den neuen § 292a (2), S. 2a HGB). Danach sind deutsche börsennotierte Unternehmen vom HGB-Konzernabschluss befreit, wenn sie einen Konzernabschluss nach international anerkannten Rechnungslegungsgrundsätzen aufstellen. Der Einzelabschluss bleibt davon unberührt. Er muss nach wie vor nach deutschem Recht aufgestellt werden und dient als Grundlage für die Ermittlung des ausschüttungsfähigen Gewinns und des steuerlichen Gewinns.

Wenn nun ein deutsches Unternehmen seinen Konzernabschluss nach international anerkannten Regeln aufstellen will, steht es vor der Frage, ob es nach IAS oder US-GAAP bilanzieren soll. Zur Beantwortung dieser Frage kann eine Gegenüberstellung von IAS und US-GAAP anhand verschiedener Merkmale herangezogen werden.

1.2 IAS versus US-GAAP

■ **Entstehung**

Träger der IAS ist das International Accounting Standards Committee (IASC). Das IASC ist eine Vereinigung von Berufsorganisationen der Wirtschaftsprüfer und sonstiger Fachleute auf dem Gebiet des Rechnungswesens aus zahlreichen Ländern der Welt, die 29.6.1973 auf privatrechtlicher Basis in London gegründet wurde. Aufgabe des IASC ist die Formulierung und weltweite Verbreitung der IAS.

Die IAS bestehen aus einem zweistufigen Regelwerk (vgl. dazu Wollmert/Achleitner, 1997, S. 209-210). Es umfasst das sogenannte Framework sowie die einzelnen Standards.

♦ Das Framework kann als theoretischer Unterbau der IAS-Rechnungslegung verstanden werden. Es dient primär als konzeptionelle Grundlage für die Entwicklung neuer Standards.

♦ Im Gegensatz zum Framework regeln die Standards Einzelfragen der Rechnungslegung. Dabei folgen die Einzelfragen keiner einheitlichen Systematik. Teilweise decken die Standards Bilanzpositionen (z.B. IAS 2) oder Problembereiche (z.B.

IAS 11) ab, teilweise geht es um die Gestaltung ganzer Rechnungslegungsinstrumente (z.B. IAS 7) oder um Sonderprobleme bestimmter Branchen (z.B. IAS 30).

Bei der Entstehung der US-GAAP unterscheidet man zwischen

♦ den formellen (promulgated) US-GAAP, die als schriftlich fixierte Vorschriften vom Financial Accounting Standards Board (FASB) erlassen werden und das Ergebnis eines formalisierten Prozesses sind

♦ und den informellen (non promulgated) US-GAAP, die aus der allgemeinen Anerkennung wiederholter Rechnungslegungspraktiken durch die Organisationen der amerikanischen Wirtschaftsprüfer entstehen können

(vgl. dazu Haller, 1995, S. 21).

Aus dem Gründungsdatum des IASC geht hervor, dass es sich bei den IAS um ein eher jüngeres Regelwerk handelt, während die US-GAAP über viele Jahrzehnte gewachsen sind.

■ Ausrichtung

Die IAS sind supranationales Gedankengut, während die US-GAAP stark national geprägt sind, d.h. nur auf den amerikanischen Rechtsverkehr ausgerichtet sind.

■ Einflussnahme

Die US-GAAP verschließen sich einer Einflussnahme durch kontinental-europäische Länder. Dagegen ist aus kontinental-europäischer Sicht eine Einflussnahme auf die IAS möglich.

■ Detaillierungsgrad

Die IAS sind weniger detailliert als die US-GAAP. Während die IAS durch eine einfache Normenstruktur mit Regelungslücken gekennzeichnet sind, sind die US-GAAP inhaltlich sehr dezidiert und komplex ausgestaltet. Dies wird auch als wichtigster Hinderungsgrund für die Anerkennung der IAS an der NYSE gesehen.

■ Interpretationsspielräume

Im Vergleich zu den US-GAAP weisen die IAS größere Interpretationsspielräume auf.

■ Verbindlichkeit

Die IAS stellen Empfehlungen ohne Rechtskraft dar (soft law). Dagegen haben die US-GAAP für die Aufstellung amerikanischer Konzernabschlüsse bindende Wirkung. Das ergibt sich daraus, dass alle der Securities and Exchange Commission (SEC) einzureichenden Jahresabschlüsse ein uneingeschränktes Wirtschaftsprüfertestat erfordern, das an die Einhaltung der US-GAAP gebunden ist.

■ **Anerkennung an der NYSE**

Derzeit sind nur die US-GAAP, nicht aber die IAS an der NYSE akzeptiert. Hier ist allerdings eine Änderung dahingehend zu erwarten, dass die SEC eine Rechnungslegung nach IAS für **ausländische Unternehmen** als Voraussetzung für den Zugang zur NYSE anerkennen wird.

■ **Bilanzanalyse**

Die US-GAAP sind im Gegensatz zu den IAS für die Analysten eine bekannte Materie.

■ **Präferenz bei Großunternehmen in Deutschland**

Die Bilanzierung nach IAS oder US-GAAP ist bei den Großunternehmen in Deutschland unterschiedlich ausgestaltet (vgl. dazu Orderheide, 1998, S. 15ff.). So bilanzieren z.B.:

Dual mit IAS	Dual mit US-GAAP	Überleitung US-GAAP	Doppelt HGB und IAS	Doppelt HGB und US-GAAP
◆ Bayer ◆ Dyckerhoff ◆ Heidelberger Zement ◆ Schering	◆ Preußen Elektra ◆ Raab Karcher	◆ Deutsche Telekom ◆ Veba ◆ SGL Carbon	◆ Adidas ◆ Alsen-Breitenburg (nur IAS) ◆ Deutsche Bank ◆ Merck ◆ Puma ◆ Redland Braas (nur IAS)	◆ Daimler Chrysler ◆ Fresenius Medical Care (nur US-GAAP) ◆ Pfeiffer Vacuum

Abb. 1: Internationale Rechnungslegung ausgewählter Unternehmen in Deutschland

Erläuterungen:

◆ Bayer, Dyckerhoff, Heidelberger Zement und Schering bilanzieren dual, d.h. ihre Abschlüsse erfüllen sowohl die Anforderungen des HGB als auch die Anforderungen der IAS.

◆ Preußen Elektra und Raab Karcher (Teilkonzerne der Veba) praktizieren eine Art duale Bilanzierung mit US-GAAP. Sie nutzen Wahlrechte des HGB soweit wie möglich in Richtung US-GAAP aus.

◆ Die Deutsche Telekom, Veba und die SGL Carbon veröffentlichen zusätzlich zum deutschen Abschluss eine Überleitungsrechnung nach US-GAAP.

◆ Doppelt – nach HGB und IAS – bilanzieren Adidas, Deutsche Bank, Merck, und Puma. Alsen-Breitenburg und Redland Braas stellen ihren Abschluss nur nach IAS auf.

◆ Doppelt – nach HGB und US-GAAP – bilanzieren DaimlerChrysler, vormals Daimler Benz AG, und Pfeiffer Vacuum. Fresenius braucht nur einen Teilkonzernabschluss nach US-GAAP vorzulegen.

Betrachtet man den ganzen Markt, scheint sich bei der Mehrzahl der international ausgerichteten Unternehmen in Deutschland eine Präferenz für die Bilanzierung nach IAS abzuzeichnen (vgl. dazu auch Wollmert/Achleitner, 1997, S. 209).

■ Bedeutung am neuen Markt

Die Frage nach einer internationalen Rechnungslegung stellt sich nicht nur für Großunternehmen. Sie stellt sich auch für Nicht-Großunternehmen, die international ausgerichtet sind oder sich erhebliche Wachstumschancen versprechen. Diese Unternehmen haben derzeit in Deutschland große Probleme, Eigenkapital zu beschaffen. Um zu verhindern, dass die Unternehmen gezwungenermaßen eine Notierung an ausländischen Börsen anstreben, wird ihnen mit einer Aufnahme in den „Neuen Markt" der Frankfurter Börse eine Handlungsalternative geboten (vgl. dazu Buhleier/Helmschrott, 1997, S. 775). Hier werden die Aktien dieser Unternehmen gehandelt. Am „Neuen Markt" haben sich z.B. folgende Unternehmen für folgende Rechnungslegung entschieden:

Betrandt AG	Überleitung US-GAAP
Beta Systems Software AG	US-GAAP
Mensch und Maschine Software AG	IAS
MobilCom AG	IAS
SALTUS Technologiy AG	IAS
Quiagen N. V. Niederlande	US-GAAP

Abb. 2: Ausgewählte Rechnungslegung am Frankfurter Neuen Markt

2. Vergleich der Rechnungslegung nach HGB, IAS und US-GAAP

2.1 Ziele und Grundsätze der Rechnungslegung

Die Ziele der Rechnungslegung nach HGB, IAS und US-GAAP werden in der Literatur nicht immer einheitlich wiedergegeben, wie die nachfolgende Übersicht beispielhaft verdeutlicht:

HGB	IAS	US-GAAP
Keine expliziten Ziele. (vgl. Born, 1999a, S. 23)	Vermittlung von Informationen für wirtschaftliche Entscheidungen. (vgl. Born, 1999a, S. 23)	Vermittlung von Informationen für wirtschaftliche Entscheidungen. (vgl. Born, 1999a, S. 23)
Ermittlung des ausschüttbaren Gewinns. (vgl. Goebel, 1995, S. 2490, Moxter, 1984, S. 158)	Schutz der Investoren. (vgl. Goebel, 1995, S. 2490)	Schutz der Investoren. (vgl. Goebel, 1995, S. 2490)
Ermittlung des Periodenergebnisses unter besonderer Berücksichtigung von Gläubiger- und Gesellschafterschutz. Dokumentation der Vermögens-, Finanz- und Ertragslage des Unternehmens. Grundlage für die Ermittlung des zu versteuernden Gewinns. (vgl. Selchert/Erhardt, 1998, S. 9)	Einblick in die Vermögens- und Finanzlage sowie die Veränderungen dieser Lage und in die wirtschaftliche Leistungsfähigkeit eines Unternehmens für weiten Adressatenkreis. (vgl. Selchert/Erhardt, 1998, S. 12-13)	Beitrag zu einer effizienten Funktionsweise des Kapitalmarktes und einer adäquaten Allokation knapper Ressourcen dadurch, dass relevante Informationen für wirtschaftliche Entscheidungen geliefert werden. (vgl. Haller, 1998, S. 9)

Abb. 3: Ziele der Rechnungslegung nach HGB, IAS und US-GAAP (1)

HGB	IAS	US-GAAP
„Der Jahresabschluß der Kapitalgesellschaft hat unter Beachtung der Grundsätze ordnungsmäßiger Buchführung ein den tatsächlichen Verhältnissen entsprechendes Bild der Vermögens-, Finanz- und Ertragslage der Kapitalgesellschaft zu vermitteln."	Vermittlung von Informationen über die Vermögens-, Finanz- und Ertragslage eines Unternehmens, um die Ergebnisse des Handelns der Unternehmensleitung beurteilen zu können. Prämisse: Die Informationsbedürfnisse der Investoren sind auch typisch für die anderen Adressaten. Damit richtet sich die Rechnungslegung nach IAS primär an den Informationsbedürfnissen der Investoren aus.	Vermittlung umfassender entscheidungsrelevanter Informationen über die Vermögens-, Finanz- und Ertragslage, wobei der Schwerpunkt auf der Darstellung des Periodenergebnisses sowie seiner Entstehung und Zusammensetzung liegt. Hauptadressaten: gegenwärtige und zukünftige Anteilseigner und Kreditgeber.
(HGB, § 264 (2), S. 1)	(vgl. KPMG, 1999a, S. 18-19)	(vgl. KPMG, 1999b, S. 12)

Abb. 4: Ziele der Rechnungslegung nach HGB, IAS und US-GAAP (2)

Hier wird unter den Zielen der Rechnungslegung verstanden:

HGB	IAS	US-GAAP
Vermittlung von Informationen über die Vermögens-, Finanz- und Ertragslage **unter besonderer Berücksichtigung des Gläubigerschutzes.**	Vermittlung von Informationen über die Vermögens-, Finanz- und Ertragslage **unter besonderer Berücksichtigung des Investorschutzes.**	Vermittlung von Informationen über die Vermögens-, Finanz- und Ertragslage **unter besonderer Berücksichtigung des Investorschutzes.**

Abb. 5: Ziele der Rechnungslegung nach HGB, IAS und US-GAAP (3)

Um die Ziele der Rechnungslegung zu erreichen, muss die Bilanzierung nach bestimmten Regeln erfolgen. Diese Regeln werden Rechnungslegungsgrundsätze genannt und in „obere" und „untere" Grundsätze unterteilt (vgl. dazu Leffson, 1987, S. 157 ff.). Die oberen Grundsätze enthalten lediglich allgemeine Formulierungen, aus denen konkrete Vorschriften zur Behandlung einzelner Geschäftsvorfälle in Buchhaltung, Inventar, Bilanz und Gewinn- und Verlustrechnung abzuleiten sind. Die unteren Grundsätze enthalten konkrete Vorschriften. Folgende Übersicht zeigt die wichtigsten oberen und unteren Grundsätze (vgl. dazu Coenenberg, 1997a, S. 34-43):

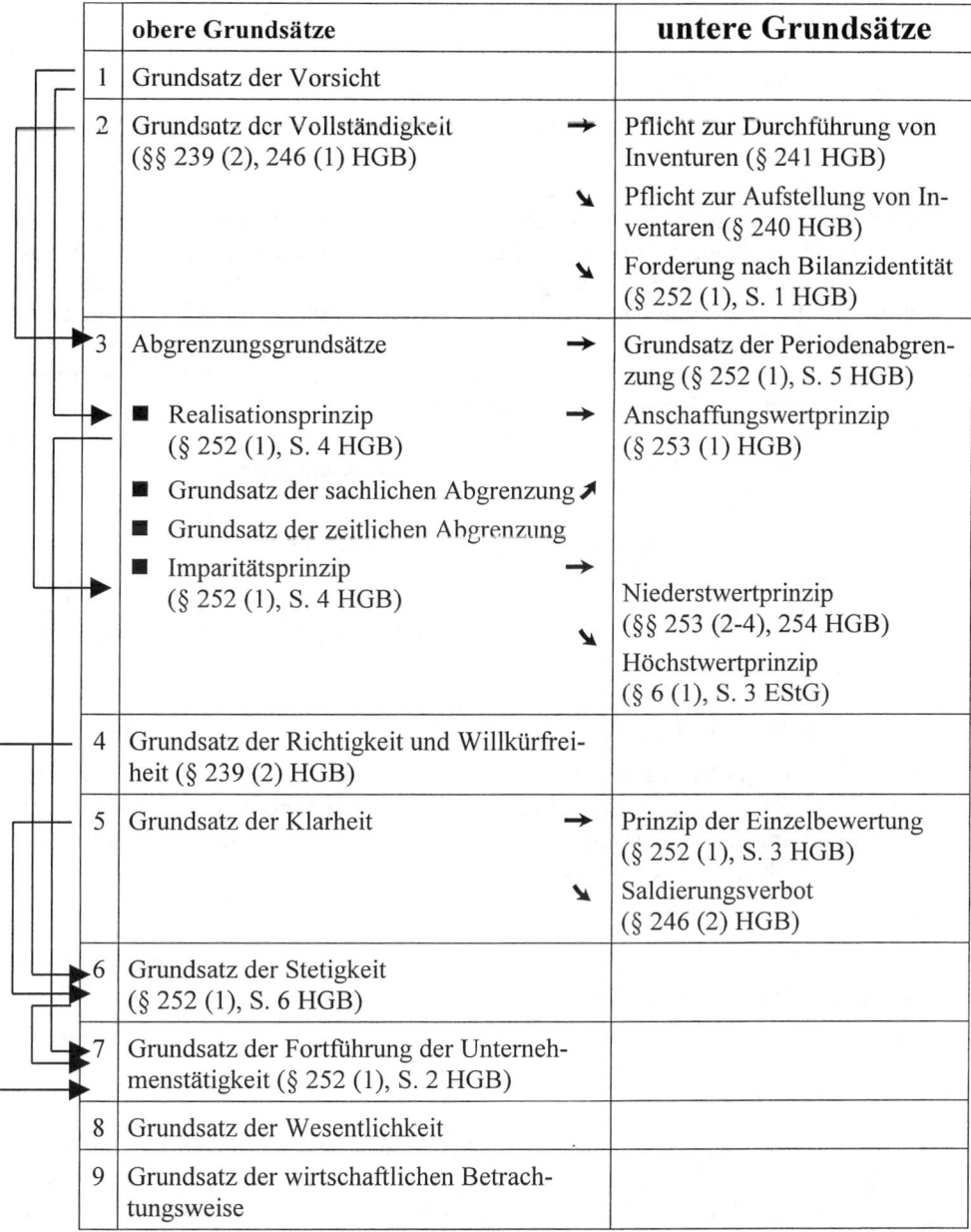

obere Grundsätze	untere Grundsätze
1 Grundsatz der Vorsicht	
2 Grundsatz der Vollständigkeit (§§ 239 (2), 246 (1) HGB) →	Pflicht zur Durchführung von Inventuren (§ 241 HGB) Pflicht zur Aufstellung von Inventaren (§ 240 HGB) Forderung nach Bilanzidentität (§ 252 (1), S. 1 HGB)
3 Abgrenzungsgrundsätze →	Grundsatz der Periodenabgrenzung (§ 252 (1), S. 5 HGB)
■ Realisationsprinzip (§ 252 (1), S. 4 HGB) →	Anschaffungswertprinzip (§ 253 (1) HGB)
■ Grundsatz der sachlichen Abgrenzung ↗ ■ Grundsatz der zeitlichen Abgrenzung ■ Imparitätsprinzip (§ 252 (1), S. 4 HGB) →	Niederstwertprinzip (§§ 253 (2-4), 254 HGB) Höchstwertprinzip (§ 6 (1), S. 3 EStG)
4 Grundsatz der Richtigkeit und Willkürfreiheit (§ 239 (2) HGB)	
5 Grundsatz der Klarheit →	Prinzip der Einzelbewertung (§ 252 (1), S. 3 HGB) Saldierungsverbot (§ 246 (2) HGB)
6 Grundsatz der Stetigkeit (§ 252 (1), S. 6 HGB)	
7 Grundsatz der Fortführung der Unternehmenstätigkeit (§ 252 (1), S. 2 HGB)	
8 Grundsatz der Wesentlichkeit	
9 Grundsatz der wirtschaftlichen Betrachtungsweise	

Abb. 6: Ausgewählte deutsche Rechnungslegungsgrundsätze und ihre Zusammenhänge

Erläuterungen:

1. Grundsatz der Vorsicht

Sowohl im Interesse der Eigentümer als auch der Gläubiger sollte die Rechnungslegung „vorsichtig" geführt werden, um keinen zu optimistischen Eindruck von der Lage des Unternehmens zu vermitteln. Dafür sorgen das Realisations- und das Imparitätsprinzip, die auch als inhaltliche Ausprägungen des Vorsichtsprinzips gelten. Darüber hinaus kommt das Vorsichtsprinzip zum Tragen, wenn in den Jahresabschluss neben vergangenheitsbezogenen Werten auch zukunftsbezogene und damit unsichere Werte eingehen. Das ist vor allem bei der Bildung von Rückstellungen für ungewisse Verbindlichkeiten der Fall. Hier schreibt das Vorsichtsprinzip in Abhängigkeit von der Art der Daten unterschiedlich vorsichtige Wertansätze vor. Liegen z.B. im Fall einer einzelnen Bürgschaftsverpflichtung nur subjektive Erwartungen über den zurückzustellenden Betrag vor, ist „der am stärksten erfolgsmindernde Wert anzusetzen, der noch als realistischer Schätzwert angesehen werden kann." (Coenenberg, 1997a, S. 42).

In der Praxis wird das Vorsichtsprinzip oft zum Vorwand für bilanzpolitische Maßnahmen zur Schaffung stiller Reserven (Unterbewertung der Aktiva, Überbewertung der Passiva) verwendet. Dabei wird der Grundsatz der Vorsicht aber falsch gedeutet, denn eine solche Handlungsweise ist nicht mit den Grundsätzen der Richtigkeit und Klarheit vereinbar.

2. Grundsatz der Vollständigkeit

Der Grundsatz der Vollständigkeit bestimmt, dass alle Änderungen im Wert oder Bestand der betrieblichen Sachen, Rechte und Verpflichtungen in der Buchführung erfasst werden (vgl. Coenenberg, 1997a, S. 36). Aus dem Grundsatz der Vollständigkeit lassen sich die unteren Grundsätze

- Pflicht zur Durchführung von Inventuren,
- Pflicht zur Aufstellung von Inventaren,
- Forderung nach Bilanzidentität

ableiten.

- Inventur

   Mit einer Inventur wird der tatsächliche Bestand des Vermögens und der Schulden eines Unternehmens für einen bestimmten Zeitpunkt mengen- und wertmäßig erfasst (vgl. Olfert/Körner/Langenbeck, 1998, S. 48). Man unterscheidet zwischen körperlicher Inventur (= messen, zählen, wiegen) und Buchinventur (= auf der Grundlage von Aufzeichnungen anhand von Belegen). Beide Inventurarten spielen bei den unterschiedlichen Inventurverfahren eine Rolle (zu den verschiedenen Inventurverfahren vgl. z.B. Bussiek/Ehrmann, 1999, S. 24-25).

■ Inventar

Das Ergebnis der Inventur wird in das sogenannte Inventar eingetragen (vgl. Ol-fert/Körner/Langenbeck, 1998, S. 49). Die Differenz zwischen dem ermittelten Vermögen und den ermittelten Schulden wird Eigenkapital genannt. Infolgedessen finanzieren die Schulden und das Eigenkapital zusammen das gesamte Vermögen des Unternehmens. Das Inventar ist die Grundlage für die Aufstellung der Bilanz. Der Unterschied zwischen Inventar und Bilanz besteht darin, dass im Inventar die Vermögensgegenstände und Schulden einzeln aufgeführt werden, während sie in der Bilanz zu einzelnen Vermögens- und Schuldpositionen zusammengefasst werden.

■ Bilanzidentität

Bilanzidentität bedeutet, dass die Anfangsbilanz einer Periode mit der Schluss-bilanz der vorausgegangenen Periode identisch sein muss. Ansonsten ist nicht gewährleistet, dass die Bilanzen tatsächlich alle Änderungen im Wert oder Be-stand der betrieblichen Sachen, Rechte und Verpflichtungen erfasst haben (vgl. Coenenberg, 1997a, S. 37).

Aufbauend auf dem Grundsatz der Vollständigkeit legen die Abgrenzungsgrundsätze fest, welcher Periode die Änderungen im Wert oder Bestand der betrieblichen Sa-chen, Rechte und Verpflichtungen zuzurechnen sind.

3. Abgrenzungsgrundsätze

Der Grundsatz der Periodenabgrenzung besagt, dass der Jahresabschluss keine Zah-lungsrechnung, sondern eine Aufwands- und Ertragsrechnung ist (vgl. § 252 (1), S. 5 HGB). Das bedeutet, dass Ein- und Auszahlungen nicht im Zeitpunkt ihres Zu- oder Abflusses erfolgswirksam zu verrechnen sind. Vielmehr sind sie den Perioden als Ertrag und Aufwand zuzuordnen, denen sie wirtschaftlich zugehören (vgl. Woll-mert/Achleitner, 1997, S. 245).

Welchen Perioden die Ein- und Auszahlungen wirtschaftlich zugehören, wird im Ein-zelnen durch vier Prinzipien geregelt:

■ das Realisationsprinzip,

■ der Grundsatz der sachlichen Abgrenzung,

■ der Grundsatz der zeitlichen Abgrenzung,

■ das Imparitätsprinzip.

■ **Realisationsprinzip**

Nach dem Realisationsprinzip dürfen Gewinne aus Unternehmensleistungen erst dann in die Bilanz und Gewinn- und Verlustrechnung eingehen, wenn sie realisiert sind. Daraus ergibt sich die Frage, wann Gewinne aus Unternehmensleistungen realisiert sind. Grundsätzlich sind mehrere Zeitpunkte der Realisation denkbar (vgl. dazu Riebel, 1994, S. 104-106), z.B.

♦ nach der Bestellung durch den Kunden (Bestellzeitpunkt),

♦ nach der Lieferung (= Zeitpunkt des Gefahrenübergangs) bzw. der Beendigung der Dienstleistung,

♦ nach dem Begleichen der Rechnung durch den Kunden (Zahlungszeitpunkt),

♦ nach Ablauf der Gewährleistungsfrist.

Nach herrschender Meinung gilt ein Gewinn aus der Unternehmensleistung dann als realisiert, wenn die Lieferung vollzogen ist (= im Zeitpunkt des Gefahrenübergangs) bzw. wenn die Dienstleistung erbracht ist (vgl. Adler/Düring/Schmaltz, 1995, § 252 Tz. 82, Leffson, 1987, S. 265 ff.).

Aus dem vorstehenden ergibt sich die Frage, wie der Aufbau von Beständen in der Bilanz zu berücksichtigen ist. Damit für Bestände keine unrealisierten Gewinne ausgewiesen werden, dürfen sie nach dem HGB höchstens mit ihren Anschaffungs- oder Herstellungskosten bewertet werden (Anschaffungswertprinzip, § 253 (1) HGB). Diese Wertobergrenze verhindert den Ausweis nicht realisierter Gewinne, weil den Beständen nicht mehr Wert zugewiesen wird, als ihre Anschaffung bzw. Herstellung an Aufwand verursacht hat.

■ Grundsatz der sachlichen Abgrenzung

Der Grundsatz der sachlichen Abgrenzung bestimmt, in welcher Abrechnungsperiode die durch die Leistungserstellung verursachten Vermögensminderungen als Aufwand das Ergebnis einer Periode schmälern dürfen. Die Vermögensminderungen sind als erfolgswirksamer Aufwand der Periode zuzurechnen, in der die zugehörigen Erzeugnisse verkauft werden. Denn durch den Verkauf werden die dem Aufwand sachlich zugehörigen Umsatzerlöse (= Erträge) realisiert. Der Grundsatz der sachlichen Abgrenzung ist eng mit dem Realisationsprinzip verbunden. Denn das Realisationsprinzip regelt ja, wann bzw. in welcher Periode Umsatzerlöse bzw. die daraus resultierenden Gewinne realisiert sind.

Aus dem Grundsatz der sachlichen Abgrenzung ergibt sich folgendes Problem. Wie sollen Wertminderungen des Vermögens berücksichtigt werden, die in einer Periode für die Leistungserstellung nicht verkaufter Erzeugnisse anfallen? Hergestellte, aber nicht verkaufte Erzeugnisse gehen auf Lager und vergrößern dort den Bestand an fertigen Erzeugnissen. Nach dem Grundsatz der Vollständigkeit sind die durch den Bestandsaufbau verursachten Wertminderungen in der Periode der Herstellung zu berücksichtigen. Nach dem Grundsatz der sachlichen Abgrenzung dürfen sie aber erst in der Periode als Aufwand erfolgswirksam werden, in der die Erzeugnisse verkauft werden. Beides muss unabhängig davon gewährleistet sein, wie ein Unternehmen seine Gewinn- und Verlustrechnung ausgestaltet. Das HGB erlaubt, die Gewinn- und Verlustrechnung nach dem Gesamtkosten- oder dem Umsatzkostenverfahren aufzustellen (vgl. dazu § 275 (1), (2) und (3) HGB sowie

2.4.2 Gesamtkosten- versus Umsatzkostenverfahren). Die Verfahren unterscheiden sich in der Behandlung nicht verkaufter Güter, führen aber immer zu demselben Ergebnis. Hier wird die Lösung des Problems beispielhaft für das Gesamtkostenverfahren geschildert.

♦ **Ausgangsdaten**

hergestellte Menge im Geschäftsjahr 01	1 000 Stück
abgesetzte Menge im Geschäftsjahr 01	800 Stück
Herstellungskosten	10 DM/Stück
verkaufte Menge im Geschäftsjahr 02	200 Stück
Verkaufspreis	14 DM/Stück

♦ **Buchungen im Geschäftsjahr 01 nach dem Gesamtkostenverfahren**

Material-, Personalaufwand etc.	an	Rohstoffe, Bank etc.	10 000 DM

Die Buchung ist nach dem Grundsatz der Vollständigkeit erforderlich, weil in 01 insgesamt 1 000 Stück mit Herstellungskosten von 10 DM/Stück DM hergestellt wurden und dadurch ein Aufwand von 10 000 DM entstanden ist. Durch die Buchung reduzieren sich die Vermögensgegenstände und damit auch der Jahresüberschuss in der Bilanz. Gleichzeitig steigt der Aufwand. Dadurch sinkt der Jahresüberschuss in der Gewinn- und Verlustrechnung parallel zum Jahresüberschuss in der Bilanz.

Da aber nicht alle 1 000 hergestellten Stück in 01 verkauft werden, dürfen nach dem Grundsatz der sachlichen Abgrenzung die Wertminderungen für die 200 auf Lager gegangenen Stücke den Jahresüberschuss der Periode 01 nicht schmälern. Vielmehr müssen sie der Periode 02 zugerechnet werden, in der die 200 Stück verkauft werden. Die Aufwandsbuchung für die 200 Stück ist demnach in 01 durch eine gleich hohe Gegenbuchung zu neutralisieren:

Fertige Erzeugnisse und Waren	an	Bestandsmehrung	2 000 DM
		(= Ertrag)	

Damit beträgt der erfolgswirksame Aufwand 10 000 DM ./. 2 000 DM = 8 000 DM und passt zu den in 01 abgesetzten 800 Stück. Außerdem sind die fertigen Erzeugnisse mit ihren Herstellungskosten bewertet, wie es das Anschaffungswertprinzip fordert.

Schließlich ist noch der Verkauf der 800 Stück zu buchen:

Kasse, Bank oder Forderungen	an	Umsatzerlöse	11 200 DM

♦ **Gewinn- und Verlustrechnung in 01 nach dem Gesamtkostenverfahren**

	Umsatzerlöse	11 200 DM
+	Bestandsmehrung	2 000 DM
./.	Materialaufwand	10 000 DM
=	**Jahresüberschuss**	**3 200 DM**

♦ **Buchungen im Geschäftsjahr 02 nach dem Gesamtkostenverfahren**

Kasse, Bank oder Forderungen	an	Umsatzerlöse	2 800 DM

Nach dem Realisationsprinzip wird zunächst der Umsatz der 200 Stück gebucht, die in 02 verkauft und geliefert wurden. Das Vermögen erhöht sich, weil ein Zugang in der Kasse bzw. Bank oder bei den Forderungen erfolgt. Damit steigt in der Bilanz der Jahresüberschuss um 2 800 DM. Zugleich erhöht sich in der Gewinn- und Verlustrechnung der Jahresüberschuss um 2 800 DM, weil die Umsatzerlöse ein Ertrag sind.

Bestandsminderung (= Aufwand)	an	Fertige Erzeugnisse	2 000 DM

Nach dem Grundsatz der sachlichen Abgrenzung ist der Periode 02 die Vermögensminderung erfolgswirksam zuzuordnen, die durch die Herstellung der 200 Stücke verursacht wurde. Dies geschieht mit der Soll-Buchung Bestandsminderung, die ein Aufwand ist und damit den Jahresüberschuss um 2 000 DM vermindert. Parallel dazu sinkt das Vermögen durch den Bestandsabbau, so dass auch in der Bilanz der Jahresüberschuss um 2 000 DM sinkt.

♦ **Gewinn- und Verlustrechnung in 02 nach dem Gesamtkostenverfahren**

Umsatzerlöse	2 800 DM
./. Bestandsminderung	2 000 DM
./. Materialaufwand	0 DM
= **Jahresüberschuss**	**800 DM**

♦ **Ergebnis**

Es wurde dem Grundsatz der sachlichen Abgrenzung, dem Anschaffungswertprinzip und dem Realisationsprinzip entsprochen. Der Grundsatz der sachlichen Abgrenzung wurde eingehalten, weil der Aufwand für die Herstellung
der Bestände erst in der Periode des Abverkaufs der Bestände erfolgswirksam
wurde. Dem Anschaffungswertprinzip wurde dadurch Genüge getan, dass die
Bestände in 01 lediglich mit ihren Herstellungskosten bewertet wurden. Und
schließlich wurden dem Realisationsprinzip entsprechend die Gewinne aus der
unternehmerischen Leistung erst in den Perioden ausgewiesen, in denen der
Verkauf der hergestellten Stücke stattfand.

■ **Grundsatz der zeitlichen Abgrenzung**

Der Grundsatz der zeitlichen Abgrenzung regelt zweierlei (vgl. Coenenberg,
1997a, S. 39):

1. **Streng zeitraumbezogen anfallende Vermögensänderungen (Erträge,
Aufwendungen)**

Streng zeitraumbezogen anfallende Vermögensänderungen sind dadurch gekennzeichnet, dass ihnen ein Zeitraum mit definiertem Anfangs- und Endda-
tum zu Grunde liegt. Typische Beispiele sind Mietaufwendungen oder Zinserträge. Für solche Vermögensänderungen besagt der Grundsatz der zeitlichen
Abgrenzung, dass sie zeitproportional zu periodisieren sind. Wenn z.B. ein
Unternehmen mit Bilanzstichtag am 31.12.01 am 1.7.01 eine Versicherungs-
prämie in Höhe von 12 000 DM für den Zeitraum vom 1.7.01 bis 30.6.02
zahlt, dann ist die Prämie zur einen Hälfte Aufwand in 01 und zur anderen
Hälfte in 02. Der Zahlungszeitpunkt ist für die Zurechnung des Aufwands unerheblich. Gleichwohl ist natürlich die Zahlung nach dem Grundsatz der Vollständigkeit in 01 zu buchen. Um sowohl dem Grundsatz der Vollständigkeit
als auch dem Grundsatz der zeitlichen Abgrenzung zu genügen, würde der an-
genommene Fall wie folgt in den Büchern erscheinen (vgl. Arnold/Botta/Hoe-
fener/Pech, 1998, S. 229):

♦ Geschäftsjahr 01:

sonstiger betrieb- licher Aufwand 6 000 DM	an	Bank, Kasse oder Verbindlichkeiten 12 000 DM
Rechnungsab- grenzungsposten 6 000 DM		

In 01 darf nur ein Aufwand von 6 000 DM erfolgswirksam berücksichtigt werden. Der Kassen- bzw. Bankabgang beträgt aber 12 000 DM. Die Differenz muss gebucht werden, darf aber nach dem Grundsatz der zeitlichen Abgrenzung kein erfolgswirksamer Aufwand sein. Daher erscheint die Differenz auf einem speziellen Bilanzkonto, dem Rechnungsabgrenzungsposten. Er heißt so, weil er zur zeitlichen Abgrenzung der streng zeitraumbezogenen Vermögensänderungen dient. Er kompensiert sozusagen den im Vergleich zum Aufwand des Jahres 01 zu hohen Kassenabgang.

♦ Geschäftsjahr 02:

sonstiger betrieb- licher Aufwand	an	Rechnungsabgren- zungsposten	6 000 DM

In 02 wird ein Aufwand von 6 000 DM erfolgswirksam berücksichtigt und der Rechnungsabgrenzungsposten aufgelöst, d.h. dem Aufwand von 6 000 DM steht kein Kassen- oder Bankabgang gegenüber. Der Kassen- bzw. Bankabgang wurde ja schon in 01 berücksichtigt.

2. Vermögensänderungen, die weder streng zeitraumbezogen sind, noch sachlich oder nach dem Realisationsprinzip abgegrenzt werden können, weil ihnen der Leistungsbezug fehlt

Derartige Wertänderungen werden nach dem Grundsatz der zeitlichen Abgrenzung der Periode zugerechnet, in der sie anfallen. Beispiele sind erhaltene Schenkungen, Währungsgewinne, Sanierungsgewinne, katastrophenbedingte Wertminderungen).

Beispiel:

Ein Unternehmen hat in der Periode 01 insgesamt 100 Aktien zum Kurs von 300 DM/Stück gekauft und wie folgt eingebucht.

Wertpapiere	an	Bank	30 000 DM

In 02 steigt der Kurs der Aktien. Am Bilanzstichtag beträgt er 350 DM/Stück. Nach dem Anschaffungswertprinzip und dem Grundsatz der zeitlichen Abgrenzung darf der Kursgewinn in Höhe von 5 000 DM nicht in den Büchern vereinnahmt werden, weil er noch nicht angefallen ist. Er stellt eine stille Reserve dar.

In 03 steigt der Kurs weiter auf 400 DM/Stück. Daraufhin verkauft das Unternehmen die Wertpapiere. Weil es als Gegenwert 40 000 DM gutgeschrieben bekommt, ist der Kursgewinn in 03 angefallen und wird nach dem Grundsatz der zeitlichen Abgrenzung auch in 03 als Ertrag gebucht:

| Bank | 40 000 DM | an | Wertpapiere | 30 000 DM |
| | | | sonstiger betrieblicher Ertrag | 10 000 DM |

Die Wertpapiere sind mit ihrem Buchwert ausgebucht und in der Bilanz sowie in der Gewinn- und Verlustrechnung steigt der Jahresüberschuss um 10 000 DM. In der Bilanz, weil der Abgang des Vermögensgegenstandes Aktien nur 30 000 DM, der Zugang des Vermögensgegenstandes Bank dagegen 40 000 DM beträgt. In der Gewinn- und Verlustrechnung, weil ein zusätzlicher Ertrag in Höhe von 10 000 DM entstanden ist.

■ **Imparitätsprinzip**

Imparität bedeutet Ungleichheit. Hier ist damit gemeint, dass einzelgeschäftliche Verluste im Jahresabschluss anders behandelt werden als einzelgeschäftliche Gewinne. Die einzelgeschäftlichen Gewinne sind nach dem Realisationsprinzip und dem Grundsatz der zeitlichen Abgrenzung erst dann erfolgswirksam in der Bilanz und in der Gewinn- und Verlustrechnung zu berücksichtigen, wenn sie realisiert bzw. angefallen sind. Demgegenüber besagt das Imparitätsprinzip, dass Verluste bereits vor ihrer Realisation im Jahresabschluss zu berücksichtigen sind. Das Imparitätsprinzip folgt aus dem Vorsichtsprinzip und kommt bei der Bilanzierung in mehrfacher Weise zum Tragen (vgl. dazu Coenenberg, 1997a, S. 40, S. 236, S. 234, Olfert/Körner/Langenbeck, 1998, S. 222):

♦ Es verlangt die erfolgswirksame Herabsetzung (= Abschreibung) der Buchwerte von Vermögensgegenständen, wenn der tatsächliche Wert eines Vermögensgegenstandes niedriger als sein Buchwert ist (Niederstwertprinzip).

Beispiel:

Ein Unternehmen hat Waren in die USA geliefert und daraus eine Forderung gegenüber dem Kunden in Höhe von 10 000 $. Der Kurs des US-Dollar am Entstehungstag der Forderung betrug 1,85 DM/$. Die Forderung steht also mit 18 500 DM in den Büchern. Am Bilanzstichtag beträgt der Kurs 1,82 DM/$, d.h. der tatsächliche Wert der Forderung beträgt nur noch 18 200 DM. Nach dem Niederstwertprinzip muss die Forderung jetzt auf ihren tatsächlichen Wert abgeschrieben werden:

sonstiger betrieblicher Aufwand	an	Forderungen aus Lieferungen und Leistungen	300 DM

♦ Es verlangt die erfolgswirksame Heraufsetzung (= Zuschreibung) der Buchwerte von Verbindlichkeiten mit einer Laufzeit bis zu 5 Jahren bei dauerhaften und auch bei nur vorübergehenden Erhöhungen des Rückzahlungsbetrags (Höchstwertprinzip).

Beispiel:

Ein Unternehmen hat Waren in den USA gekauft und eine Verbindlichkeit gegenüber dem Lieferanten in Höhe von 10 000 $. Der Kurs des US-Dollar am Entstehungstag der Verbindlichkeit betrug 1,85 DM/$. Die Verbindlichkeit steht also mit 18 500 DM in den Büchern. Am Bilanzstichtag beträgt der Kurs 1,87 DM/$, d.h. der tatsächliche Wert der Verbindlichkeit beträgt jetzt 18 700 DM. Nach dem Höchstwertprinzip muss die Verbindlichkeit jetzt auf ihren tatsächlichen Wert zugeschrieben werden:

sonstiger betrieblicher Aufwand	an	Verbindlichkeiten aus Lieferungen und Leistungen	200 DM

(Bei Valutaverbindlichkeiten mit einer Laufzeit bis zu einem Jahr gibt es in der Literatur davon abweichende Meinungen vgl. dazu S. 186).

♦ Am Bilanzstichtag können Schulden absehbar sein, die ihrer Höhe und/oder ihrem Eintritt nach ungewiss, aber wahrscheinlich sind. Ein Beispiel für solche Schulden sind zukünftige Pensionsverpflichtungen eines Unternehmens, die auf Pensionszusagen gegenüber Mitarbeitern beruhen. Bestehen solche ungewissen Verbindlichkeiten, verlangt das Imparitätsprinzip Vorsorge für die zukünftigen Vermögensminderungen zu treffen. Dies geschieht durch die Bildung von Rückstellungen:

Aufwand	an	Rückstellungen
(z.B. Personalaufwand)		(z.B. Pensionsrückstellungen)

Wie ihr Name sagt, stellen Rückstellungen Vermögen für zukünftige Verwendungen zurück (vgl. dazu S. 166).

4. Grundsatz der Richtigkeit und Willkürfreiheit

Nach diesem Grundsatz ist der Jahresabschluss aus Aufzeichnungen abzuleiten, die mit den Vorgängen im Unternehmen objektiv übereinstimmen müssen. Objektiv bedeutet in diesem Zusammenhang, dass die Übereinstimmung auch von anderen Personen als denen des Unternehmens feststellbar sein muss (vgl. Coenenberg, 1997a, S. 35-36).

5. Grundsatz der Klarheit

Nach diesem Grundsatz dürfen die Aufzeichnungen der Buchführung und der Jahresabschluss keine missverständlichen Tatsachen enthalten, sondern müssen verständlich und übersichtlich sind (vgl. Coenenberg, 1997a, S. 36). Verständlichkeit bedeutet, dass eine mit Buchführung und Jahresabschluss vertraute Person das Zahlenmaterial nachprüfen kann und durch die Darstellung nicht irregeführt wird.

Aus dem Grundsatz der Klarheit leiten sich ab:

■ das Prinzip der Einzelbewertung,

■ das Saldierungsverbot.

■ Einzelbewertung

Das Prinzip besagt, dass Vermögensgegenstände und Schulden bei der Bilanzaufstellung einzeln zu erfassen und bewerten sind. Als einzelner Vermögensgegenstand gilt dabei jedes Gut, das selbständig verkehrsfähig (= einzeln veräußerbar) ist. Der Grundsatz verhindert, dass Wertminderungen mit Wertsteigerungen kompensiert werden und damit notwendige Abschreibungen unterbleiben. So dürfen z.B. Kursverluste bei einer Wertpapierart nicht durch Kursgewinne bei einer anderen Wertpapierart kompensiert werden, sondern müssen durch Abschreibungen berücksichtigt werden.

■ Saldierungsverbot

Das Saldierungsverbot besagt, dass Vermögensgegenstände nicht mit Schulden bzw. Eigenkapital und Aufwendungen nicht mit Erträgen verrechnet werden dürfen.

6. Grundsatz der Stetigkeit

Man kann die Entwicklung eines Unternehmens nur dann erkennen, wenn die Jahresabschlüsse der einzelnen Jahre miteinander vergleichbar sind. Das setzt zum einen eine sorgfältige Periodenabgrenzung (z.B. gleich lange Berichtszeiträume) und zum anderen eine inhaltliche Gleichartigkeit der Jahresabschlüsse bezüglich der Erfassungs-, Ausweis- und Bewertungsmethoden voraus. Der Grundsatz der Stetigkeit folgt damit nicht nur aus dem Zweck der Vergleichbarkeit, sondern auch aus den Grundsätzen der Richtigkeit und Willkürfreiheit sowie Klarheit (vgl. Coenenberg, 1997a, S. 41).

7. Grundsatz der Fortführung der Unternehmenstätigkeit

Nach diesem Grundsatz ist bei der Bewertung der Vermögensgegenstände und Schulden im Jahresabschluss von der Annahme auszugehen, dass das Unternehmen über den Abschlussstichtag hinaus fortgeführt wird. Man kann ihn aus dem Grundsatz der Stetigkeit, dem Grundsatz der Richtigkeit und Willkürfreiheit sowie dem Realisationsprinzip herleiten (vgl. Coenenberg, 1997a, S. 43). Wenn es z.B. am Abschlussstichtag keinerlei Anzeichen für eine Auflösung des Unternehmens etwa durch Konkurs gibt, ist die Annahme einer Unternehmensliquidation nicht mit dem Grundsatz der Richtigkeit und Willkürfreiheit vereinbar. In diesem Fall muss zwingend vom Grundsatz der Fortführung der Unternehmenstätigkeit ausgegangen werden.

8. Grundsatz der Wesentlichkeit

Es handelt sich um einen Bewertungsgrundsatz, der im § 252 HGB nicht ausdrücklich genannt wird. Er besagt, dass im Jahresabschluss „alle Tatbestände zu berücksichtigen und ggf. im Anhang anzugeben sind, die für die Adressaten des Jahresabschlusses von Bedeutung sind, hingegen Sachverhalte von untergeordneter Bedeutung, die wegen ihrer Größenordnung keinen Einfluss auf das Jahresergebnis und die Rechnungslegung haben, vernachlässigt werden können." (Beck, 1995, § 252, Anm. 70).

9. Grundsatz der wirtschaftlichen Betrachtungsweise

Auch dieser Grundsatz ist im HGB nicht explizit kodifiziert. Er besagt, dass Geschäftsvorfälle und andere Ereignisse nicht allein nach rechtlichen Verhältnissen, sondern nach ihrem wirtschaftlichen Gehalt und ihrer wirtschaftlichen Realität zu bilanzieren sind (vgl. Coenenberg, 1997a, S. 75, 113, Beck, 1995, § 246, Anm. 4-6). So werden z.B. unter der Bilanzposition „Technische Anlagen und Maschinen" eines Unternehmens auch solche ausgewiesen, die wesentlicher Bestandteil eines fremden Grundstücks oder sicherungsübereignet oder unter Eigentumsvorbehalt geliefert sind. Die rechtliche Zugehörigkeit zum Eigentum eines Dritten spielt in diesem Fall keine Rolle. Entscheidend für die Bilanzierung beim Unternehmen ist, dass die Anlagen bzw. Maschinen dem Unternehmen wirtschaftlich zugehörig sind.

Die dargestellten Grundsätze gibt es im Großen und Ganzen auch in den IAS und den US-GAAP (vgl. z.B. Wollmert, 1997, S. 245-249). Allerdings zeigen sich Unterschiede im Verständnis. So wird z.B. das Realisationsprinzip im HGB aus dem Vorsichtsprinzip abgeleitet. Entsprechend ist die Realisation (= vollzogene Lieferung bzw. Beendigung der Dienstleistung) die Voraussetzung für die Erfolgswirksamkeit von Umsatzerlösen. Demgegenüber wird das Realisationsprinzip in den IAS und US-GAAP aus dem Grundsatz der Periodenabgrenzung (accrual principle) abgeleitet (vgl. Kleekämper, 1998, S. 359, Haller, 1998, S. 15). Danach ist nicht die erfolgte Realisation, sondern die Realisierbarkeit am Bilanzstichtag die Voraussetzung für die Erfolgswirksamkeit (vgl. Goebel, 1995, S. 2490). Es kann daher nach deutschem Bilanzierungsverständnis bei Anwendung von IAS oder US-GAAP zum Ausweis nicht realisierter Gewinne kommen. Das ist z.B. bei der langfristigen Auftragsfertigung der Fall. Bei langfristiger Auftragsfertigung ergibt sich aus dem Realisationsprinzip deutscher Prägung folgendes Problem. Die Unternehmen können erst in der Periode Gewinn ausweisen, in der die Lieferung bzw. die Endabnahme durch den Kunden erfolgt. Ein Gewinnausweis in den davorliegenden Perioden der Leistungserstellung ist nicht möglich. Genaugenommen weisen sie sogar Verluste aus, die wie folgt zu Stande kommen. „Unfertigen Aufträge" dürfen gemäß Realisationsprinzip und dem daraus abgeleiteten Anschaffungswertprinzip höchstens mit ihren Herstellungskosten bewertet werden. Es dürfen aber nicht alle Kosten eines Unternehmens anteilig in die Herstellungskosten eingerechnet werden. Dazu gehören z.B. die Vertriebskosten (vgl. dazu S. 51). Folglich ist der ermittelte Wert der unfertigen Aufträge kleiner als die durch die Leistungserstellung verursachten Kosten. Es kommt zu „Auftrags-Zwischenverlusten". Bei sehr langfristiger Fertigung (z.B. Bau eines Staudamms) vermitteln daher die Bilanzen den Eindruck, dass die Unternehmen jahrelang nur Verluste erwirtschaften. Dagegen weisen sie im Jahr der Lieferung bzw. Abnahme und Endabrechnung einen kumulierten Gewinn aus. Das ist problematisch, weil der kumulierte Gewinn nicht nur in diesem Jahr, sondern durch die Leistungserstellung vieler Jahre erwirtschaftet wurde. Das HGB hat für dieses Problem keine Lösung, weil es keine Vorschriften über die langfristige Auftragsfertigung enthält.

Das ist nach IAS und US-GAAP anders. Sowohl nach IAS (IAS 11) als auch nach US-GAAP (ARB No. 45) ist bei langfristiger Auftragsfertigung die sogenannte Percentage-of-Completion-Methode anzuwenden. Diese Methode stellt bei der Ermittlung der Gewinne aus langfristiger Fertigung auf den Fertigstellungsgrad der Leistung ab. Die Umsatzerlöse und die dazugehörigen Aufwendungen werden entsprechend dem Grad der Fertigstellung zum Bilanzstichtag erfolgswirksam erfasst. Ist z.B. ein Auftrag am Bilanzstichtag zur Hälfte abgewickelt, werden seinen Aufwendungen auch die Hälfte der erwarteten Umsatzerlöse (= Erträge) gegenübergestellt. Sofern die Umsatzerlöse (= Erträge) höher als die Aufwendungen sind, wird damit schon vor Beendigung des Auftrags ein Gewinn ausgewiesen. Es gibt allerdings Fälle, in denen die Erträge und Aufwendungen nicht verlässlich geschätzt werden können. In diesen Fällen dürfen nach IAS Umsatzerlöse bis zur Höhe der angefallenen oder absehbaren Aufwendungen erfolgswirksam erfasst werden (vgl. Born, 1999a, S. 37). Nach US-GAAP ist in diesen Fällen die Completed-Contract-Methode anzuwenden (vgl. Born, 1999a, S. 37). Bei der Completed-Contract-Methode erfolgt der Ausweis der Umsatzerlöse erst, wenn der Auftrag abgeschlossen ist. Bis dahin werden die unfertigen Aufträge mit ihren Herstellungskosten bewertet. Die Completed-Contract-Methode entspricht also dem deutschen Realisationsprinzip.

Nicht nur bei der langfristigen Auftragsfertigung kommt es nach deutschem Bilanzierungsverständnis bei Anwendung von IAS oder US-GAAP zum Ausweis nicht realisierter Gewinne. So können z.B. nach US-GAAP Gewinne bei bestimmten Gegenständen des Umlaufvermögens (z.B. bestimmte landwirtschaftliche Produkte, Edelmetalle und Mineralien etc.) schon nach Beendigung des Herstellungsprozesses erfasst werden, d.h., bevor überhaupt ein Umsatz stattgefunden hat (vgl. Haller, 1998, S. 14). Die Erfassung der Gewinne vollzieht sich dadurch, dass die Vermögensgegenstände nicht mit ihren Herstellungskosten, sondern mit ihren Verkaufspreisen bewertet werden (vgl. Haller, 1998, S. 14).

Neben den Unterschieden im Verständnis einzelner Rechnungslegungsgrundsätze stehen die Grundsätze auch in einem anderen Hierarchieverhältnis zueinander (vgl. dazu z.B.

Wollmert/Achleitner, 1997, S. 245). Das unterschiedliche Hierarchieverhältnis geht auf das unterschiedliche Verständnis über die Ziele der Rechnungslegung nach HGB, IAS und US-GAAP zurück. So ist im HGB der dominierende Rechnungslegungsgrundsatz das Vorsichtsprinzip, weil das HGB primär dem Gläubigerschutz verhaftet ist (vgl. z.B. Born, 1999a, S. 24). Dagegen dominiert nach IAS und US-GAAP der Grundsatz der Periodenabgrenzung (accrual principle) (vgl. z.B. Achleitner/Wollmert, 1997, S. 245). Er soll dafür sorgen, dass die Periodenergebnisse „richtig" ermittelt werden. Denn nur „richtige" Periodenergebnisse sind eine geeignete Grundlage für die Entscheidungen der Investoren. „Richtig" bedeutet in diesem Zusammenhang, dass Erträge und Aufwendungen den Perioden zugeordnet werden, denen sie wirtschaftlich zugehören (vgl. Achleitner/Wollmert, 1997, S. 245). Die unterschiedliche Hierarchie der Grundsätze hat erhebliche Auswirkungen auf den Erfolgsausweis.

Beispiele:

- Entwicklungskosten

  In einem HGB-Abschluss dürfen Entwicklungskosten für ein Produkt nach dem Vorsichtsprinzip nicht aktiviert werden. Sie müssen vielmehr unmittelbar in der Periode als Aufwand verrechnet werden, in der sie entstanden sind. Das gilt auch nach IAS, „es sei denn, dass die in Paragraph 17 angeführten Kriterien für den Ansatz als Vermögenswert erfüllt sind (IAS 9.16). In dem Fall gilt nach IAS eine Aktivierungspflicht für Entwicklungskosten unter den immateriellen Vermögensgegenständen (IAS 9.17). Zu den Kriterien gehört z.B., dass das entwickelte Produkt oder Verfahren klar und eindeutig abgegrenzt ist und die entsprechenden Kosten eindeutig zugerechnet sowie verlässlich ermittelt werden können. Aktivierte Entwicklungskosten sind anschließend mittels Abschreibungen auf die Jahre ihrer Nutzung zu verteilen (IAS 38). Dabei sind die Jahre der Nutzung die Jahre, in denen die Entwicklungskosten zu Erträgen führen. Nach US-GAAP dürfen Entwicklungskosten grundsätzlich nicht aktiviert werden. Eine Ausnahme davon stellen die Kosten für die Entwicklung von Computer Software dar, die vermarktet werden soll (SFAS 86). Hier besteht eine Aktivierungspflicht unter den immateriellen Vermögensgegenständen mit nachfolgender Abschreibung (z.B. lineare Abschreibung über den voraussichtlichen Produktlebenszyklus, beginnend mit der allgemeinen Markteinführung der Produkte).

- Gewinnglättung (income smoothing)

  In Deutschland sowie in manchen anderen kontinental-europäischen Ländern wird das Vorsichtsprinzip gerne dazu benutzt, stille Reserven zu legen. Stille Reserven werden in gewinnreichen Jahren z.B. durch überhöhten Abschreibungen oder die Bildung von Rückstellungen aufgebaut. Hintergrund für die Bildung stiller Reserven ist eine angestrebte Gewinnglättung. In verlustreichen Jahren führt die Auflösung stiller Reserven zur Milderung bzw. Kompensation der Verluste. Damit verkehrt sich das Vorsichtsprinzip aber in sein Gegenteil: Eine Verschlechterung der Ertragslage wird verschleiert, was eine besondere Gefahr in der Rezession darstellt (vgl. Busse von Colbe, 1998, S. 374-375). Eine solche Verschleierung der Ertragslage lässt sich mit dem Ziel der Rechnungslegung nach IAS und US-GAAP nicht vereinbaren. Denn in diesem Fall werden die Periodenergebnisse gerade nicht „richtig" dargestellt, d.h. die Investoren bekommen keine geeigneten Informationen für ihre Anlageentscheidungen. Infolgedessen darf das Vorsichtsprinzip nach IAS und US-GAAP nicht zur Bildung stiller Reserven missbraucht werden (vgl. z.B. Wollmert/Achleitner, 1997, S. 248, Göbel, 1998, S. 187).

2.2 Bestandteile der Rechnungslegung

Die Rechnungslegung bei Kapitalgesellschaften setzt sich aus folgenden Bestandteilen zusammen (vgl. dazu Born, 1999b, S. 77, S. 230, S. 343-344, S. 413, S. 463, KPMG, 1999a, S. 27, Ordelheide/Stubenrath 1998, S. 279-297, Selchert/Erhardt 1998, S. 45-52):

HGB	IAS	US-GAAP
■ Bilanz	■ Bilanz (balance sheet)	■ Bilanz (balance sheet)
■ Gewinn- und Verlustrechnung	■ Gewinn- und Verlustrechnung (Income Statement)	■ Gewinn- und Verlustrechnung (Income Statement)
■ (Kapitalflussrechnung)*	■ Kapitalflussrechnung (cash flow statement)	■ Kapitalflussrechnung (cash flow statement)
■ Anhang	■ Eigenkapitalentwicklung (changes in equity)	■ Eigenkapitalentwicklung (einschließlich Darstellung der Entwicklung der Gewinnrücklagen) (statement of changes in stockholders equity (including statement of retained earnings))
■ (Segmentberichte)*	■ Anhang (notes)	
■ Lagebericht	■ Segmentberichte (segment reports)	
		■ Anhang (notes)
* seit 1999 für börsennotierte Konzerne Pflicht (vgl. § 297 (1), S. 2 HGB)		■ Segmentberichte (segment reports)

Abb. 7: Bestandteile der Rechnungslegung

In der Bilanz werden die Vermögensgegenstände – anders ausgedrückt die Aktiva – den Schulden eines Unternehmens gegenübergestellt. Das Vermögen zeigt, wie die eingesetzten finanziellen Mittel verwendet wurden (z.B. Kauf von Maschinen oder Wertpapieren). Die Schulden zeigen die Ansprüche der Gläubiger (Fremdkapital). Die Differenz zwischen dem Vermögen und den Schulden ist der Anspruch der Anteilseigner –

das Eigenkapital. Eigen- und Fremdkapital bilden zusammen die Passiva der Bilanz. Da die Differenz zwischen Vermögen und Fremdkapital stets durch das Eigenkapital ausgeglichen wird, gilt grundsätzlich die Bilanzgleichung

---

Aktiva = Passiva

In diesem Zusammenhang können spezielle Bilanzierungsfragen auftauchen, die aber erst später vertieft werden. Dazu gehört z.B. die Behandlung von Aufwendungen für die Ingangsetzung und Erweiterung des Geschäftsbetriebs. Sie dürfen aktiviert werden, obwohl sie keinen Vermögensgegenstand darstellen (vgl. dazu S. 86). Auch die im Fall eines nicht durch das Eigenkapital gedeckten Fehlbetrags zu bildende und ebenso zu bezeichnende Aktivposition ist kein Vermögensgegenstand (vgl. dazu S. 148). Auf der Passivseite lässt sich z.B. der Sonderposten mit Rücklageanteil weder dem Eigen- noch dem Fremdkapital zuordnen (vgl. dazu S. 164). Ungeachtet dieser speziellen Bilanzierungsfragen hat jedoch die Gleichung Aktiva = Passiva stets und immer Gültigkeit.

Im Balance Sheet werden die „assets" den „liabilities" gegenübergestellt. Unter einem „asset" versteht man nach US-GAAP „probable future economic benefits obtained or controlled by a particular entity as a result of past transactions or events." (SFAC 3). Die IAS schließen sich diesem Verständnis von „asset" an (vgl. Wollmert/Achleitner, 1997, S. 215). Somit ist ein „asset" eine Ressource, die drei Kriterien genügt (vgl. Coenenberg 1997a, S. 834):

- Das Unternehmen muss auf Grund eines Ereignisses in der Vergangenheit über sie verfügen.

- Ihre Kosten bzw. ihr Wert müssen verlässlich bestimmt werden können.

- Ihr ökonomischer Nutzen muss wahrscheinlich sein, d.h., es muss wahrscheinlich sein, dass sie in der Zukunft zu Vermögensvorteilen führt.

Nach deutschem Verständnis umfasst der Begriff Vermögensgegenstand (vgl. Coenenberg, 1997a, S. 70):

- wirtschaftliche Werte, die

- selbständig bewertbar und

- selbständig verkehrsfähig, d.h. einzeln veräußerbar sind.

Der wirtschaftliche Wert ist durch seinen zukünftigen Nutzen für das Unternehmen charakterisiert. Die selbständige Bewertbarkeit fordert das Vorliegen eines geeigneten Wertmaßstabes, z. B. das Vorliegen von Aufwendungen zur Ermittlung von Herstellungskosten. Die Beschränkung der Vermögensgegenstände auf einzeln veräußerbare Güter trägt dem Gläubigerschutz in besonderem Maß Rechnung. Dadurch haben nämlich die Gläubiger im Konkursfall die Möglichkeit, einzelne Objekte zur Schuldentilgung zu verwerten.

Trotz ähnlicher Definitionen deckt sich das Verständnis von Vermögensgegenständen und „assets" nicht hundertprozentig. Das Verständnis von „assets" ist weitergehend. Es führt dazu, dass IAS und US-GAAP in bestimmten Fällen eine Aktivierungspflicht vorsehen, während nach dem HGB lediglich Aktivierungswahlrechte oder auch Aktivierungsverbote gelten (vgl. dazu z.B. S. 86).

„Liabilities" sind Schuldposten. Nach US-GAAP werden sie wie folgt definiert: „Liabilities are probable future sacrifices of economic benefits arising from present obligations of a particular entity to transfer assets or provide services to other entities in the future as a result of past transactins or events." (SFAC 3). Auch an dieses Verständnis knüpfen die IAS an (vgl. Wollmert/Achleitner, 1997, S. 216). Somit sind „liabilities" definiert als

■ gegenwärtige Verpflichtungen eines Unternehmens gegenüber Dritten,

■ die auf Grund eines Ereignisses in der Vergangenheit entstanden sind,

■ deren Erfüllung voraussichtlich zu einem Abfluss („outflow") von Ressourcen mit wirtschaftlichem Nutzen führt,

■ deren Wert sich verlässlich ermitteln lässt

(vgl. Coenenberg 1997a, S. 842). „Liabilities" setzen also grundsätzlich eine Drittverpflichtung voraus, so dass dieser Begriff enger abgegrenzt ist als der Begriff des Schuldpostens im deutschen Recht.

Nach deutschem Recht sind Schulden (vgl. Coenenberg, 1997a, S. 71):

■ bestehende oder hinreichend sicher erwartete Belastungen des Vermögens, die

■ auf einer rechtlichen oder wirtschaftlichen Leistungsverpflichtung eines Unternehmens beruhen und

■ selbständig bewertbar, d.h. als solche abgrenzbar und z.B. nicht nur Ausfluss des allgemeinen Unternehmerrisiko sind.

Der deutsche Schuldbegriff umfasst danach neben den Verbindlichkeiten und Rückstellungen für Verpflichtungen gegenüber Dritten auch die sogenannten Aufwandsrückstellungen. Das sind Rückstellungen, bei denen keine Verpflichtung einem Dritten gegenüber besteht. Ein Beispiel sind Rückstellungen für unterlassene Aufwendungen für Instandhaltungen. Für diese Aufwandsrückstellungen sieht das HGB

■ eine Passivierungspflicht vor, wenn die unterlassene Instandhaltung innerhalb der nächsten drei Monate des folgenden Geschäftsjahres durchgeführt werden soll (vgl. § 249 (1), S. 2 HGB),

■ ein Passivierungswahlrecht vor, wenn die unterlassene Instandhaltung nach drei Monaten, aber innerhalb des folgenden Geschäftsjahres durchgeführt werden soll (vgl. § 249 (1), S. 3 HGB).

Die Differenz zwischen den „assets" und den „liabilities" ist „stockholders equity", d.h. das Eigenkapital der Anteilseigner.

Die Gewinn- und Verlustrechnung ist nach dem HGB eine Gegenüberstellung von Erträgen und Aufwendungen. Erträge sind die Vermögensmehrungen einer Periode.

Beispiele:

- Das Vermögen einer Periode wird gemehrt, wenn ein Unternehmen Güter verkauft → Umsatzerlöse = Ertrag.

- Das Vermögen einer Periode wird gemehrt, wenn ein Unternehmen Dividenden aus Beteiligungen erhält → Erträge aus Beteiligungen.

Aufwendungen sind die Vermögensminderungen einer Periode.

Beispiele:

- Das Vermögen einer Periode wird vermindert, wenn Löhne und Gehälter gezahlt werden → Personalaufwand.

- Das Vermögen einer Periode wird vermindert, wenn die Produktionsanlagen auf Grund des Gebrauchs an Wert verlieren → Abschreibungen auf Sachanlagen = Aufwand.

Die Differenz zwischen Erträgen und Aufwendungen stellt das Jahresergebnis in Form des Jahresüberschusses bzw. des Jahresfehlbetrages eines Unternehmens dar.

Das Income Statement ist eine Gegenüberstellung von „income" (Erträge) und „expenses" (Aufwendungen). Wie schon bei den Definitionen von „assets" und „liabilities" gibt es auch bei den Definitionen von „income" und „expenses" keine Unterschiede zwischen IAS und US-GAAP.

„Income" ist definiert als Zunahme wirtschaftlichen Nutzens während einer Abrechnungsperiode (vgl. Wollmert/Achleitner, 1997, S. 217, Coenenberg, 1997a, S. 356, KPMG, 1999b, S. 19). Nutzenzunahmen ergeben sich aus:

- Zuflüssen von „assets"

  Ein Beispiel für Zuflüsse von „assets" ist der Zufluss von liquiden Mitteln durch die Umsatztätigkeit (Buchung: „cash and cash equivalents" an „net sales").

- Wertsteigerungen von „assets"

  Ein Beispiel für Wertsteigerungen von „assets" sind Wertsteigerungen von Wertpapieren (Buchung: „investments and long-term financial assets" an „non-operating income").

- Verringerungen von „liabilities"

  Ein Beispiel für Verringerungen von „liabilities" ist die Auflösung nicht mehr benötigter Rückstellungen (Buchung: „financial liabilities" an „non-operating income").

„Expenses" sind definiert als Abnahme wirtschaftlichen Nutzens während einer Abrechnungsperiode (vgl. Wollmert/Achleitner, 1997, S. 217, Coenenberg, 1997a, S. 356, KPMG, 1999b, S. 19). Nutzenabnahmen ergeben sich aus:

■ Abflüssen von „assets"

Ein Beispiel für Abflüsse von „assets" ist der Abfluss von liquiden Mitteln durch Gehaltszahlungen (Buchung: „expenses applicable to sales and revenues an „cash and cash equivalents").

■ Wertminderungen von „assets"

Ein Beispiel für Wertminderungen von „assets" sind Wertminderungen von Wertpapieren (Buchung: „non operating expenses" an „investments and long-term financial assets").

■ Erhöhung von „liabilities"

Ein Beispiel für Erhöhungen von „liabilities" ist die Bildung von Rückstellungen (Buchung: „other operating cost and expenses" an „financial liabilities").

Erträge (income) und Aufwendungen (expenses) führen stets zu einer Veränderung des Eigenkapitals. Der hiermit und schon an anderen Stellen angesprochene – für HGB, IAS und US-GAAP gleichermaßen geltende – enge Zusammenhang zwischen Bilanz und Gewinn- und Verlustrechnung soll jetzt noch einmal abschließend an einem stark vereinfachten Beispiel nach dem HGB verdeutlicht werden.

Ein Unternehmen weist zum Ende des Geschäftsjahres 01 folgende Bilanz auf:

Aktiva	31.12.01 TDM	Passiva	31.12.01 TDM
A. Anlagevermögen		**A. Eigenkapital**	
I. Immaterielle Vermögens-gegenstände	140	I. Gezeichnetes Kapital	3 200
		II. Kapitalrücklage	3 680
II. Sachanlagen		III. Gewinnrücklagen	9 400
1. Grundstücke und Bauten	1 900	IV. Jahresüberschuss	1 200
2. Technische Anlagen und Maschinen	1 400	**B. Rückstellungen**	
3. Andere Anlagen, Betriebs- und Geschäftsausstattung	520	I. Pensionsrückstellungen	680
		II. Steuerrückstellungen	20
III. Finanzanlagen	4 850	III. Sonstige Rückstellungen	4 650
B. Umlaufvermögen		**C. Verbindlichkeiten**	
I. Vorräte		I. Verbindlichkeiten gegen über Kreditinstituten	3 170
1. Roh-, Hilfs- und Betriebs-stoffe	3 430	II. Verbindlichkeiten aus Lie-ferungen und Leistungen	1 280
2. Unfertige Erzeugnisse	390	III. Sonstige Verbindlichkeiten	1 930
3. Fertige Erzeugnisse	7 440		
II. Forderungen und sonstige Vermögensgegenstände			
1. Forderungen aus Lieferun-gen und Leistungen	5 770		
2. Sonstige Vermögensgegen-stände	2 420		
III. Flüssige Mittel	750		
C. RAP	200		
Bilanzsumme	**29 210**	**Bilanzsumme**	**29 210**

Im Verlauf des Geschäftsjahres 02 ereignen sich u.a. folgende Geschäftsvorfälle:

1. Der Jahresüberschuss wird zu einer Hälfte thesauriert, zur anderen Hälfte ausgeschüttet.

2. Es werden fertige Erzeugnisse für 2 000 TDM auf Ziel verkauft. Das Unternehmen bewertet Bestände mit den vollen Herstellungskosten. Die Herstellungskosten des abgegangenen Lagerbestands betragen 1 000 TDM.

3. Es werden Rohstoffe im Wert von 400 TDM auf Ziel gekauft und eingelagert.

4. Die technischen Anlagen und Maschinen werden mit 30% geometrisch-degressiv abgeschrieben.

Das Unternehmen ermittelt seinen Jahreserfolg in der Gewinn- und Verlustrechnung nach dem Gesamtkostenverfahren, d.h. es stellt sämtliche im Geschäftsjahr angefallenen Erträge und Aufwendungen einander gegenüber (vgl. dazu 2.4.2 Gesamtkosten- versus Umsatzkostenverfahren). Dementsprechend schlagen sich die Geschäftsvorfälle wie folgt in den Büchern nieder:

| 1. | Jahresüberschuss | 1 200 TDM | an | Gewinnrücklagen | 600 TDM |
| | | | | Flüssige Mittel | 600 TDM |

| 2a. | Forderungen aus Lieferungen und Leistungen | | an | Umsatzerlöse | 2 000 TDM |

| 2b. | Bestandminderung | | an | Fertige Erzeugnisse und Waren | 1 000 TDM |

| 3. | Rohstoffe | | an | Verbindlichkeiten aus Lieferungen und Leistungen | 400 TDM |

| 4. | Abschreibungen auf Sachanlagen | | an | Technische Anlagen und Maschinen | 420 TDM |

Durch diese Buchungen verändern sich die Bilanzpositionen wie folgt:

Jahresüberschuss	
Anfangsbestand	1 200 TDM
./. Abgang	1 200 TDM
= Endbestand	0 TDM

Gewinnrücklagen	
Anfangsbestand	9 400 TDM
+ Zugang	600 TDM
= Endbestand	10 000 TDM

Flüssige Mittel	
Anfangsbestand	750 TDM
./. Abgang	600 TDM
= Endbestand	150 TDM

Forderungen aus Lieferungen und Leistungen	
Anfangsbestand	1 920 TDM
+ Zugang	2 000 TDM
= Endbestand	3 920 TDM

Fertige Erzeugnisse	
Anfangsbestand	7 440 TDM
./. Abgang	1 000 TDM
= Endbestand	6 440 TDM

Rohstoffe	
Anfangsbestand	3 430 TDM
+ Zugang	400 TDM
= Endbestand	3 830 TDM

Verbindlichkeiten aus Lieferungen und Leistungen	
Anfangsbestand	1 280 TDM
+ Zugang	400 TDM
= Endbestand	1 680 TDM

Technische Anlagen und Maschinen	
Anfangsbestand	1 400 TDM
./. Abgang	420 TDM
= Endbestand	980 TDM

Übernimmt man die neuen Endbestände der Positionen

- Gewinnrücklagen,
- Flüssige Mittel,
- Forderungen aus Lieferungen und Leistungen,
- Fertige Erzeugnisse und Waren,
- Roh-, Hilfs- und Betriebsstoffe,
- Verbindlichkeiten aus Lieferungen und Leistungen,
- Technische Anlagen und Maschinen

in die Bilanz zum 31.12.02, ergibt sich folgendes Bild:

Aktiva	31.12.02 TDM	Passiva	31.12.02 TDM
A. Anlagevermögen		**A. Eigenkapital**	
I. Immaterielle Vermögens-gegenstände	140	I. Gezeichnetes Kapital	3 200
II. Sachanlagen		II. Kapitalrücklage	3 680
1. Grundstücke und Bauten	1 900	IV. Gewinnrücklagen	**10 000**
2. Technische Anlagen und Maschinen	**980**	IV. Jahresüberschuss	**?**
3. Andere Anlagen, Betriebs- und Geschäftsausstattung	520	**B. Rückstellungen**	
IV. Finanzanlagen	4 850	I. Pensionsrückstellungen	680
		IV. Steuerrückstellungen	20
B. Umlaufvermögen		V. Sonstige Rückstellungen	4 650
I. Vorräte			
1. Roh-, Hilfs- und Betriebs-stoffe	**3 830**	**D. Verbindlichkeiten**	
2. Unfertige Erzeugnisse	390	IV. Verbindlichkeiten gegen über Kreditinstituten	3 170
3. Fertige Erzeugnisse	**6 440**	V. Verbindlichkeiten aus Lie-ferungen und Leistungen	**1 680**
II. Forderungen und sonstige Vermögensgegenstände		VI. Sonstige Verbindlichkeiten	1 930
1. Forderungen aus Lieferun-gen und Leistungen	**7 770**		
2. Sonstige Vermögensgegen-stände	2 420		
III. Flüssige Mittel	**150**		
C. RAP	200		
Bilanzsumme	**29 590**	**Bilanzsumme**	**29 590**

Durch Addition der Aktiva lässt sich die neue Bilanzsumme ermitteln. Sie beträgt jetzt: **29 590 TDM**. Durch Subtraktion der bekannten Passiva von der Bilanzsumme ergibt sich der Jahresüberschuss des Geschäftsjahres 02:

	Summe Aktiva	29 590 TDM
./.	bekannte Passiva	29 010 TDM
=	**Jahresüberschuss**	**580 TDM**

Die Buchungen schlagen sich aber nicht nur in der Bilanz, sondern auch in der Gewinn- und Verlustrechnung des Geschäftsjahres 02 nieder:

Gewinn- und Verlustrechnung 02 nach dem Gesamtkostenverfahren		
	Umsatzerlöse	2 000 TDM
./.	Bestandsminderung	1 000 TDM
./.	Abschreibungen auf Sachanlagen	420 TDM
=	**Jahresüberschuss**	**580 TDM**

Das Beispiel zeigt die enge Verbundenheit der beide Instrumente Bilanz und Gewinn- und Verlustrechnung dadurch, dass sie unabhängig voneinander dasselbe Ergebnis (Jahresüberschuss) liefern. Lediglich der Weg zur Ermittlung ist anders. Die Bilanz ermittelt den Jahresüberschuss durch Vergleich von Bilanzpositionen am Geschäftsjahresende, d.h. sie zeigt die Höhe des Jahresüberschusses am 31.12.02 ist. Sie zeigt aber nicht, wie sich dieser Jahresüberschuss zusammensetzt bzw. wie er entstanden ist. Diese Aufgabe übernimmt die Gewinn- und Verlustrechnung, in der der Jahresüberschuss als Differenz der Strömungsgrößen Ertrag und Aufwand ermittelt wird.

Bilanz und Gewinn- und Verlustrechnung führen deswegen unabhängig voneinander auf unterschiedliche Weise zum selben Ergebnis (Jahresüberschuss), weil ihnen die Systematik der doppelten Buchführung zu Grunde liegt:

■ Erfolgswirksame Geschäftsvorfälle berühren

   ♦ die in der Buchhaltung geführten Bestandskonten, deren Salden am Ende des Geschäftsjahres die Bilanzpositionen verändern

   und

   ♦ die in der Buchhaltung geführten Erfolgskonten, deren Salden am Ende des Geschäftsjahres die Positionen der Gewinn- und Verlustrechnung verändern.

Beispiel:

Der Einsatz von Rohstoffen im Produktionsprozess ist ein erfolgswirksamer Vorgang, weil er zu einer Vermögensminderung (Verbrauch von Rohstoffen) führt. Folglich berührt er ein Bestandskonto und ein Aufwandskonto:

Materialaufwand	an	Rohstoffe

Das bedeutet, dass in der Gewinn- und Verlustrechnung der Jahresüberschuss unter sonst gleichen Bedingungen durch die Erhöhung der Aufwendungen sinkt. Auch in der Bilanz sinkt der Jahresüberschuss als Differenz aus Aktiva und Passiva (ohne Jahresüberschuss), weil sich das Aktivkonto „Rohstoffe" vermindert hat.

- ■ Erfolgs**un**wirksame Geschäftsvorfälle berühren
  - ♦ **nur** die in der Buchhaltung geführten Bestandskonten, deren Salden am Ende des Geschäftsjahres die Bilanzpositionen verändern,
  - ♦ **nicht** aber die in der Buchführung geführten Erfolgskonten, deren Salden am Ende des Geschäftsjahres die Positionen der Gewinn- und Verlustrechnung verändern.

Beispiel:

Der Kauf von Rohstoffen und die Begleichung der Rechnung in demselben Geschäftsjahr ist ein erfolgs**un**wirksamer Vorgang, weil er zu keiner Vermögensänderung führt. Das Bestandskonto „Rohstoffe" steigt und in demselben Ausmaß nimmt das Bestandskonto „Flüssige Mittel" ab. Es handelt sich um einen sogenannten Aktivtausch. Folglich berührt er nur Bestandskonten:

Rohstoffe	an	Flüssige Mittel

Das bedeutet, dass sich in der Gewinn- und Verlustrechnung keine Veränderung des Jahresüberschusses ergibt, weil keine Position der Gewinn- und Verlustrechnung verändert wird. Auch in der Bilanz ergibt sich keine Veränderung des Jahresüberschusses. Die Zunahme der Rohstoffe wird gerade durch die Abnahme der flüssigen Mittel kompensiert. An der Differenz zwischen Aktiva und Passiva (ohne Jahresüberschuss) ändert sich nichts.

2.3 Bilanz

2.3.1 Gliederung

Das HGB schreibt in § 266 (2) und (3) ein Gliederungsschema für die Bilanz vor, das sich verkürzt wie folgt darstellt:

Aktiva	Passiva
A. Anlagevermögen	A. Eigenkapital
B. Umlaufvermögen	B. Rückstellungen
C. Rechnungsabgrenzungsposten	C. Verbindlichkeiten
	D. Rechnungsabgrenzungsposten

Abb. 8: Gliederungsschema der deutschen Handelsbilanz

Bei Bedarf kann diese Gliederung sowohl auf der Aktiv- als auch auf der Passivseite erweitert werden. Ergänzende Aktivpositionen sind „Ausstehende Einlagen auf das gezeichnete Kapital", aktivierte „Aufwendungen für die Ingangsetzung und Erweiterung des Geschäftsbetriebes", „latente Steuern" und „nicht durch Eigenkapital gedeckter Fehlbetrag". Auf der Passivseite kann die Position „Sonderposten mit Rücklageanteil" hinzukommen.

- **Zu den Aktiva**

  Ob ein Vermögensgegenstand im Anlage- oder Umlaufvermögen auszuweisen ist, entscheidet seine Zweckbestimmung. Wenn ein Vermögensgegenstand dauerhaft dem Geschäftsbetrieb eines Unternehmens dienen soll, ist er unter dem Anlagevermögen auszuweisen. Ist er dagegen nur zu einer vorübergehenden Nutzung im Geschäftsbetrieb bestimmt (und stellt keinen Posten der Rechnungsabgrenzung dar), ist er im Umlaufvermögen zu bilanzieren.

  Nach dem HGB wird das Anlagevermögen vor dem Umlaufvermögen ausgewiesen. Dieser Gliederung liegt das Liquiditätsgliederungsprinzip in dem Sinne zu Grunde, dass die Vermögensgegenstände nach zunehmender Liquidierbarkeit geordnet sind (vgl. Coenenberg, 1997a, S. 63).

  Aktive Rechnungsabgrenzungsposten werden für streng zeitraumbezogene Zahlungen gebildet, die vor dem Bilanzstichtag für einen genau bestimmten Zeitraum nach dem Bilanzstichtag geleistet wurden (vgl. dazu 2.3.2.4 Aktive Rechnungsabgrenzungsposten). Nach den Vorstellungen des HGB gehören die aktiven Rechnungsabgrenzungs-

posten nicht zum Vermögen, weil sie nicht einzeln veräußerbar sind (vgl. Woll-
mert/Achleitner, 1997, S. 215-216).

■ **Zu den Passiva**

Das Eigenkapital umfasst die Mittel, die dem Unternehmen von seinen Eigentümern
(z.B. den Aktionären) ohne zeitliche Begrenzung zur Verfügung gestellt wird. Dem
Eigenkapital folgt das Fremdkapital. Fremdkapital sind Mittel, die dem Unternehmen
von Fremden oder den Eigentümern zeitlich begrenzt zur Verfügung gestellt werden
(vgl. Coenenberg, 1997a, S. 5). In der handelsrechtlichen Bilanz umfasst das Fremdkapital die Positionen „Rückstellungen", „Verbindlichkeiten" und „passive Rechnungsabgrenzungsposten" (vgl. Coenenberg, 1997a, S. 223). Verbindlichkeiten sind
Schulden eines Unternehmens, die dem Betrag und der Fälligkeit nach sicher sind.
Dagegen sind Rückstellungen Wertminderungen des Vermögens, die dem Betrag
bzw. der Fälligkeit nach nicht sicher, aber wahrscheinlich sind. Passive Rechnungsabgrenzungsposten werden für streng zeitraumbezogene Zahlungen gebildet, die vor
dem Bilanzstichtag für einen genau bestimmten Zeitraum nach dem Bilanzstichtag
empfangen wurden (vgl. dazu 2.3.3.5 Passive Rechnungsabgrenzungsposten).

Die Gliederung des Kapitals erfolgt nach aufsteigender Fälligkeit. Infolgedessen ist
das Fremdkapital nach dem Eigenkapital auszuweisen, weil es dem Unternehmen
eher als das Eigenkapital entzogen wird (vgl. Coenenberg, 1997a, S. 63).

Im Gegensatz zum HGB schreiben die IAS kein festes Gliederungsschema der Bilanz
vor, sondern nennen nur eine Reihe mindestens auszuweisender Posten (IAS 1, 5, 13).
Daraus lässt sich folgender Gliederungsvorschlag ableiten (vgl. Coenenberg, 1997a,
S. 69):

Assets (Vermögen)	Equity and Liabilities (Eigenkapital und Schulden)

A. Non-current assets
 	
   (Langfristiges Vermögen)
 	
B. Current assets
 	
   (Kurzfristiges Vermögen)
	A. Capital and reserves
	
	   (Gezeichnetes Kapital und Rücklagen)
	
	B. Non-current liabilities
	
	   (Langfristige Schulden)
	
	C. Current liabilities
	
	   (Kurzfristige Schulden)

Abb. 9: Gliederungsvorschlag für die Bilanz nach IAS

■ **Zu assets**

Nach IAS sind Vermögensgegenstände dann im langfristigen Vermögen auszuweisen, wenn sie länger als ein Geschäftsjahr genutzt werden (IAS 16.7). Ansonsten sind sie im kurzfristigen Vermögen auszuweisen.

Wie im HGB wird das langfristige Vermögen vor dem kurzfristigen Vermögen ausgewiesen, d.h. auch hier wird nach zunehmender Liquidisierbarkeit gegliedert. Da der Begriff des „asset" weiter als der des Vermögensgegenstandes nach HGB ist, gehören nach IAS die aktiven Rechnungsabgrenzungsposten zum kurzfristigen Vermögen.

■ **zu equity and liabilities**

Wie im HGB wird zunächst das Eigenkapital und dann das Fremdkapital ausgewiesen, d.h. auch hier erfolgt die Gliederung nach zunehmender Fälligkeit.

Auch die US-GAAP schreiben kein festes Gliederungsschema der Bilanz vor, sondern geben nur Mindestpositionen vor. Daraus lässt sich folgender Gliederungsvorschlag ableiten (vgl. Gräfer, 1992, S. 18):

Assets (Vermögen)	Liabilities and Equity (Schulden und Eigenkapital)

A. Current assets
 	
   (kurzfristiges Vermögen)
 	
B. Non-current assets
 	
   (langfristiges Vermögen)
	A. Current liabilities
	
	   (Kurzfristige Verbindlichkeiten)
	
	B. Long term Dept
	
	   (Langfristige Verbindlichkeiten)
	
	C. Continguent liabilities
	
	   (Kurzfristige Rückstellungen)
	
	D. Deffered Credits
	
	   (Langfristige Rückstellungen)
	
	E. Stockholders' Equity
	
	   (Eigenkapital)

Abb. 10: Gliederungsvorschlag für die Bilanz nach US-GAAP

■ **Zu assets**

Ebenso wie nach den IAS sind auch nach US-GAAP Vermögensgegenstände dann im langfristigen Vermögen auszuweisen, wenn sie länger als ein Geschäftsjahr genutzt werden. Ansonsten sind sie im kurzfristigen Vermögen auszuweisen.

Anders als nach HGB und IAS wird nach US-GAAP das kurzfristige Vermögen vor dem langfristigen Vermögen ausgewiesen, d.h. hier wird nach abnehmender Liquidisierbarkeit gegliedert. Da der Begriff des „asset" weiter als der des Vermögensgegenstandes nach HGB ist, gehören – wie schon nach IAS – auch nach US-GAAP die aktiven Rechnungsabgrenzungsposten zum kurzfristigen Vermögen.

■ **Zu liabilities and equity**

Anders als nach HGB und IAS wird nach US-GAAP zunächst das Fremdkapital und dann das Eigenkapital ausgewiesen, d.h. hier wird nach abnehmender Fälligkeit des Kapitals gegliedert.

2.3.2   Aktiva

2.3.2.1   Grundlegende bilanzielle Wertbegriffe

Nach deutschen Recht sind alle Vermögensgegenstände – unabhängig davon, ob sie zum Anlage- oder Umlaufvermögen gehören – höchstens mit ihren Anschaffungs- bzw. ihren Herstellungskosten anzusetzten (vgl. § 253 (1) HGB). Diese Höchstgrenze verhindert, dass unrealisierte Gewinne ausgewiesen werden.

2.3.2.1.1 Anschaffungskosten

Anschaffungskosten stellen den Wert eines Vermögensgegenstandes dar, der von einem Unternehmen fremdbezogen wurde. Nach § 255 (1) HGB setzten sich die Anschaffungskosten wie folgt zusammen: „Anschaffungskosten sind die Aufwendungen, die geleistet werden, um einen Vermögensgegenstand zu erwerben und ihn in einen betriebsbereiten Zustand zu versetzen, soweit sie dem Vermögensgegenstand einzeln zugeordnet werden können. Zu den Anschaffungskosten gehören auch die Nebenkosten sowie die nachträglichen Anschaffungskosten. Anschaffungspreisminderungen sind abzusetzen." Daraus lässt sich folgendes Ermittlungsschema ableiten, das gleichermaßen für die Handels- wie für die Steuerbilanz gilt:

	Anschaffungspreis
./.	Anschaffungspreisminderungen
+	Anschaffungsnebenkosten, sofern einzeln zurechenbar
+	nachträgliche Anschaffungskosten
=	**handels- und steuerrechtliche Anschaffungskosten**

Abb. 11: Ermittlungsschema für die handels- und steuerrechtlichen Anschaffungskosten

■ **Anschaffungspreis**

Zu den Anschaffungskosten gehören grundsätzlich nur die Beträge, die ein Unternehmen für den Vermögensgegenstand tatsächlich aufgewendet hat. Folglich ist der Anschaffungspreis der Nettopreis (Bruttopreis abzüglich Mehrwertsteuer), wenn ein Unternehmen zum Vorsteuerabzug berechtigt ist. Vorsteuerabzugsberechtigte Unternehmen haben gegenüber dem Finanzamt einen Rechtsanspruch auf Erstattung der Mehrwertsteuer. Infolgedessen müssen diese Unternehmen die Mehrwertsteuer nicht tatsächlich bezahlen. Sie stellt vielmehr einen durchlaufenden Posten dar.

■ **Anschaffungspreisminderungen**

Beispiele für Anschaffungspreisminderungen sind Rabatte, Boni oder Skonti. Sie sind vom Anschaffungspreis abzusetzen, weil das Unternehmen sie nicht entrichtet hat.

■ **Anschaffungsnebenkosten, sofern einzeln zurechenbar**

Beispiele für Anschaffungsnebenkosten sind Kosten des Transports und der Transportversicherung. Entscheidend für die Aktivierung ist, dass die Kosten einzeln zurechenbar sind. Einzeln zurechenbar sind Kosten dann, wenn sie durch den Kauf des Vermögensgegenstandes zusätzlich anfallen. Aus diesem Grund dürfen z.B. Verwaltungsgemeinkosten – etwa für umfangreiche Arbeiten im Zusammenhang mit der Feststellung des günstigsten Angebots – grundsätzlich nicht in die Anschaffungskosten einbezogen werden (vgl. Coenenberg, 1997a, S. 85).

■ **nachträgliche Anschaffungskosten**

Nachträgliche Anschaffungskosten sind Kosten, die im Rahmen von Um- oder Ausbauarbeiten anfallen.

Beispiel zur Ermittlung und Aktivierung von Anschaffungskosten:

Ein Unternehmen kauft eine technische Anlage. Der Bruttoverkaufspreis beträgt 116 000 DM. Beim Begleichen der Rechnung zieht das Unternehmen 2 % Skonto vom Bruttoverkaufspreis ab. Mit dem Transport wird eine Fremdfirma beauftragt, die brutto 23 200 DM in Rechnung stellt. Um die Anlage betriebsbereit zu machen, sind verschiedene Fundament- und Installationsarbeiten durchzuführen, die ebenfalls durch eine Fremdfirma ausgeführt werden. Die darüber erstellte Rechnung beträgt brutto 29 000 DM.

Im Folgenden werden die Anschaffungskosten ermittelt und die Buchungen dargestellt, die zur Aktivierung der Anschaffungskosten in der Bilanz erforderlich sind.

■ **Ermittlung der Anschaffungskosten**

Netto-Anschaffungspreis	116 000 DM : 1,16 =	100 000 DM
./. Skontoertrag	100 000 DM x 2 % =	2 000 DM
+ Anschaffungsnebenkosten	23 200 DM : 1,16 =	20 000 DM
+ nachträgliche Anschaffungskosten	29 000 DM : 1,16 =	25 000 DM
= **Anschaffungskosten**		**143 000 DM**

■ **Buchungen**

   ◆ Anschaffung der Anlage

     Das Unternehmen überweist 116 000 DM ./. 2 % Skonto = 113 680 DM.

Technische Anlagen	100 000 DM		Bank	113 680 DM
		an	Skontoertrag	2 000 DM
Vorsteuer	16 000 DM		Vorsteuerminderung	320 DM

   ◆ Anschaffungsnebenkosten

Technische Anlagen	20 000 DM	an	Bank	23 200 DM
Vorsteuer	2 320 DM			

   ◆ nachträgliche Anschaffungskosten

Technische Anlagen	25 000 DM	an	Bank	29 000 DM
Vorsteuer	4 000 DM			

♦ vorbereitende Abschlussbuchung: Das Konto Skontoertrag wird über das Konto Technische Anlagen abgeschlossen (vgl. dazu Arnold/Botta/Hoefener/Pech, 1998, S. 140).

| Skontoertrag | an | Technische Anlagen | 2 000 DM |

♦ Ergebnis:

Die technische Anlage steht mit 143 000 DM in den Büchern. Die abzugsfähige Vorsteuer beträgt 22 000 DM und entspricht den gesetzlichen Bestimmungen.

Auch die IAS und die US-GAAP kennen den Begriff der Anschaffungskosten. Im Vergleich zum HGB ergeben sich jedoch einige Unterschiede.

■ Der erste Unterschied besteht darin, dass nach IAS und US-GAAP zum Begriff der Anschaffungskosten nicht nur direkte, sondern auch indirekte Kosten des Erwerbs zählen (vgl. dazu Schreiber, 1998, S. 80-81, KPMG, 1999a, S. 37-38). Dabei wird zwischen Gütern des Anlagevermögens und des Umlaufvermögens wie folgt differenziert:

Anschaffungskosten **für Güter des Anlagevermögens** sind alle direkt mit der Anschaffung verbundenen Ausgaben. Danach ermitteln sich die Anschaffungskosten nach IAS und US-GAAP wie nach dem HGB aus

♦ dem Anschaffungspreis,

♦ abzüglich der Anschaffungspreisminderungen (z.B. Boni, Rabatte),

♦ zuzüglich der Anschaffungsnebenkosten, die dem Erwerb direkt zurechenbar sind.

♦ zuzüglich nachträglich anfallender Anschaffungskosten

(vgl. KPMG, 1999b, S. 25, Baukmann/Mandler, 1997, S. 81).

Dagegen umfassen die Anschaffungskosten **für Güter des Umlaufvermögens** nach US-GAAP direkte **und** indirekte Kosten. Im Einzelnen besteht die Pflicht zur Einbeziehung folgender direkter und indirekter Ausgaben (vgl. Schreiber, 1998, S. 80-81):

♦ Einkaufspreis (netto),

♦ Kosten der Einkaufsabteilung,

♦ Verwaltungskosten,

♦ Lagerhaltungskosten,

♦ Auftrags- und Verpackungskosten.

Kosten für Werbemaßnahmen, Vertriebskosten sowie der Herstellung nicht zurechenbare Verwaltungskosten, sind nicht in die Anschaffungskosten einzubeziehen. Finanzierungskosten gehören nur in Ausnahmefällen zu den Anschaffungskosten.

Auch nach IAS können die Anschaffungskosten im Umlaufvermögen indirekte Ausgaben umfassen. Das ist im Vorratsvermögen der Fall. Hier können indirekte Ausgaben in die Anschaffungskosten einbezogen werden, wenn sie dafür angefallen sind, Gegenstände des Vorratsvermögens an ihren Einsatzort zu bringen (vgl. KPMG, 1999a, S. 38). Beispiele für solche indirekten Ausgaben sind anteilige Lagerhaltungs- bzw. Transportkosten.

■ Der zweite Unterschied besteht darin, dass die IAS und US-GAAP alternativ zu den (historischen) Anschaffungskosten auch eine (Neu-) Bewertung der Vermögensgegenstände zum fair value (z. B. Marktwert) zulassen. Das bedeutet, dass die Anschaffungskosten nicht mehr den höchstmöglichen Wertansatz für fremdbezogene Vermögensgegenstände bilden (vgl. Baukmann/Mandler, 1997, S. 81, Frankenberg, 1993, S. 62).

Beispiel:

Ein Unternehmen hat eine Fremdwährungsforderung an einen Kunden in Höhe von 10 000 $. Am Entstehungstag der Forderung betrug der Kurs 1,85 DM/$. Am Bilanzstichtag beträgt der Kurs 1,86 DM/$. Nach dem HGB ist die Forderung mit 18 500 DM zu bilanzieren, weil die Anschaffungskosten die Wertobergrenze darstellen. Nach IAS und US-GAAP ist die Forderung mit 18 600 DM zu bilanzieren (vgl. z.B. Born, 1999a, S. 38) und der nach deutschem Recht nicht realisierte Gewinn erfolgswirksam zu vereinnahmen. Es ergibt sich also ein Wertansatz oberhalb der Anschaffungskosten.

2.3.2.1.2 Herstellungskosten

Herstellungskosten stellen den Wert eines Vermögensgegenstandes dar, der von einem Unternehmen selbst hergestellt (und noch nicht verkauft) wurde. Nach § 255 (2) und (3) HGB setzen sich die Herstellungskosten wie folgt zusammen: (2) „[1] Herstellungskosten sind die Aufwendungen, die durch den Verbrauch von Gütern und die Inanspruchnahme von Diensten für die Herstellung eines Vermögensgegenstandes, seine Erweiterung oder für eine über seinen ursprünglichen Zustand hinausgehende wesentliche Verbesserung entstehen. [2] Dazu gehören die Materialkosten, die Fertigungskosten und die Sonderkosten der Fertigung. [3] Bei der Berechnung der Herstellungskosten dürfen auch angemessene Teile der notwendigen Materialgemeinkosten, der notwendigen Fertigungsgemeinkosten und des Wertverzehrs des Anlagevermögens, soweit er durch die Fertigung veranlasst ist, eingerechnet werden. [4] Kosten der allgemeinen Verwaltung, sowie Aufwendungen für soziale Einrichtungen des Betriebs, für freiwillige soziale Leistungen und für betriebliche Altersversorgung brauchen nicht eingerechnet zu werden. [5] Aufwendungen im Sinne der Sätze 3 und 4 dürfen nur insoweit berücksichtigt werden, als sie auf den Zeitraum der Herstellung entfallen. [6] Vertriebskosten dürfen nicht in die Herstellungskosten einbezogen werden. (3) [1] Zinsen für Fremdkapital gehören nicht zu den Herstellungskosten. [2] Zinsen für Fremdkapital, das zur Finanzierung der Herstellung eines Vermögensgegenstandes verwendet wird, dürfen angesetzt werden, soweit sie auf den Zeitraum der Herstellung entfallen; in diesem Falle gelten sie als Herstellungskosten des Vermögensgegenstands."

In den Paragraphen ist von „müssen", „können" und „brauchen nicht" die Rede, d.h. bei den Herstellungskosten lassen sich eine Untergrenze (Pflichtbestandteile) und eine Obergrenze (Pflicht- plus Kannbestandteile) unterscheiden. Deren Ermittlungsschemata werden im Folgenden beschrieben.

Pflichtbestandteile der Herstellungskosten nach HGB
Materialeinzelkosten
+ Fertigungseinzelkosten
+ Sondereinzelkosten der Fertigung
= **Wertuntergrenze der Herstellungskosten nach dem HGB (= Teilkosten)**

Abb. 12: Ermittlungsschema für die Wertuntergrenze der Herstellungskosten nach HGB

In die Wertuntergrenze nach dem HGB gehen demnach nicht alle Kosten der Herstellung ein, sondern nur ein Teil. Daher spricht man auch von der Ermittlung der Herstellungskosten nach dem Teilkostenprinzip. Die Teilkosten entsprechen den Einzelkosten des Vermögensgegenstandes. Einzelkosten eines Vermögensgegenstandes sind durch ihren unmittelbaren Zusammenhang mit dem Vermögensgegenstand gekennzeichnet. Ein unmittelbarer Zusammenhang besteht, wenn sich die Mengenkomponente der Kosten für einen Vermögensgegenstand erfassen lässt. Anders ausgedrückt ist ein unmittelbarer Zusammenhang gegeben, wenn sich der mengenmäßige Verbrauch von Produktionsfaktoren für einen Vermögensgegenstand bestimmen lässt. Außerdem liegt ein unmittelbarer Zusammenhang vor, wenn spezielle Güter oder Dienstleistungen für einen Vermögensgegenstand erforderlich sind.

- **Materialeinzelkosten**

  Anhand von Stücklisten lässt sich feststellen, wieviele Einheiten von welchem Material zur Herstellung eines Vermögensgegenstandes erforderlich sind. Multipliziert man diese mengenmäßigen Verbräuche mit den jeweiligen Materialpreisen, ergeben sich die Materialeinzelkosten je Materialart für den Vermögensgegenstand. Die Summe der Materialeinzelkosten je Materialart ergibt die Materialeinzelkosten des Vermögensgegenstandes. Dabei ist zu beachten, dass es sich um Netto-Materialpreise handeln muss und Skonti, Boni etc. abgesetzt werden müssen. Die Begründung hierfür ist dieselbe wie bei den Anschaffungskosten. Es sollen jeweils nur die tatsächlich aufgewendeten Beträge aktiviert werden.

- **Fertigungseinzelkosten**

  Analog verläuft die Bestimmung der Fertigungseinzelkosten, die i.d.R. mit den Fertigungslöhnen gleichgesetzt werden. Aus den Arbeitsplänen ergeben sich die Fertigungsaktivitäten und die Fertigungszeiten, die für die Herstellung eines Vermögensgegenstandes notwendig sind. Die Multiplikation der Fertigungszeiten je Aktivität mit den jeweiligen Fertigungslohnsätzen ergibt die Fertigungslöhne je Aktivität. Deren Summe stellt die Fertigungseinzelkosten des Vermögensgegenstandes dar. Auch hier müssen die effektiven Ausgaben – also einschließlich der darauf lastenden gesetzlichen Arbeitgeberanteile zu den verschiedenen Zweigen der Sozialversicherung – angesetzt werden.

■ **Sondereinzelkosten der Fertigung**

Über die Fertigungslöhne hinaus gibt es weitere Aufwendungen in der Fertigung, die einen unmittelbaren Bezug zu Vermögensgegenständen aufweisen können. Zu denken ist hierbei an spezielle Konstruktionen oder Muster. Da auch sie Einzelkosten des Vermögensgegenstandes sind, besteht auch für sie eine Aktivierungspflicht.

■ **Unechte Gemeinkosten**

Ein spezielles Problem bei der Ermittlung der Wertuntergrenze der Herstellungskosten nach dem HGB ergibt sich aus den sogenannten „unechten Gemeinkosten". Unechte Gemeinkosten sind solche, die sich eigentlich für jeden Vermögensgegenstand einzeln erfassen lassen. Man verzichtet aber aus Wirtschaftlichkeitsgründen darauf und erfasst sie für mehrere Vermögensgegenstände gemeinsam. Ein typisches Praxisbeispiel für unechte Gemeinkosten sind die Stromkosten in den Fertigungskostenstellen. Wäre jede Maschine in den Fertigungskostenstellen mit einem Stromzähler ausgerüstet, könnte man den durch die Fertigung eines Vermögensgegenstandes auf den Maschinen verursachten Stromverbrauch unmittelbar messen. Bewertet mit dem Strompreis ergäben sich daraus die Stromeinzelkosten des Vermögensgegenstandes. Meistens wird aber der Stromverbrauch in den Kostenstellen nur mit einem gemeinsamen Zähler erfasst. Die gemeinsame Erfassung führt zur Bezeichnung „Gemeinkosten". Das Adjektiv „unecht" erklärt, dass es sich wesensmäßig nicht um Gemein-, sondern um Einzelkosten handelt. Im Zusammenhang mit der Ermittlung der Herstellungskosten eines Vermögensgegenstandes ergibt sich daraus folgende Frage: Gehören unechte Gemeinkosten in die Wertuntergrenze der Herstellungskosten nach dem HGB? Die Antwort ist ja – zumindest, wenn die unechten Gemeinkosten wesentlich sind (vgl. dazu Coenenberg, 1997a, S. 89). Die Begründung dafür folgt aus dem Einzelkostencharakter der unechte Gemeinkosten. Daraus ergibt sich eine weitere Frage: Wie sollen die gemeinsam für mehrere Vermögensgegenstände erfassten Verbräuche und Kosten auf die einzelnen Vermögensgegenstände aufgeteilt (geschlüsselt) werden? Dazu gibt es mehrere Möglichkeiten. Die einfachste Möglichkeit ist eine Divisionskalkulation, bei der die unechten Gemeinkosten durch die Zahl der hergestellten Vermögensgegenstände dividiert werden. In diesem Fall ist also die Zahl der Vermögensgegenstände der Schlüssel für die Verteilung der unechten Gemeinkosten. Von der Güte des Schlüssels hängt die Genauigkeit der anteilig ermittelten unechten Gemeinkosten eines Vermögensgegenstandes ab. Die Güte eines Schlüssels steigt entscheidend mit dem Grad der Proportionalität zwischen der Schlüsselgröße und den aufzuteilenden unechten Gemeinkosten. Wenn also die unechten Gemeinkosten mit Hilfe einer einfachen Divisionskalkulation auf die Vermögensgegenstände verteilt werden, ist das Ergebnis nur unter einer Bedingung hinreichend genau. Die Bedingung lautet, dass die Vermögensgegenstände hinsichtlich des Stromverbrauchs annähernd gleich sein müssen. Ist das nicht der Fall, verzerrt die gleichmäßige Verteilung der Stromkosten durch die Divisionskalkulation die Realität. Die Stromkosten werden nicht wirklichkeitsnah abgebildet.

Besonders hervorzuheben ist, dass es sich bei der Schlüsselung von unechten Gemeinkosten immer nur um ein Problem der Genauigkeit und nie um ein Problem der Richtigkeit handelt. Auch dies folgt aus dem Einzelkostencharakter der unechten Gemeinkosten. Es gäbe nämlich die „richtige Lösung", wenn man die Verbräuche nur genau erfassen würde. Dagegen ist die Schlüsselung echter Gemeinkosten anders zu beurteilen. Echte Gemeinkosten sind solche Kosten, die nachweisbar für mehrere Vermögensgegenstände gemeinsam anfallen. Sie können niemals den Charakter von Einzelkosten haben. Ein Beispiel für echte Gemeinkosten sind die Gehälter der Verwaltung in Bezug auf die gefertigten Erzeugnisse. Die Schlüsselung echter Gemeinkosten ist nie ein Problem der Genauigkeit, sondern stets ein Problem der Richtigkeit. Könnte man nämlich den Anteil eines Vermögensgegenstandes an den echten Gemeinkosten richtig ermitteln, wären die echten Gemeinkosten ex definitione Einzelkosten des Vermögensgegenstandes. (Die Diskussion um die Richtigkeit, Genauigkeit und Wirtschaftlichkeit im Rechnungswesen führte Riebel schon 1959, wiederabgedruckt in Riebel, 1994, S. 23-34).

Ungeachtet der Diskussion um Richtigkeit und Genauigkeit im Rechnungswesen sieht das HGB bei der Ermittlung der Herstellungskosten in seinen Kann-Bestandteilen die Schlüsselung diverser echter Gemeinkosten vor. Der Grund dafür liegt darin, dass diese Gemeinkosten zwar keinen unmittelbaren, aber immerhin einen mittelbaren Bezug zur Herstellung von Vermögensgegenständen haben. Denn letztlich ist die Herstellung von Vermögensgegenständen ohne echte Gemeinkosten wie Lagerhaltungs-, Prüfungskosten, Abschreibungen etc. nicht denkbar. Dementsprechend setzt sich die Wertobergrenze der Herstellungskosten nach dem HGB aus folgenden Bestandteilen zusammen:

Pflicht- und Kannbestandteile der Herstellungskosten nach HGB
Materialeinzelkosten
+ Fertigungseinzelkosten
+ Sondereinzelkosten der Fertigung
+ anteilige Materialgemeinkosten
+ anteilige Fertigungsgemeinkosten
+ anteilige Abschreibungen
(+ anteilige Fremdkapitalzinsen)
+ anteilige allgemeine Betriebs- und Verwaltungsgemeinkosten
= **Wertobergrenze der Herstellungskosten nach HGB (= Vollkosten)**

Abb. 13: Ermittlungsschema für die Wertobergrenze der Herstellungskosten nach HGB

Weil in die Wertobergrenze nach dem HGB alle Kosten der Herstellung eingehen, spricht man auch von der Ermittlung der Herstellungskosten nach dem Vollkostenprinzip.

Die Vollkosten der Herstellung enthalten neben den Einzelkosten auch die herstellbezogenen Gemeinkosten. Ein Beispiel für Materialgemeinkosten sind die Kosten im Labor, die für die stichprobenweise Prüfung der Qualität beschaffter Rohstoffe anfallen. Diese Kosten stehen unzweifelhaft in Zusammenhang mit der Herstellung von Vermögensgegenständen, weil die Herstellung ohne Qualitätsprüfung der Rohstoffe nicht denkbar ist. Trotzdem kann man aber nicht eindeutig sagen, welcher Teil der Prüfkosten für einen einzelnen hergestellten Vermögensgegenstand angefallen ist.

Das HGB legt in § 255 (2) eine Zuschlagskalkulation zu Grunde, um den Anteil eines Vermögensgegenstandes an den herstellbezogenen Gemeinkosten eines Unternehmens zu bestimmen (vgl. Coenenberg, 1997a, S. 90, zur Zuschlagskalkulation vgl. z.B. Olfert, 1994, S. 198-202).

Nach der Zuschlagskalkulation sind die Materialeinzelkosten der Schlüssel für die anteilige Ermittlung der Materialgemeinkosten.

Beispiel:

Ein Unternehmen fertigt zwei Produktarten: A und B. Folgende Angaben liegen vor:

	A	B
Materialeinzelkosten (MEK)	100 DM/Stück	200 DM/Stück
Herstellungsmenge	2 000 Stück/Periode	3 000 Stück/Periode
Materialgemeinkosten (MGK)	400 000 DM	

■ Ermittlung des Zuschlagssatzes

$\sum$ MGK : $\sum$ MEK =	400 000 DM : 800 000 DM =	0,5 bzw. 50 %

■ Ermittlung der anteiligen Materialgemeinkosten der einzelnen Produkte bzw. Vermögensgegenstände

	A	B
anteilige MGK	100 DM/Stück x 50 % = 50 DM/Stück	200 DM/Stück x 50 % = 100 DM/Stück

■ Ermittlung der gesamten Materialkosten der einzelnen Produkte bzw. Vermögensgegenstände

	A	B
MEK	100 DM/Stück	200 DM/Stück
+ anteilige MGK	50 DM/Stück	100 DM/Stück
= Materialkosten	150 DM/Stück	300 DM/Stück

■ Erläuterungen

♦ zum Zuschlagssatz

Wenn man die gesamten Materialgemeinkosten zu den gesamten Materialeinzelkosten in Beziehung setzt, unterstellt man eine proportionale Beziehung zwischen diesen Kosten. Im vorliegenden Fall ist diese proportionale Beziehung wie folgt zu interpretieren: Jede DM Materialeinzelkosten führt automatisch zu 0,50 DM Materialgemeinkosten.

♦ zu den anteiligen Materialgemeinkosten der Vermögensgegenstände

Wie die obige Rechnung zeigt, ergeben sich bei der Zuschlagskalkulation für Vermögensgegenstände mit höheren Materialeinzelkosten auch höhere anteilige Materialgemeinkosten. Umgekehrt erhalten Vermögensgegenstände mit niedrigeren Materialeinzelkosten auch niedrigere anteilige Materialgemeinkosten.

Analog zur Ermittlung der anteiligen Materialgemeinkosten geht man bei der Ermittlung der anteiligen Fertigungsgemeinkosten vor. Hier wird die Summe der Fertigungsgemeinkosten ins Verhältnis zur Summe der Fertigungseinzelkosten (= Fertigungslöhne) gesetzt. Der sich daraus ergebende Prozentsatz wird mit den jeweiligen Fertigungseinzelkosten eines jeden Vermögensgegenstandes multipliziert. Auch hier gilt: Es wird eine Proportionalität zwischen den Fertigungsgemeinkosten und den Fertigungseinzelkosten unterstellt. Infolgedessen sind die anteiligen Fertigungsgemeinkosten eines Vermögensgegenstandes umso höher, je höher seine Fertigungseinzelkosten sind. Typische Beispiele für Fertigungsgemeinkosten sind die Kosten der Arbeitsvorbereitung und die Kosten der Fertigungssteuerung. Zu den Fertigungsgemeinkosten kann man auch den Wertverzehr des Anlagevermögens (= Abschreibungen) zählen. Dessen ungeachtet wird der Wertverzehr des Anlagevermögens im HGB als eine gesonderte Position neben den Fertigungsgemeinkosten genannt.

In diesem Zusammenhang ist wichtig, dass nicht alle Wertverzehre des Anlagevermögens in die Herstellungskosten einbezogen werden dürfen. Es dürfen nur solche einbezogen werden, die durch die Fertigung veranlasst wurden und die auf den Zeitraum der Herstellung entfallen. Damit gehören z.B. Abschreibungen auf Lagergebäude nicht zu den Herstellungskosten, weil Lagerung nicht Herstellung ist und einen Zeitraum nach der Herstellung betrifft. Der Anteil eines Vermögensgegenstandes an den Abschreibungen für die Herstellung wird analog zu den anteiligen Fertigungsgemeinkosten ermittelt. Man dividiert den Abschreibungsbetrag eines Jahres durch die Summe der Fertigungseinzelkosten und multipliziert anschließend die Fertigungseinzelkosten eines jeden Vermögensgegenstandes mit dem ermittelten Prozentsatz.

Nach § 255 (3) S. 1 HGB gehören Fremdkapitalzinsen grundsätzlich nicht zu den Herstellungskosten. In zweiten Satz wird davon jedoch eine Ausnahme gemacht. „Zinsen für Fremdkapital, das zur Finanzierung der Herstellung eines Vermögensgegenstandes verwendet wird, dürfen angesetzt werden, soweit sie auf den Zeitraum der Herstellung entfallen". Diese Vorschrift ist allerdings wenig glücklich. Ob die Herstellung eines Vermögensgegenstandes aus eigenen oder aus fremden Mitteln finanziert wird, lässt sich nur durch willkürliche Zurechnung entscheiden.

Beispiel:

Die Bilanz eines Unternehmens weist folgende Positionen auf:

Aktiva		Passiva	
Anlagevermögen	15 000 DM	Eigenkapital	10 000 DM
Umlaufvermögen	15 000 DM	Fremdkapital	20 000 DM
	30 000 DM		30 000 DM

In diesem Fall kann man nicht zweifelsfrei entscheiden, wie das Anlage- und wie das Umlaufvermögen finanziert ist. Es gibt viele denkbare Lösungen, z.B.:

Vermögen:	Anlagevermögen		Umlaufvermögen	
Möglichkeiten:	Eigenkapital	Fremdkapital	Eigenkapital	Fremdkapital
1.	10 000 DM	5 000 DM	0 DM	15 000 DM
2.	5 000 DM	10 000 DM	5 000 DM	10 000 DM
3.	3 000 DM	12 000 DM	7 000 DM	8 000 DM
:				

Ebensowenig kann man zweifelsfrei entscheiden, ob und mit wieviel Fremdkapital die Herstellung von Vermögensgegenständen finanziert wurde. Folglich kann man auch die Fremdkapitalzinsen der Herstellung nicht ohne Willkür ermitteln. In der Praxis hilft man sich mit Plausibilitätsüberlegungen. So ist z.B. von einem tatsächlich bestehenden Zusammenhang zwischen Inanspruchnahme von Fremdkapital und der Herstellung eines Vermögensgegenstandes auszugehen

■ wenn ein Kreditvertrag unter Bezugnahme auf den herzustellenden Gegenstand abgeschlossen bzw. verlängert wird,

■ oder eine bestehende Kreditlinie nachweislich zur Finanzierung ausgenutzt wird und eine andernfalls mögliche Kreditrückführung unterbleibt

(vgl. Beck, 1995, § 255, Anm. 504-505). Die herstellungsbedingten Fremdkapitalzinsen lassen sich dann aus dem Kreditbetrag, dem Kreditzins, den Tilgungen und dem Zeitraum der Herstellung ermitteln.

Schließlich können in die Herstellungskosten auch anteilige allgemeine Betriebs- und Verwaltungsgemeinkosten eines Unternehmens eingerechnet werden. Die Betriebs- und

Verwaltungsgemeinkosten umfassen die im HGB genannten Bestandteile. Das sind z.B. die Kosten der allgemeinen Verwaltung oder Aufwendungen für soziale Einrichtungen des Betriebs. Der Schlüssel für die Ermittlung anteiliger Betriebs- und Verwaltungsgemeinkosten ist nach der Zuschlagskalkulation die Summe aus den gesamten

- Materialeinzelkosten,

- Materialgemeinkosten,

- Fertigungseinzelkosten,

- Fertigungsgemeinkosten,

- Sondereinzelkosten der Fertigung.

Die Summe dieser Kosten wird in der Kostenrechnung als **Herstellkosten** – nicht Herstellungskosten! – bezeichnet. Der Anteil eines Vermögensgegenstandes an den Betriebs- und Verwaltungsgemeinkosten eines Unternehmens ergibt sich, indem man den Zuschlagssatz aus dem Verhältnis der gesamten Betriebs- und Verwaltungsgemeinkosten zu den Herstellkosten ermittelt und anschließend den Prozentsatz mit den jeweiligen Herstellkosten der Vermögensgegenstände multipliziert.

Bei der Ermittlung der Herstellungskosten ist weiter Folgendes zu beachten:

- Es dürfen grundsätzlich keine Aufwendungen in die Herstellungskosten einfließen, die das normale Maß wesentlich übersteigen. Diese Forderung wird auch als Grundsatz der Angemessenheit bezeichnet (vgl. dazu § 255 (2) S. 3 HGB). So dürfen z.B. in den Werteverzehr des Anlagevermögens keine Abschreibungen eingerechnet werden, die durch Katastrophen verursacht wurden.

- Das HGB gewährt bei der Ermittlung der Herstellungskosten einen erheblichen bilanzpolitischen Spielraum. Die Unternehmen dürfen nämlich nicht nur die Untergrenze oder die Obergrenze der Herstellungskosten bilanzieren, sondern auch die dazwischen liegenden Beträge (vgl. Coenenberg, 1997a, S. 90). So kann sich z.B. ein Unternehmen entschließen, in die Herstellungskosten die Einzelkosten sowie die Material- und die Fertigungsgemeinkosten, nicht aber die Betriebs- und Verwaltungsgemeinkosten einzubeziehen. Die Entscheidung über den Einbezug der Kannbestandteile beeinflusst den Vermögens- und Erfolgsausweis eines Unternehmens unmittelbar. Dieser große bilanzpolitische Spielraum erfährt jedoch eine Einschränkung durch den Grundsatz der Stetigkeit. Er lässt eine Abweichung von einer einmal gewählten Bewertungskonzeption nur noch in Ausnahmefällen – und dann auch nur unter Angabe der Änderungen im Anhang – zu.

- Die in § 255 (2) HGB zu Grunde gelegte Zuschlagskalkulation lässt sich kritisieren. Die Kritik richtet sich auf die Proportionalitäten, die bei der Ermittlung der Zuschlagssätze unterstellt werden. So kann man argumentieren, dass die Materialeinzelkosten kein geeigneter Schlüssel für die Materialgemeinkosten sind. Denn es ist z.B. für die Kosten einer Materialbestellung (= Materialgemeinkosten) unerheblich, wieviel die bestellten Materialeinheiten kosten. Der Bestellaufwand und damit die Kosten der Bestellung sind in jedem Fall gleich, d.h. unabhängig von den Materialeinzelkosten. Auch gegen die Schlüsselung bestimmter Fertigungsgemeinkosten auf der Grundlage der Fertigungseinzelkosten lassen sich Argumente finden. So hängen z.B. die Kosten der Arbeitsvorbereitung oder der Produktionssteuerung keineswegs von den Fertigungseinzelkosten ab. Vielmehr werden sie von der Komplexität der Produkte, der Auftragsgröße und davon bestimmt, ob es sich um Standardprodukte oder exotische Varianten handelt. Aus dieser Kritik an der Zuschlagskalkulation hat sich die Prozesskostenrechnung entwickelt, die andere Wege bei der Ermittlung der anteiligen Gemeinkosten beschreitet (vgl. dazu Kremin-Buch, 1998, S. 28-79). Grundsätzlich stehen diese Wege auch für die Ermittlung der Herstellungskosten und deren Bilanzierung zur Verfügung. Dabei ist jedoch zu beachten, dass bei Anwendung der Prozesskostenrechnung mehr Kosten als Einzelkosten interpretiert werden, als in der Zuschlagskalkulation (vgl. dazu im Einzelnen Coenenberg, 1997a, S. 89-90). Das hat zur Folge, dass die handelsbilanzielle Wertuntergrenze beim Einsatz der Prozesskostenrechnung im Vergleich zu der in § 255 (2) HGB zu Grunde gelegten Zuschlagskalkulation ansteigt.

Bei der Ermittlung der Herstellungskosten nach dem HGB dürfen diverse Aufwendungen bzw. Kosten **nicht** einbezogen werden, d.h. für sie besteht ein Aktivierungsverbot. (Eine ausführliche Beschreibung dieser Aufwendungen findet sich in Beck, 1995, § 255 Anm. 400 und Anm. 468). Zu den nicht aktivierungsfähigen Aufwendungen gehören u.a.:

■ **Vertriebskosten**

Vertriebskosten dürfen nicht in die Herstellungskosten einbezogen werden. Sie werden nämlich nicht durch die Herstellung, sondern durch die Vermarktung der hergestellten Produkte verursacht. Die Vermarktung beginnt aber erst nach der Herstellung.

■ **Fremdkapitalzinsen**

Fremdkapitalzinsen gehören nicht zu den Herstellungskosten, weil die Herstellung von der Finanzierung unabhängig ist (vgl. Beck, 1995, § 255, Anm. 500). Eine Ausnahme stellen Zinsen für solches Fremdkapital dar, das zur Finanzierung der Herstellung eines Vermögensgegenstandes verwendet wird. Sie dürfen für den Zeitraum der Herstellung in die Herstellungskosten eingerechnet werden.

■ **Kosten der Grundlagenforschung**

Kosten der Grundlagenforschung gehören nicht zu den Herstellungskosten, weil darin kein Beginn der Herstellung von Vermögensgegenständen zu sehen ist.

■ **Sonderabschreibungen**

Nach deutschem Recht müssen Unternehmen nicht nur eine Handelsbilanz, sondern auch eine Steuerbilanz erstellen. Die Steuerbilanz bildet u.a. die Grundlage für die

Ermittlung der Bemessungsgrundlagen von Einkommens- bzw. Körperschaftssteuern. Die deutsche Handelsbilanz ist mit der deutschen Steuerbilanz eng durch das Maßgeblichkeitsprinzip und das umgekehrte Maßgeblichkeitsprinzip verbunden.

♦ Maßgeblichkeitsprinzip

Das Maßgeblichkeitsprinzip ist in § 5 (1) EStG kodifiziert. Es besagt, dass die Handelsbilanz für die Steuerbilanz maßgeblich ist. Das heißt, dass alle Wertansätze einer Handelsbilanz auch in die daraus abgeleitete Steuerbilanz übernommen werden müssen, soweit nicht zwingende steuerrechtliche Vorschriften einen anderen Bilanzansatz verlangen (vgl. § 5 (4) EStG). Das Maßgeblichkeitsprinzip geht ursprünglich darauf zurück, dass das Handelsrecht weiter fortentwickelt war als das Steuerrecht und eine Einheit der Rechtsordnung angestrebt wurde (vgl. Fischer, 1984, Sp. 890, Busse von Colbe, 1998, S. 383). Im Einzelnen wirkt sich das Maßgeblichkeitsprinzip wie folgt aus:

➢ Besteht handelsrechtlich ein Aktivierungs- oder Passivierungsgebot, gilt dieses Gebot auch in der Steuerbilanz. Besteht handelsrechtlich ein Aktivierungs- oder Passivierungswahlrecht, wird das Maßgeblichkeitsprinzip häufiger durch die steuerrechtliche Gesetzgebung durchbrochen. So **darf** z.B. in der Handelsbilanz ein derivativer Firmenwert aktiviert werden, in der Steuerbilanz **muss** er dagegen aktiviert werden (vgl. dazu S. 84, S. 85).

➢ In der Handelsbilanz vorgeschriebene oder gewählte Werte sind auch in der Steuerbilanz anzusetzen. Das ist z.B. bei den Anschaffungskosten der Fall. Aber auch hier wird das Maßgeblichkeitsprinzip häufiger durch steuerrechtliche Bewertungsvorschriften durchbrochen. Liegt z.B. in der Handelsbilanz die degressive Abschreibungsquote über den Grenzen des § 7 (2) EStG, so ist in der Steuerbilanz nur der steuerlich maximal zulässige Wert anzusetzen (zur degressiven Abschreibung vgl. S. 71ff.).

♦ Umkehrung des Maßgeblichkeitsprinzips

In der Praxis ist nicht selten zu beobachten, dass die Handelsbilanz an die Steuerbilanz und nicht die Steuerbilanz an die Handelsbilanz angelehnt wird. Das wird als umgekehrte Maßgeblichkeit bezeichnet. So ist z.B. ein Unternehmen gezwungen, zur Ausübung eines steuerlichen Wahlrechts bzw. zum Ansatz eines sonstigen günstigen steuerlichen Werts eine entsprechende Wahl auch in der Handelsbilanz zu treffen, soweit das handelsrechtlich zulässig ist. Für das Anlage- und Umlaufvermögen ist dies für die Handelsbilanz durch § 254 HGB ausdrücklich gestattet: „[1] Abschreibungen können auch vorgenommen werden, um Vermögensgegenstände des Anlage- oder Umlaufvermögens mit dem niedrigeren Wert anzusetzen, der auf einer nur steuerrechtlich zulässigen Abschreibung beruht." Formal ist dadurch der Grundsatz gewahrt, dass die Steuerbilanz der Handelsbilanz folgt. Materiell ist es aber genau umgekehrt. Die Handelsbilanz kann daher stark von steuerbilanzpolitischen Maßnahmen beeinflusst werden. Das kann ihre Aussagekraft erheblich stören. Manche Autoren beschreiben das Verhältnis von

Steuerbilanz und Handelsbilanz weit drastischer: „Dies bedeutet in der Praxis – obwohl das Gesetz etwas Gegenteiliges aussagt –, dass die Handelsbilanz nur ein Anhängsel der Steuerbilanz ist und nicht umgekehrt. Es gibt somit in den meisten kontinental-europäischen Ländern in Wirklichkeit keine echten Handelsbilanzen, sondern nur einige, manchmal sogar schlechte Retuschen der Steuerbilanzen, die als handelsrechtliche Rechnungslegung deklariert werden. Solche Handelsbilanzen können weder die gewünschte Informationsfunktion des Jahresabschlusses erfüllen, noch eignen sie sich als Rechenschaftslegung der Unternehmensleitung. Da sie vom internationalen Kapitalmarkt nicht akzeptiert werden, gehen große kontinental-europäische Unternehmen dazu über, eine Rechnungslegung nach US-GAAP oder IAS vorzunehmen." (Born, 1999b, S. 3-4).

Eine nur steuerrechtlich zulässige Abschreibung wird Sonderabschreibung genannt. Im Gegensatz zu den handelsrechtlichen Abschreibungen liegen diesen Sonderabschreibungen kein Wertverzehr zu Grunde. Vielmehr gewährt das Steuerrecht solche Sonderabschreibungen, um die Unternehmen für ein politisch gewolltes Handeln durch eine niedrigere Steuerlast zu belohnen. Denn die Sonderabschreibungen mindern als Aufwand den Gewinn, der die Bemessungsgrundlage für die Einkommens- bzw. Körperschaftssteuer darstellt. So gab es z.B. diverse Sonderabschreibungen, wenn Unternehmen in den Aufbau des Ostens von Deutschland investierten. Da diese Sonderabschreibungen nicht durch die Herstellung von Vermögensgegenständen, sondern durch den politischen Willen verursacht werden, dürfen sie nicht in die Herstellungskosten eingerechnet werden. Vielmehr sind sie als Aufwand zu verrechnen (vgl. dazu S. 160, S. 163).

Im anglo-amerikanischen Bereich ist der Einfluss steuerlicher Vorschriften auf die handelsrechtliche Rechnungslegung insgesamt gering. So kann z.B. in den USA weder von einer Maßgeblichkeit der handelsrechtlichen Rechnungslegung für die steuerrechtliche Rechnungslegung im deutschen Sinne, noch von einer umgekehrten Maßgeblichkeit gesprochen werden (vgl. Haller, 1988) S. 730). Eine direkte Beeinflussung des handelsrechtlichen Jahresabschlusses durch steuerliche Vorschriften besteht nur im Bereich der Vorratsbewertung bei der Lifo-Methode (zur Lifo-Methode vgl. S. 118f.). Die Lifo-Methode ist nämlich für die Ermittlung des steuerlichen Gewinns nur zulässig, wenn sie auch bei der handelsrechtlichen Rechnungslegung angewendet worden ist (vgl. KPMG, 1988, S. 4).

■ **Kalkulatorische Kosten ohne Aufwandsentsprechung**

Kalkulatorische Kosten sind solche, die allein den Zwecken der Kostenrechnung dienen. Man kann sie wie folgt unterscheiden:

Kalkulatorische Kosten	
Zusatzkosten	Anderskosten

Abb. 14: Zusammensetzung der kalkulatorischen Kosten

♦ **Zusatzkosten**

Zusatzkosten steht keinerlei Aufwand gegenüber. Ein Beispiel für Zusatzkosten ist der kalkulatorische Unternehmerlohn. Wenn ein Unternehmer im eigenen Unternehmen arbeitet, wird er aus dem Gewinn entlohnt. Der Gewinn ist die Differenz von Erträgen und Aufwendungen. In der Bilanzierung stellt seine Entlohnung also keinen Aufwand dar. Würde dagegen nicht der Unternehmer selbst, sondern ein Geschäftsführer im Unternehmen arbeiten, wäre seine Entlohnung aus der Sicht der Bilanzierung Personalaufwand. Diese unterschiedliche bilanzielle Handhabung interessiert in der Kostenrechnung nicht. Gleich, ob der Unternehmer oder sein Geschäftsführer im Unternehmen arbeiten, sind in der Kostenrechnung Personalkosten anzusetzen. Es findet nämlich

➢ ein Dienstleistungsverbrauch (= Arbeitszeit) statt,

➢ der der Leistungserstellung dient,

➢ und der bewertet werden kann (Arbeitszeit x Gehalt/Zeiteinheit).

Damit sind die Kriterien des wertmäßigen Kostenbegriffs erfüllt, d.h. es sind Kosten entstanden (zum wertmäßigen Kostenbegriff und seiner Problematik vgl. Riebel, 1994, S. 411-418).

♦ **Anderskosten**

Im Gegensatz zu den Zusatzkosten stehen Anderskosten Aufwendungen gegenüber. Allerdings nicht in derselben Höhe, wodurch sich der Begriff „Anderskosten" erklärt. Das übliche Beispiel für Anderskosten ergibt sich aus dem Vergleich von bilanzieller und kalkulatorischer – also kostenrechnerischer – Abschreibung (vgl. Wöhe/Kaiser/Döring, 1996, S. 520):

Kriterium	bilanzielle Abschreibung	kalkulatorische Abschreibung
Ziel	Bilanzpolitische Ziele wie hoher oder niedriger Gewinnausweis.	Erfassung des tatsächlichen Wertverzehrs.
Abschreibungsbasis	Anschaffungs- bzw. Herstellungskosten	Wiederbeschaffungskosten
Gesetzliche Regelung	§ 253 HGB	Keine Regelung.
Abschreibungsverfahren	Je nach bilanzpolitischer Zielsetzung: linear, degressiv, progressiv oder leistungsbezogen (im Rahmen der GoB).	Das Verfahren, das den tatsächlichen Wertverzehr am besten abbildet. In der Praxis ist das lineare Verfahren vorherrschend.
Nutzungsdauer	Festlegung der geschätzten Nutzungsdauer nach den AfA-Tabellen des Steuerrechts bzw. nach bilanzpolitischen Zielen (im Rahmen der GoB).	Möglichst realistische Schätzung der Nutzungsdauer.
Kapitalerhaltung	Bei positiver Ertragslage Erhaltung des nominellen Kapitals.	Bei positiver Ertragslage und richtiger Schätzung der Wiederbeschaffungskosten Erhaltung der Substanz.
tatsächliche Nutzungsdauer > geschätzte Nutzungsdauer	Restbuchwert 1 DM, keine weiteren Abschreibungen möglich.	Nach Beendigung der geschätzten Nutzungsdauer werden bis zum endgültigen Ausscheiden der Anlage Abschreibungsbeträge in der bisherigen Höhe verrechnet.

Abb. 15: Vergleich der bilanziellen und kalkulatorischen Abschreibung

Da die kalkulatorischen Kosten nur dem Zweck der Kostenrechnung dienen, haben sie für die Ermittlung der Herstellungskosten im Rahmen der Bilanzierung keine Bedeutung. Dessen ungeachtet erweisen sie sich bei der Ermittlung der Herstellungskosten als Problem: Üblicherweise werden nämlich die für die Ermittlung

der vollen Herstellungskosten nach § 255 (2) HGB erforderlichen Gemeinkosten-
zuschlagssätze für Material-, Fertigungs- und Betriebs- sowie Verwaltungsgemeinkosten aus der Kostenstellenrechnung übernommen. Wenn nun in diese Zuschlagssätze kalkulatorische Kosten eingegangen sind, müssen sie für die Ermittlung der Herstellungskosten aus den Zuschlagssätzen wieder herausgerechnet
werden.

■ **Leerkosten bei Unterbeschäftigung**

Üblicherweise werden Einzelkosten mit variablen Kosten gleichgesetzt, während sich
die Gemeinkosten aus variablen und fixen Bestandteilen zusammensetzen können.
Der Unterscheidung in variable und fixe Kosten liegt die Frage zu Grunde, wie sich
die Kosten in Abhängigkeit von einer Kosteneinflussgröße (z.B. der Ausbringungsmenge) verhalten. Variable Kosten ändern sich **automatisch**, wenn sich die betrachtete Kosteneinflussgröße ändert. Dagegen verändern sich fixe Kosten **nicht automatisch**, wenn sich die betrachtete Kosteneinflussgröße ändert. Ein Beispiel für
variable Gemeinkosten bei der Kosteneinflussgröße „Ausbringungsmenge" sind
Werkzeugkosten. Sie sind variabel, weil sie mit zunehmender Produktion ansteigen.
Sie sind Gemeinkosten, weil mit einem Werkzeug mehrere Produkte gefertigt werden
können. Ein Beispiel für fixe Gemeinkosten bei der Kosteneinflussgröße „Ausbringungsmenge" sind die Gehälter, die ein Unternehmen für seinen Verwaltungsbereich
zahlen muss. Die Gehälter sind Fixkosten, weil sie allein auf Grund der geschlosse-
nen Arbeitsverträge zu zahlen sind. Sie sind völlig unabhängig davon, wieviel das
Unternehmen produziert. Daneben stellen sie Gemeinkosten der produzierten Produkte dar, weil zwischen der Verwaltung und der Herstellung keine unmittelbare
Beziehung besteht.

Der Begriff Leerkosten gehört inhaltlich zu den Fixkosten eines Unternehmens. Die
Fixkosten lassen sich nämlich wie folgt unterteilen:

Fixkosten	
Nutzkosten	Leerkosten

Abb. 16: Zusammensetzung der Fixkosten

Hinter dieser Aufteilung steht folgende Überlegung. Die Fixkosten dienen der Auf-
rechterhaltung der Betriebsbereitschaft. Daher werden sie auch Kapazitätskosten
genannt. In ihrer Höhe sind sie nur dann berechtigt, wenn die Kapazitäten voll ausgelastet sind. In diesem Fall sind alle Fixkosten Nutzkosten. In dem Maße, in dem die
Kapazitätsauslastung abnimmt, sind immer mehr Fixkosten nicht berechtigt. Anders
ausgedrückt: Sie werden nicht genutzt und stellen Leerkosten dar. Der Zusammenhang lässt sich graphisch folgendermaßen veranschaulichen:

Fixkosten

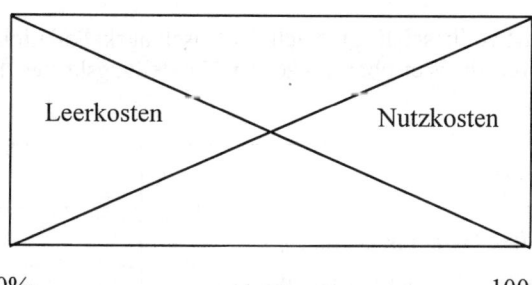

0%   100 % Kapazitätsauslastung

Abb. 17: Zusammenhang von Nutz- und Leerkosten

Erläuterung:

Bei einer Kapazitätsauslastung von 0 % sind die Fixkosten zu 100 % Leerkosten. Bei
einer Kapazitätsauslastung von 100 % sind die Fixkosten zu 100 % Nutzkosten. Der
Zusammenhang zwischen Nutz- und Leerkosten ist proportional. Bei 20 % Auslastung sind 20 % der Fixkosten Nutz- und 80 % Leerkosten. Bei 50 % Auslastung sind
50 % der Fixkosten Nutz- und 50 % Leerkosten.

In diesem Zusammenhang ergibt sich bei der Ermittlung der vollen Herstellungskosten eines Vermögensgegenstandes folgendes Problem: Die Höhe der Herstellungskosten hängt von der Kapazitätsauslastung des Unternehmens ab. Sind die Kapazitäten nicht voll ausgelastet (= Unterbeschäftigung), ergeben sich höhere Herstellungskosten als bei voll ausgelasteten Kapazitäten (= Vollbeschäftigung). Das ist so, weil
sich bei Unterbeschäftigung die Fixkosten auf weniger Vermögensgegenstände verteilen und damit der Anteil der Fixkosten je Vermögensgegenstand größer wird. Das
ist aber nicht plausibel, weil sich keine Argumente für die Abhängigkeit des Wertes
eines Vermögensgegenstandes von der Beschäftigungssituation eines Unternehmens
finden lassen. Folglich muss der Einfluss der Beschäftigungssituation auf die Höhe
der vollen Herstellungskosten ausgeschaltet werden. Aus diesem Grund hat der Gesetzgeber das Verbot der Aktivierung von Leerkosten bei Unterbeschäftigung aus-
gesprochen. Wenn man nämlich bei der Ermittlung der Herstellungskosten die Leerkosten aus den fixen Gemeinkosten herausrechnet und nur die Nutzkosten in den
Zähler des Zuschlagssatzes schreibt, ergeben sich bei Unterbeschäftigung dieselben
vollen Herstellungskosten wie bei Vollbeschäftigung. Die Überlegungen sollen durch
ein Beispiel verdeutlicht werden:

Ein Unternehmen produziert das Produkt A. Folgende Daten sind gegeben:

Vollbeschäftigung	1 000 Produkte/Periode
variable Einzelkosten	1 000 DM/Produkt
fixe Gemeinkosten	500 000 DM/Periode

■ Periode 01:

Das Unternehmen ist vollbeschäftigt. Nach der Zuschlagskalkulation ergibt sich in dieser Situation folgende Wertobergrenze der Herstellungskosten für einen Vermögensgegenstand:

variable Einzelkosten	1000 DM
Zuschlagssatz für fixe Gemeinkosten: Σ fixe Gemeinkosten : Σ variable Einzelkosten 500 000 DM : 1 000 000 DM = 0,5 bzw. 50 %	
anteilige Gemeinkosten: 1 000 DM x 0,5 =	500 DM
Wertobergrenze der Herstellungskosten	1 500 DM

■ Periode 02:

Das Unternehmen ist nur mit 50 % ausgelastet. Das bedeutet, dass sich die variablen Einzelkosten automatisch um 50 % reduzieren. Dagegen bleiben die Fixkosten davon ex definitione unberührt. Ohne das Verbot der Aktivierung von Leerkosten ergibt sich nach der Zuschlagskalkulation folgende Wertobergrenze der Herstellungskosten für einen Vermögensgegenstand:

variable Einzelkosten	1000 DM
Zuschlagssatz für fixe Gemeinkosten: Σ fixe Gemeinkosten : Σ variable Einzelkosten 500 000 DM : 500 000 DM = 1 bzw. 100 %	
anteilige Gemeinkosten: 1 000 DM x 1 =	1 000 DM
Wertobergrenze der Herstellungskosten	2 000 DM

Die Wertobergrenze der Herstellungskosten ist bei Unterbeschäftigung um 500 DM höher als bei Vollbeschäftigung. Dagegen ergibt sich unter Berücksichtigung des Verbots der Aktivierung der Leerkosten für den Vermögensgegenstand derselbe Wert wie bei Vollbeschäftigung:

variable Einzelkosten	1 000 DM
Σ fixe Gemeinkosten	500 000 DM
Leerkosten: 500 000 DM x 0,5 =	250 000 DM
Nutzkosten = fixe Gemeinkosten ./. Leerkosten 500 000 DM ./. 250 000 DM =	250 000 DM
Zuschlagssatz für fixe Gemeinkosten: Σ Nutzkosten : Σ variable Einzelkosten 250 000 DM : 500 000 DM = 0,5 bzw. 50 %	
anteilige Gemeinkosten: 1 000 DM x 0,5 =	500 DM
Wertobergrenze der Herstellungskosten	1 500 DM

Die nicht aktivierungsfähigen Leerkosten in Höhe von 500 DM/Stück x 500 Stück = 250 000 DM werden in der Periode als Aufwand erfasst, in der sie anfallen. Im vorliegenden Fall ist das die Periode 02.

■ **Gewinnabhängige Steuern**

Gewinnabhängige Steuern gehören nicht zu den Herstellungskosten. Gewinn entsteht nämlich erst **nach der Herstellung**, und zwar beim Abverkauf der Produkte (vgl. Beck, 1995, § 255, Anm. 468). Dementsprechend darf z.B. die Einkommens- bzw. Körperschaftsteuer nicht in die Herstellungskosten einbezogen werden. Dagegen sind nicht gewinnabhängige Steuern anteilig in die Herstellungskosten einzubeziehen, soweit sie auf Produktionsanlagen entfallen (vgl. Beck, 1995, § 255, Anm. 468). Zu den Herstellungskosten gehören damit z.B. die Grundsteuer und die Vermögensteuer.

Ebenso wie das Handelsrecht kennt auch das Steuerrecht eine Wertunter- und eine Wertobergrenze der Herstellungskosten (vgl. dazu § 6 (1) EStG, Abschn. 33 EStR). Die Wertuntergrenze umfasst dabei mehr Bestandteile als die Wertuntergrenze nach dem Handelsrecht. Hier wird also die Maßgeblichkeit der Handels- für die Steuerbilanz durchbrochen. Im Einzelnen bilden folgende Bestandteile die Wertuntergrenze der Herstellungskosten nach dem Steuerrecht:

Pflichtbestandteile der Herstellungskosten nach Steuerrecht
Materialeinzelkosten
+   Fertigungseinzelkosten
+   Sondereinzelkosten der Fertigung
+   anteilige Materialgemeinkosten
+   anteilige Fertigungsgemeinkosten
+   anteilige Abschreibungen
(+   anteilige Fremdkapitalzinsen)
=   **Wertuntergrenze der Herstellungskosten nach Steuerrecht (= produktionsbezogene Vollkosten)**

Abb. 18: Ermittlungsschema für die Wertuntergrenze der Herstellungskosten nach Steuerrecht

Auch hier sind die unechten Gemeinkosten selbstverständlich in die Herstellungskosten einzubeziehen, wenn sie wesentlich sind.

Die Wertuntergrenze nach dem Steuerrecht ist höher als die Wertuntergrenze nach dem Handelsrecht, weil

- im deutschen Handelsrecht der Gläubigerschutzgedanke dominiert – danach dürfen sich Unternehmen nicht „reicher" rechnen, als sie sind,

- im deutschen Steuerrecht die Ermittlung des vollen Gewinns zur Berechnung der Einkommens- bzw. Körperschaftsteuer im Vordergrund steht – danach dürfen sich Unternehmen sich nicht „ärmer" rechnen, als sie sind. Das stünde nämlich im Widerspruch zu dem verfassungsrechtlichen Grundsatz der Gleichmäßigkeit der Besteuerung (Art. 3 GG), da die Unternehmen sonst weniger Steuern bezahlen würden also ein Steuerpflichtiger mit demselben Gewinn.

Hinsichtlich der Wertobergrenze der Herstellungskosten nach dem Steuerrecht besteht dagegen kein Unterschied zum Handelsrecht, d.h. hier gilt wieder das Maßgeblichkeitsprinzip:

Pflicht- und Kannbestandteile der Herstellungskosten nach Steuerrecht
Materialeinzelkosten
+ Fertigungseinzelkosten
+ Sondereinzelkosten der Fertigung
+ anteilige Materialgemeinkosten
+ anteilige Fertigungsgemeinkosten
+ anteilige Abschreibungen
(+ anteilige Fremdkapitalzinsen)
+ anteilige allgemeine Betriebs- und Verwaltungsgemeinkosten
= **Wertobergrenze der Herstellungskosten nach Steuerrecht (= Vollkosten)**

Abb. 19: Ermittlungsschema für die Wertobergrenze der Herstellungskosten nach Steuerrecht

Auch hier sind die unechten Gemeinkosten selbstverständlich in die Herstellungskosten einzubeziehen, wenn sie wesentlich sind.

Im Gegensatz zum HGB und dem Steuerrecht kennen die IAS und US-GAAP keine Wahlrechte bei der Ermittlung der Herstellungskosten (vgl. Born, 1999a, S. 28). Die Herstellungskosten ergeben sich vielmehr aus den produktionsbezogenen Vollkosten (vgl. Goebel, 1995, S. 2491), d.h. sie sind wie die Wertuntergrenze der Herstellungskosten nach dem deutschen Steuerrecht zusammengesetzt (vgl. KPMG 1999b, S. 27, Baukmann/Mandler, 1997, S. 82-83):

Herstellungskosten nach IAS und US-GAAP	
	Materialeinzelkosten
+	Fertigungseinzelkosten
+	Sondereinzelkosten der Fertigung
+	Materialgemeinkosten
+	Fertigungsgemeinkosten
+	Abschreibungen
(+	Fremdkapitalzinsen)
=	**Herstellungskosten (= produktionsbezogene Vollkosten)**

Abb. 20: Ermittlungsschema für die Herstellungskosten nach IAS und US-GAAP

Nachfolgend werden in einem Beispiel die Herstellungskosten nach HGB, deutschem Steuerrecht sowie IAS und US-GAAP ermittelt und die Buchungen dargestellt, die zur Aktivierung der Herstellungskosten in der Bilanz erforderlich sind (in Anlehnung an Coenenberg, 1997b, S. 23-24):

Aus den Kalkulationsunterlagen eines Maschinenbauunternehmens ergibt sich, dass für eine am Jahresende noch auf Lager befindliche Maschine folgende Kosten aufgewendet wurden:

Fertigungsmaterial netto	4 000 DM
Arbeitslohn einschließlich sozialer und freiwilliger Abgaben	3 000 DM
Kosten eines Spezialwerkzeugs	500 DM
anteilige Stromkosten (aus Wirtschaftlichkeitsgründen pauschal erfasst)	50 DM
anteilige Lagerkosten für das Fertigungsmaterial	100 DM
anteilige verbrauchsbedingte Reparaturkosten des Maschinenparks	100 DM
anteilige zeitabhängige Abschreibungen des Maschinenparks	500 DM
anteiliger Meisterlohn zur Beaufsichtigung der Herstellung	150 DM

anteilige Kosten des Personalbüros und des Rechnungswesens	600 DM
anteilige Kosten der Vertriebsabteilung	300 DM
Gewinnaufschlag	1 800 DM

■ **Ermittlung alternativer Wertansätze für die Herstellungskosten**

	HGB Wert-untergrenze	EStR Wert-untergrenze IAS und US-GAAP Wertan-satz	HGB und EStR Wertobergrenze
MEK (Material)	4 000 DM	4 000 DM	4 000 DM
FEK (Arbeitslohn)	3 000 DM	3 000 DM	3 000 DM
SEKF (Werkzeug)	500 DM	500 DM	500 DM
unechte GK (Strom)	50 DM	50 DM	50 DM
Wertuntergrenze HGB	**7 550 DM**		
fixe MGK (Lager)		100 DM	100 DM
variable FGK (Reparatur)		100 DM	100 DM
fixe FGK (Abschreibun-gen, Meisterlohn)		650 DM	650 DM
Wertuntergrenze EStR **Wertansatz IAS und US-GAAP**		**8 400 DM**	
fixe VWGK (Personalbü-ro, Rechnungswesen)			600 DM
Wertobergrenze HGB und EStR			**9 000 DM**

■ **Buchungen (Gewinn- und Verlustrechnung nach dem Gesamtkostenverfahren)**

♦ **Aufwendungen für Herstellung und Vertrieb im betrachteten Jahr**

diverser Aufwand	an	diverse Bestandskonten	Gesamtaufwand
z.B. Materialaufwand, Personalaufwand, sonstiger betrieblicher Aufwand		z.B. Kasse, Bank, Rohstoffe	x DM

♦ **Aktivierung der Herstellungskosten**

Fertige Erzeugnisse und Waren	an	andere aktivierte Eigenleistungen	7 550 DM oder 8 400 DM oder 9 000 DM

♦ **Erläuterungen**

➢ Die vorab ermittelten Herstellungskosten werden durch „Kompensationsbuchungen" aktiviert:

- Der im Zusammenhang mit der Herstellung des Vermögensgegenstandes stehende Abgang von Beständen (z.B. Kasse, Bank, Rohstoffe) wird durch einen gleich hohen Zugang beim Bestand der fertigen Erzeugnisse kompensiert. Dadurch erhöht sich die Bilanzposition „Fertige Erzeugnisse und Waren". Die Herstellungskosten sind aktiviert.

- Gleichzeitig wird der Herstellungsaufwand der Maschine durch eine Ertragsbuchung in gleicher Höhe ausgeglichen („andere aktivierte Eigenleistungen"). Ansonsten würde die Gewinn- und Verlustrechnung einen anderen Jahresüberschuss als die Bilanz ausweisen (vgl. dazu noch einmal S. 33f.).

➢ Vertriebskosten sind keine Herstellungskosten. Daher werden sie nicht aktiviert, sondern als Aufwand erfasst. Sie belasten das Jahresergebnis in voller Höhe.

➢ Der Gewinnaufschlag darf in den Herstellungskosten nicht berücksichtigt werden, weil ansonsten unrealisierte Gewinne ausgewiesen würden, m.a.W. gegen das Realisationsprinzip verstoßen würde.

2.3.2.1.3 Abschreibungen und Zuschreibungen

2.3.2.1.3.1 Grundlagen

Die Anschaffungs- bzw. Herstellungskosten stellen lediglich die Obergrenze dar, mit der ein Vermögensgegenstand nach deutschem Recht in der Bilanz stehen darf. Alternativ dazu können niedrigere Wertansätze geboten sein, wenn der tatsächliche Wert eines Vermögensgegenstandes unter den Anschaffungs- bzw. Herstellungskosten liegt. Niedrigere tatsächliche Wert kommen z.B. dadurch zu Stande, dass Rechte, Grundstücke, Gebäude, Maschinen, Kraftwagen, Vorräte und Forderungen durch Vertragsablauf, fallende Preise, Abnutzung, Verschleiß, technischen Fortschritt oder fallende Bonität der Schuldner entwertet werden. Diese Wertminderungen müssen berücksichtigt werden, wenn der Jahresabschluss eines Unternehmens die Vermögens- und Ertragslage zutreffend darstellen soll. Die niedrigeren Wertansätze erhält man dadurch, dass man den Wert eines Vermögensgegenstandes abschreibt. Dies kann durch direkte oder indirekte Abschreibung geschehen. Bei der direkten Abschreibung wird die Abschreibung als Aufwand gebucht und unmittelbar von dem Wert der Vermögensgegenstände abgesetzt. Dadurch sinkt die entsprechende Aktivposition in der Bilanz. Bei der indirekten Abschreibung wird die Wertminderung ebenfalls als Aufwand gebucht. Der Wert der Vermögensgegenstände wird aber nicht herabgesetzt. Die entsprechende Aktivposition in der Bilanz bleibt also unberührt. Statt dessen wird eine Wertberichtigung gebucht, die in der Bilanz als Passivposition erscheint. Die indirekte Abschreibung liefert dem Bilanzleser mehr Informationen. Sie ist dennoch für Kapitalgesellschaften verboten, weil sie die Bilanzsumme aufbläht (vgl. Coenenberg, 1997a, S. 131).

Beispiel zur direkten Abschreibung:

- Aktivierung der Herstellungskosten einer Maschine (Gewinn- und Verlustrechnung nach dem Gesamtkostenverfahren)

Maschinen	an	andere aktivierte Eigenleistungen (Ertrag)	Herstellungskosten in DM

- Abschreibung der Maschine (Gesamtkostenverfahren)

Abschreibungen auf Sachanlagen (Aufwand)	an	Maschinen	Abschreibungsbetrag in DM

Betrachtet man die Ursachen der Abschreibungen ist folgende Unterteilung der Abschreibungen sinnvoll:

Abschreibungen	
Planmäßige Abschreibungen	Außerplanmäßige Abschreibungen

Abb. 21: Systematik der Abschreibungen

Die Unterteilung in planmäßige und außerplanmäßige Abschreibungen findet sich auch in IAS und US-GAAP (vgl. dazu z.B. vgl. KPMG, 1999a, S. 77-79, Göbel, 1998, S. 182).

2.3.2.1.3.2 Planmäßige Abschreibungen

Planmäßigen Abschreibungen liegt ein vorhersehbarer – d.h. planbarer – Wertverlust zu Grunde. Daher kann es planmäßige Abschreibungen nur in solchem Anlagevermögen geben, dessen Nutzung von vornherein zeitlich begrenzt ist (z.B. technische Anlagen und Maschinen). Anders ausgedrückt gibt es **keine** planmäßigen Abschreibungen

■ bei Anlagevermögen, dessen Nutzung zeitlich unbegrenzt ist (z.B. Grundstücke) und

■ im Umlaufvermögen (z.B. Vorräte).

Bei Anlagevermögen mit zeitlich unbegrenzter Nutzungsmöglichkeit scheidet ein vorhersehbarer Wertverlust ex definitione aus. Auch beim Umlaufvermögen kann es keine vorhersehbaren Wertverluste geben, weil diese Vermögensgegenstände nicht dauerhaft dem Geschäftsbetrieb dienen. Sie sollen mehr oder weniger schnell und ohne Wertverlust umgesetzt werden.

Planmäßige Abschreibungen lassen sich nicht nur als Mittel zur Wertangleichung verstehen (statische Auffassung), sondern auch im Sinne des Grundsatzes der sachlichen Abgrenzung interpretieren (dynamische Auffassung). Die Verrechnung der Abschreibungen über die Zeit der Nutzung eines Vermögensgegenstandes führt nämlich zur Verteilung des Aufwandes auf die Perioden, in denen der Vermögensgegenstand voraussichtlich zu Erträgen führt.

Planmäßige Abschreibungen basieren auf einem Abschreibungsplan. Er enthält

■ die Abschreibungssumme,

■ die voraussichtliche Nutzungsdauer,

■ die gewählte Abschreibungsmethode.

■ **zur Abschreibungssumme**

Auf Grund des Anschaffungswertprinzips kann nach deutschem Recht maximal von den Anschaffungs- bzw. Herstellungskosten abgeschrieben werden.

Das gilt für zeitlich begrenzt nutzbares Anlagevermögen auch nach US-GAAP. Dagegen dürfen nach IAS immaterielle Vermögensgegenstände und Sachanlagen auch mit höheren Werten bilanziert werden (vgl. dazu S. 89, S. 94). Folglich kann hier auch von höheren Werten abgeschrieben werden.

- **zur voraussichtlichen Nutzungsdauer**

Man unterscheidet die technische und die wirtschaftliche Nutzungsdauer. Die technische Nutzungsdauer ist die Zeit, in der ein Vermögensgegenstand tatsächlich genutzt werden kann (Lebensdauer). In der Regel ist es aber wirtschaftlich nicht sinnvoll, einen Vermögensgegenstand bis zum Ende seiner Lebensdauer zu nutzen. Mit zunehmender Nutzung steigen nämlich die Instandhaltungs- bzw. Reparaturkosten. Außerdem kann bei Maschinen die Präzision in der Herstellung abnehmen. Die Zeit, in der sich die Nutzung eines Vermögensgegenstandes wirtschaftlich lohnt, wird wirtschaftliche Nutzungsdauer genannt. Sie allein ist für die Berechnung der Abschreibungen relevant. Denn nach dem Ablauf der wirtschaftlichen Nutzungsdauer müssen über die Umsatzerlöse soviel liquide Abschreibungsgegenwerte angesammelt sein, dass eine Ersatzinvestition möglich ist.

Beispiel:

Ein Unternehmen hat 100 000 DM in eine Maschine investiert. Die wirtschaftliche Nutzungsdauer wird auf 5 Jahre geschätzt. Es wird angenommen, dass die Maschine während der Nutzung gleichmäßig an Wert verliert. Im Durchschnitt hat das Unternehmen

- ◆ Umsatzerlöse in Höhe von 200 000 DM, die zu entsprechenden Zahlungsmittelzuflüssen führen,

- ◆ Aufwand in Höhe von 180 000 DM, der zu entsprechenden Zahlungsmittelabflüssen führt.

Würde das Unternehmen keine planmäßigen Abschreibungen vornehmen, sähe seine Gewinn- und Verlustrechnung in jedem Jahr der Nutzung wie folgt aus:

Gewinn- und Verlustrechnung (Gesamtkostenverfahren)	
Umsatzerlöse (Zahlungsmittelzufluss)	200 000 DM
./. Aufwand (Zahlungsmittelabfluss)	180 000 DM
= **Jahresüberschuss (Zahlungsmittelbestand)**	**20 000 DM**

Unterstellt man, dass das Unternehmen den Jahresüberschuss regelmäßig an die Anteilseigner ausschüttet, fließen in den 5 Jahren insgesamt 100 000 DM aus dem Unternehmen hinaus. Am Ende der wirtschaftlichen Nutzungsdauer ist der Bestand an liquiden Mitteln null, d.h. es sind keine liquiden Mittel für eine Ersatzinvestition vorhanden.

Die Situation ändert sich, wenn das Unternehmen die Maschine planmäßig mit 100 000 DM : 5 Jahre = 20 000 DM/Jahr abschreibt. Dann sieht die Gewinn- und Verlustrechnung in jedem Jahr der Nutzung wie folgt aus:

Gewinn- und Verlustrechnung (Gesamtkostenverfahren)	
Umsatzerlöse (Zahlungsmittelzufluss)	200 000 DM
./. Aufwand (Zahlungsmittelabfluss)	180 000 DM
./. Abschreibungen (kein Zahlungsmittelabfluss)	20 000 DM
= Jahresüberschuss	**0 DM**

Der Jahresüberschuss ist null, d.h. es finden keine Gewinnausschüttungen statt. Da die Abschreibungen aber nicht mit einem Zahlungsmittelabfluss verbunden sind – sie stellen ja nur eine rechnerische Verteilung der Anschaffungskosten auf die Nutzungsjahre dar – ist der Zahlungsmittelbestand im ersten Jahr 20 000 DM und erhöht sich in jedem weiteren Nutzungsjahr um weitere 20 000 DM. Am Ende der wirtschaftlichen Nutzungsdauer entsprechen die in der Kasse befindlichen liquiden Abschreibungsgegenwerten gerade den historischen Anschaffungskosten der Maschine und können für eine Ersatzinvestition herangezogen werden. Die Ersatzinvestition wird durch die Abschreibungen finanziert. Infolgedessen spricht man auch von einer Finanzierung aus Abschreibungen. Ein zusätzlicher Finanzierungseffekt ergibt sich daraus, dass die liquiden Abschreibungsgegenwerte während der Nutzungsdauer zur Finanzierung anderer Investitionen herangezogen werden können. Sie werden ja erst am Ende der Nutzungsdauer benötigt.

Ein Problem bei der Finanzierung aus Abschreibungen besteht darin, dass die Wiederbeschaffungskosten der Maschine während der Nutzungsdauer gestiegen sein können. In diesem Fall reichen die liquiden Abschreibungswerte nicht für eine Ersatzinvestition aus. Man spricht dann von Substanzverlust. Die Kostenrechnung umgeht dieses Problem, indem sie von den Wiederbeschaffungskosten abschreibt (vgl. dazu noch einmal S. 55). In der Bilanzierung ist das nicht möglich, weil Vermögensgegenstände höchstens mit ihren Anschaffungs- bzw. Herstellungskosten in den Büchern stehen dürfen.

Die wirtschaftliche Nutzungsdauer ist anhand von Erfahrungswerten zu schätzen. Dabei kann man sich auch an den AfA-Tabellen der Finanzverwaltung orientieren, die die „betriebsgewöhnliche Nutzungsdauer von Anlagegütern" für die steuerliche Abschreibung feststellt.

■ **zur Abschreibungsmethode**

Die Wahl der Abschreibungsmethode hat den Grundsätzen der ordnungsmäßigen Buchführung zu entsprechen. Danach ist eine Methode unzulässig, wenn der Abschreibungsverlauf dem Nutzungsverlauf offensichtlich widerspricht. Für die deutsche Handelsbilanz sind grundsätzlich folgende Abschreibungsmethoden zulässig:

Abschreibungsmethoden			
leistungsbezogene Abschreibung	zeitliche Abschreibungen		
	lineare Abschreibung	degressive Abschreibung	progressive Abschreibung
		geometrisch-degressiv	arithmetisch-degressiv Spezialfall: digital	

Abb. 22: Zulässige Abschreibungsmethoden im deutschen Handelsrecht

Die gewählte Abschreibungsmethode ist im Anhang anzugeben.

Grundsätzlich dürfen im Zugangs- und Abgangsjahr die Abschreibungen nur zeitanteilig verrechnet werden. Hierbei gestattet das deutsche Handelsrecht jedoch eine Vereinfachung. Bei Zugängen von Vermögensgegenständen in der ersten Jahreshälfte darf die volle Jahresabschreibung angesetzt werden. Bei Zugängen in der zweiten Jahreshälfte darf die halbe Jahresabschreibung verrechnet werden.

♦ **leistungsbezogene Abschreibung**

Bei der leistungsbezogenen Abschreibung wird nicht die Nutzungsdauer eines Vermögensgegenstandes, sondern seine Leistungs- bzw. Nutzungsabgabe (z.B. in erwarteten Kilometern, Maschinenstunden, Stücken) geschätzt. Die Jahresabschreibung ergibt sich aus zwei Schritten:

1. Ermittlung des Abschreibungssatzes

$$\frac{\text{Anschaffungs-/Herstellungskosten}}{\text{geschätzte Leistungs-/Nutzungsabgabe}} = \text{DM/Leistung bzw. Nutzung}$$

2. Ermittlung der Jahresabschreibung

Leistungs-/Nutzungsabgabe/Jahr   x   DM/Leistung bzw. Nutzung

= Jahresabschreibung

Beispiel:

Anschaffungskosten eines Firmen-PKW:	105 000 DM
geschätzte Fahrleistung:	150 000 km

Abschreibungssatz: 105 000 DM : 150 000 km = 0,70 DM/km

Jahr	Buchwert alt	gefahrene Kilometer	Jahresabschreibung	Buchwert neu
1	105 000 DM	20 000 km	14 000 DM	91 000 DM
2	91 000 DM	35 000 km	24 500 DM	66 500 DM
3	66 500 DM	20 000 km	14 000 DM	52 500 DM
4	52 500 DM	25 000 km	17 500 DM	35 000 DM
5	35 000 DM	20 000 km	14 000 DM	21 000 DM
6	21 000 DM	30 000 km	21 000 DM	0 DM

Die leistungsbezogene Abschreibung kommt in Betracht, wenn die Wertminderung eines Vermögensgegenstandes hauptsächlich durch seine Nutzung und nicht – oder nicht hauptsächlich – durch die Zeit bedingt ist.

➢ Vorteil:

Der Vorteil der leistungsbezogenen Abschreibung liegt darin, dass Jahre mit geringerer Beschäftigung nicht mit überhöhten Abschreibungen belastet werden (vgl. Coenenberg, 1997a, S. 135).

➢ Nachteile:

Natürlicher Verschleiß und wirtschaftliche Entwertung spiegeln sich im Abschreibungsverlauf nicht wider (vgl. Coenenberg, 1997a, S. 135).

♦ **lineare Abschreibung**

Die lineare Abschreibung ist die einfachste Form der zeitbezogenen Abschreibung. Die Jahresabschreibung ergibt sich unmittelbar aus folgendem Schritt:

$$\frac{\text{Anschaffungs- bzw. Herstellungskosten}}{\text{geschätzte Nutzungsdauer}} \quad = \quad \text{Jahresabschreibung}$$

Beispiel:

Anschaffungskosten eines Firmen-PKW:			105 000 DM
Jahresabschreibung:	105 000 DM : 6 Jahre = 17 500 DM/Jahr		
Jahr	Buchwert alt	Jahresabschreibung	Buchwert neu
1	105 000 DM	17 500 DM	87 500 DM
2	87 500 DM	17 500 DM	70 000 DM
3	70 000 DM	17 500 DM	52 500 DM
4	52 500 DM	17 500 DM	35 000 DM
5	35 000 DM	17 500 DM	17 500 DM
6	17 500 DM	17 500 DM	0 DM

➢ Vorteil:

Das Verfahren ist sehr einfach. Die lineare Abschreibung ist sowohl nach deutschem Handelsrecht als auch nach deutschem Steuerrecht erlaubt.

➢ Nachteile:

Die tatsächliche Wertminderung wird nur dann durch den Abschreibungsverlauf abgebildet, wenn sie über die Nutzungsdauer völlig gleichmäßig verläuft. Das ist häufig nicht realistisch. So berücksichtigt die lineare Abschreibung nicht, dass der Marktwert vieler Vermögensgegenstände in den ersten Jahren der Nutzung oft erheblich sinkt (z.B. bei Autos) und die Gefahr von Wertminderungen durch den technischen Fortschritt in den ersten Jahren besonders groß ist (vgl. Coenenberg, 1997a, S. 136).

♦ **degressive Abschreibung**

Erhebliche Wertminderungen in den ersten Jahren der Nutzung werden durch die degressive Abschreibung am besten abgebildet, weil die Abschreibungsbeträge zu Beginn der Nutzung höher als zum Ende der Nutzung sind (= fallende Abschreibungsbeträge). Damit entspricht die degressive Abschreibung in hohem Maß dem Vorsichtsprinzip.

Bei der degressiven Abschreibung unterscheidet man zwei Formen:

1. die geometrisch-degressive Abschreibung,

2. die arithmetisch-degressive Abschreibung.

> **zur geometrisch-degressiven Abschreibung**

Die Abschreibung ist dadurch gekennzeichnet, dass die Abschreibungsbeträge/Jahr um unterschiedliche Beträge (Degressionsbeträge) fallen. Die Jahresabschreibung erhält man, indem man den jeweiligen Buchwert eines Vermögensgegenstandes mit einem im Voraus festgelegten Prozentsatz multipliziert.

Beispiel:

Anschaffungskosten eines Firmen-PKW:			105 000 DM	
Nutzungsdauer:			6 Jahre	
Abschreibungssatz:			20 %	
Jahr	Buchwert alt	Jahresabschreibung	Degressionsbetrag	Buchwert neu
1	105 000 DM	21 000 DM		84 000 DM
2	84 000 DM	16 800 DM	4 200 DM	67 200 DM
3	67 200 DM	13 440 DM	3 360 DM	53 760 DM
4	53 760 DM	10 752 DM	2 688 DM	43 008 DM
5	43 008 DM	8 602 DM	2 150 DM	34 406 DM
6	34 406 DM	6 881 DM	1 721 DM	27 525 DM

Das Beispiel macht deutlich, dass die geometrisch-degressive Abschreibung nie zu einer vollständigen Abschreibung führt. Es bleibt stets ein Restwert in den Büchern. Aus diesem Grund wird die geometrisch-degressive Abschreibung in Handels- und Steuerbilanz häufig mit einer linearen Abschreibung kombiniert. Üblicherweise geht man von der geometrisch-degressiven zur linearen Abschreibung dann über, wenn der Abschreibungsbetrag nach degressiver Abschreibung unter den linearen Abschreibungsbetrag sinkt (vgl. Coenenberg, 1997a, S. 138). Denn damit erreicht man die größtmögliche Steuerstundung.

Beispiel:

Jahr	Buchwert alt	Jahresabschreibung – degressiv – 20 % vom Buchwert	Jahresabschreibung – linear – Buchwert : Restnutzungsdauer
1	105 000 DM	**21 000 DM**	17 500 DM
2	84 000 DM	**16 800 DM**	**16 800 DM**
3	67 200 DM	13 440 DM	**16 800 DM**
4	50 400 DM	10 080 DM	**16 800 DM**
5	33 600 DM	6 720 DM	**16 800 DM**
6	16 800 DM	3 360 DM	**16 800 DM**

Im ersten Jahr wird geometrisch-degressiv mit 21 000 DM abgeschrieben. Im zweiten Jahr ist die Jahresabschreibung bei geometrisch-degressiver und linearer Abschreibung gleich hoch. Es werden 16 800 DM abgeschrieben. Ab dem dritten Jahr ist die lineare Abschreibung höher als die geometrisch-degressive (16 800 DM > 13 440 DM). Infolgedessen wird in den letzten 4 Jahren der Nutzung jeweils linear mit 16 800 DM abgeschrieben. Die Summe der Abschreibungsbeträge entspricht den Anschaffungskosten von 105 000 DM. Der Vermögensgegenstand ist vollständig abgeschrieben.

➢ **zur arithmetisch-degressiven Abschreibung**

Die Abschreibung ist dadurch gekennzeichnet, dass die Abschreibungsbeträge/Jahr um dieselben Beträge (Degressionsbeträge) fallen. Die Ermittlung der Jahresabschreibung ist wesentlich komplizierter als bei der geometrisch-degressiven Abschreibung.

Beispiel:

Anschaffungskosten eines Firmen-PKW (AK):	105 000 DM
Nutzungsdauer (n):	6 Jahre

Der Abschreibungsbetrag des ersten Jahres wird durch das Unternehmen festgelegt. Denkbar ist z.B., dass sich der Abschreibungsbetrag des ersten Jahres aus der Multiplikation des steuerlich maximal anerkannten Prozentsatzes von 20 % mit den Anschaffungskosten ergibt:

→ 105 000 DM x 20 % = 21 000 DM Abschreibung des ersten Jahres.

Die Beziehung zwischen den Anschaffungskosten und dem Abschreibungsbetrag des ersten Jahres wird durch den Abschreibungskoeffizienten a_1 dargestellt:

$\rightarrow$ 21 000 DM = a_1 x 105 000 DM.

$\rightarrow a_1 = 0,2$

Weil bei arithmetisch-degressiver Abschreibung die Degressionsbeträge immer gleich hoch sind, vermindert sich der Abschreibungskoeffizient von Jahr zu Jahr um den konstanten Betrag d. Man kann also schreiben:

$\rightarrow a_1 > a_1 - d > a_1 - 2d > a_1 - 3d > ... > a_1 - (n-1)d$

d erhält man durch Transformation aus der Summenformel der arithmetischen Reihe:

$\rightarrow d = 2 (n \text{ x } a_1 - 1) \text{ x } (n (n - 1))^{-1}$

$\rightarrow d = 2 (6 \text{ x } 0,2 - 1) \text{ x } (6 (6 - 1))^{-1}$

$\rightarrow d = 0,0133333$

Die Abschreibungsbeträge ergeben sich dann wie folgt:

Jahr		Abschrei-bungsbetrag	Degressions-betrag
1		21 000 DM	
			1 400 DM
2	(0,2 – 0,0133333) x 105 000 DM =	19 600 DM	
			1 400 DM
3	(0,2 – 0,0266666) x 105 000 DM =	18 200 DM	
			1 400 DM
4	(0,2 – 0,0399999) x 105 000 DM =	16 800 DM	
			1 400 DM
5	(0,2 – 0,0533332) x 105 000 DM =	15 400 DM	
			1 400 DM
6	(0,2 – 0,0666665) x 105 000 DM =	14 000 DM	
Σ		**105 000 DM**	

Ein Sonderfall der arithmetisch-degressiven Abschreibung ist die **digitale Abschreibung**. Wie die „normale" arithmetisch-degressive Abschreibung ist sie durch gleich hohe Degressionsbeträge gekennzeichnet. Zusätzlich ist sie weiter dadurch charakterisiert, dass der Degressionsbetrag mit der letzten Jahresabschreibung übereinstimmt. Die Jahresabschreibungen werden in folgenden Schritten ermittelt:

- **Ermittlung des Degressionsbetrages**

$$\frac{\text{Anschaffung- bzw. Herstellungkosten}}{\sum \text{Jahresziffern}} \quad = \quad \text{Degressionsbetrag}$$

- **Ermittlung der Jahresabschreibungen**

Die Jahresabschreibungen ergeben sich, indem der Degressionsbetrag mit den Jahresziffern in absteigender Reihenfolge multipliziert wird.

Beispiel:

Anschaffungskosten eines Firmen-PKW	105 000 DM
Nutzungsdauer:	6 Jahre

Degressionsbetrag: 105 000 DM : (1 + 2 + 3 + 4 + 5 + 6) = **5 000 DM**

Jahr	Buchwert alt	Jahresabschreibung	Degressions-betrag
1	105 000 DM	5 000 DM x 6 = 30 000 DM	5 000 DM
2	75 000 DM	5 000 DM x 5 = 25 000 DM	5 000 DM
3	50 000 DM	5 000 DM x 4 = 20 000 DM	5 000 DM
4	30 000 DM	5 000 DM x 3 = 15 000 DM	5 000 DM
5	15 000 DM	5 000 DM x 2 = 10 000 DM	5 000 DM
6	5 000 DM	5 000 DM x 1 = **5 000 DM**	5 000 DM
$\sum$		105 000 DM	

Die degressive Abschreibung lässt sich wie folgt beurteilen:

➢ Vorteile

Die degressive Abschreibung entspricht dem Prinzip der Vorsicht. Entsprechend sind weniger außerplanmäßige Abschreibungen als bei linearer Abschreibung erforderlich.

Der Gesamtaufwand eines Vermögensgegenstandes wird bei degressiver Abschreibung gleichmäßiger über die Jahre der Nutzung verteilt, als bei linearer Abschreibung. Den sinkenden Abschreibungsbeträgen stehen nämlich steigende Reparaturen gegenüber.

Im Vergleich zur linearen Abschreibung bewirkt die degressive Abschreibung einen Steuerstundungseffekt, weil in den Anfangsjahren mehr als bei linearer Abschreibung abgeschrieben wird. Höhere Abschreibungen mindern den steuerpflichtigen Gewinn.

➢ Nachteil

Nach deutschem Steuerrecht ist nur die geometrisch-degressive, nicht aber die arithmetisch-degressive Abschreibung erlaubt.

♦ **zur progressiven Abschreibung**

Die progressive Abschreibung ist durch steigende Jahresabschreibungen gekennzeichnet. Die Abschreibungsbeträge können in geometrischer oder arithmetischer Folge steigen.

➢ Vorteil

Nach deutschem Handelsrecht ist die progressive Abschreibung erlaubt, wenn sie den Wertverlust eines Vermögensgegenstandes zutreffend widerspiegelt. Die Methode kann bei Anlagegütern angewendet werden, die bis zu ihrer Nutzung eine längere Anlaufzeit benötigen. Das sind z.B. Obstplantagen oder Verkehrs- und Versorgungsbetriebe (vgl. Coenenberg, 1997a, S. 139). In der Praxis ist die progressive Abschreibung äußerst selten zu finden.

➢ Nachteil

Nach deutschem Steuerrecht ist die progressive Abschreibung nicht erlaubt.

2.3.2.1.3.3 Außerplanmäßige Abschreibungen

Außerplanmäßigen Abschreibungen liegt kein vorhersehbarer – d.h. kein planbarer – Wertverlust zu Grunde. Beispiele für außerplanmäßige Abschreibungen sind Abschreibungen auf Grund von Katastrophen oder bei Verderb von Vorräten. Außerplanmäßige Wertverluste können bei allen Vermögensgegenständen eintreten. Daher gibt es außerplanmäßige Abschreibungen im gesamten Anlagevermögen sowie im Umlaufvermögen. Außerplanmäßige Abschreibungen werden vorgenommen, indem man von den

■ Anschaffungs- oder Herstellungskosten eines Vermögensgegenstandes bzw. den

■ Anschaffungskosten bzw. Herstellungskosten abzüglich bereits erfolgter planmäßiger Abschreibungen

ausgeht und auf den tatsächlichen Wert der Vermögensgegenstände abschreibt.

Ob außerplanmäßige Abschreibungen erforderlich sind, regelt das Niederstwertprinzip. Das deutsche Recht kennt das Niederstwertprinzip in zwei Ausprägungen:

	Niederstwertprinzip	
Ausprägung	mild	streng
Geltungsbereich	Anlagevermögen	Umlaufvermögen

Abb. 23: Ausprägungen und Geltungsbereiche des Niederstwertprinzips

■ **Mildes Niederstwertprinzip im Anlagevermögen**

Das Niederstwertprinzip wird im Anlagevermögen als mild bezeichnet, weil es nicht bei jedem außerordentlichen Wertverlust eine außerplanmäßige Abschreibung fordert. Die Wertverluste sowie die dazugehörigen Vorschriften des milden Niederstwertprinzips lassen sich wie folgt systematisieren:

Mildes Niederstwertprinzip	
Wertminderung von Dauer	Wertminderung voraussichtlich nicht von Dauer
Es besteht eine Pflicht zur außerplanmäßigen Abschreibung.	Grundsätzlich besteht ein Wahlrecht zur außerplanmäßigen Abschreibung. Allerdings wird dieses Wahlrecht für Kapitalgesellschaften wie folgt eingeschränkt: Kapitalgesellschaften dürfen außerplanmäßige Abschreibung bei voraussichtlich nicht dauernder Wertminderung nur im Finanzanlagevermögen durchführen, nicht aber bei immateriellen Vermögengegenständen und Sachanlagen. Für immaterielle Vermögensgegenstände und Sachanlagen gilt bei voraussichtlich nicht dauernder Wertminderung ein Verbot von außerplanmäßigen Abschreibungen. Beispiele für nicht dauernde Wertminderungen im Anlagevermögen sind zwischenzeitliche Kursverluste bei Wertpapieren oder die vorübergehende Stillegung von Produktionsanlagen.

Abb. 24: Regelungen des milden Niederstwertprinzips

In der Praxis ist diese Einschränkung des Abschreibungswahlrechtes bei Kapitalgesellschaften auf das Finanzanlagevermögen ohne größere Bedeutung, weil es im Gegensatz zu den Finanzanlagen bei den Vermögensgegenständen des Anlagevermögens und bei immateriellen Vermögensgegenständen nur selten zu nicht dauerhaften, d.h. vorübergehenden Wertminderungen kommt – meist sind sie endgültig und unterliegen damit der Abschreibungspflicht (vgl. Beck, 1997, § 253 HGB, Anm. 295). „Vorübergehend" ist im übrigen ein gesetzlich nicht definierter Zeitraum. Dieser Zeitraum kann je nach Art des zu bewertenden Vermögensgegenstandes von unterschiedlicher Länge sein (vgl. Beck, 1995, § 253 HGB, Anm. 295).

■ Strenges Niederstwertprinzip im Umlaufvermögen

Das Niederstwertprinzip wird im Umlaufvermögen als streng bezeichnet, weil bei **jeder** Wertminderung außerordentlich abgeschrieben werden muss. Es ist also gleichgültig, ob die Wertminderung dauerhaft ist oder nicht. Außerdem dürfen außerplanmäßige Abschreibungen im Umlaufvermögen auch vorgenommen werden, „soweit diese nach vernünftiger kaufmännischer Beurteilung notwendig sind, um zu verhindern, dass in der nächsten Zukunft der Wertansatz dieser Vermögensgegenstände auf Grund von Wertschwankungen geändert werden muss." (§ 253 (3), S. 3 HGB).

Aus der engen Beziehung zwischen der deutschen Handels- und Steuerbilanz resultiert noch ein weiterer Grund für außerplanmäßige Abschreibungen. Er ist in § 254, S. 1 HGB geregelt und besagt: „Abschreibungen **können** auch vorgenommen werden, um Vermögensgegenstände des Anlage- oder Umlaufvermögens mit dem niedrigeren Wert anzusetzen, der auf einer nur steuerrechtlich zulässigen Abschreibung beruht."

Auch die IAS und die US-GAAP kennen das Niederstwertprinzip (principle of lower of cost or market) (vgl. z.B. KPMG, 1999a, S. 42–43, vgl. Haller, 1998, S. 15). Nach dem priciple of lower of cost or market sind bei der Bewertung von Aktivposten grundsätzlich die Anschaffungs- oder Herstellungskosten auf einen niedrigeren Korrekturwert (z.B. den Marktpreis) zu vermindern, wenn eine Wertminderung eingetreten ist (vgl. Frankenberg, 1993, S. 61). Allerdings ist das Niederstwertprinzip in den IAS und US-GAAP anders gefasst, als das deutsche Niederstwertprinzip. So finden z.B. die deutschen Abwertungswahlrechte auf

■ einen noch niedrigeren zukünftigen Wert (§ 253 (3), S. 3 HGB) bzw.

■ einen niedrigeren, für steuerliche Zwecke zulässigen Wert (§ 254 HGB)

keine Berücksichtigung (vgl. Frankenberg, 1993, S. 62). Ein anderes Beispiel sind die außerplanmäßige Abschreibung von immateriellen Vermögensgegenständen und Sachanlagen. Sie sind nach IAS und US-GAAP auch dann vorzunehmen, wenn es sich um vorübergehende Wertminderungen handelt (vgl. Baukmann/Mandler, 1997, S. 88, Göbel, 1998, S. 182).

Eine Besonderheit im Rahmen der außerplanmäßigen Abschreibungen ist die Sofortabschreibung geringwertiger Wirtschaftsgüter. Nach § 6 (2) EStG dürfen solche abnutzbare Güter im Jahr ihres Zugangs vollständig abgeschrieben werden, deren Anschaffungs-

oder Herstellungskosten abzüglich der Umsatzsteuer 800 DM nicht übersteigen. Auf Grund der umgekehrten Maßgeblichkeit der Steuer- für die Handelsbilanz ist die Sofortabschreibung geringwertiger Wirtschaftsgüter auch in der Handelsbilanz möglich. Anlagegüter mit Anschaffungs- oder Herstellungskosten unter 100 DM sowie einer kurzlebigen Nutzungsdauer (allenfalls unwesentlich länger als ein Jahr) müssen überhaupt nicht als Zugang erfasst werden, sondern dürfen sofort als Aufwand verbucht werden.

In den IAS und in den US-GAAP ist die Behandlung von geringwertigen Wirtschaftsgütern nicht explizit geregelt (vgl. z.B. Coenenberg, 1997a, S. 142). Im Hinblick auf den Grundsatz der Wesentlichkeit (materiality) ist jedoch anzunehmen, dass eine ähnliche Behandlung wie nach deutschem Recht möglich ist (vgl. dazu Coenenberg, 1997a, S. 142).

2.3.2.1.3.4 Zuschreibungen

Falls die Gründe für eine außerplanmäßige Abschreibung in späteren Jahren entfallen, können gemäß § 280 (1) i.V. mit (2) HGB Zuschreibungen bis maximal zu den Anschaffungskosten bzw. Herstellungskosten vorgenommen werden (vgl. dazu auch Beck, 1995, § 280 HGB, Anm. 29). Dieses Wahlrecht wird auch als Wertaufholungswahlrecht bezeichnet.

2.3.2.1.3.5 Fallbeispiel

Die X AG hält im Anlagevermögen Aktien des Chemieunternehmens Y AG. Die Aktien wurden am 2.4.01 zum Kurs von 800 DM/Stück beschafft. Die Monatskurse bis zum 31.12.01 betrugen:

Mai	Juni	Juli	August	September	Oktober	November	Dezember
800 DM	790 DM	780 DM	770 DM	780 DM	800 DM	800 DM	780 DM

Im Frühjahr des Jahres 02 tritt in einer Produktionsstätte der Y AG Dioxin aus. Die Bevölkerung erleidet erhebliche gesundheitliche Schäden. Die Katastrophe führt zu einem beträchtlichen Imageverlust. Außerdem muss die Y AG Schadensersatz und Schmerzensgeld in Millionenhöhe zahlen. Es ist anzunehmen, dass dadurch die Jahresergebnisse der Y AG auf Jahre hinaus belastet werden. Der Markt reagiert mit erheblichen Aktienverkäufen. Dadurch sinkt der Aktienkurs auf ein historisches Tief. Die Kurse bis zum 31.12.02 betragen:

Mai	Juni	Juli	August	September	Oktober	November	Dezember
600 DM	580 DM	560 DM	560 DM	540 DM	530 DM	520 DM	520 DM

Durch schnelle Regulierung der Schäden, erhebliche Anstrengungen zur Verbesserung des Images und nicht zuletzt durch den Abschluss eines langfristigen Liefervertrages mit einem zuverlässigen Kunden erholt sich der Aktienkurs in 03 langsam. Von Mai bis zum 31.12.03 betragen die Kurse:

Mai	Juni	Juli	August	September	Oktober	November	Dezember
540 DM	550 DM	560 DM	560 DM	540 DM	570 DM	600 DM	600 DM

Nachfolgend werden die Ab- und Zuschreibungen beschrieben, die die X AG zu den jeweiligen Bilanzstichtagen durchführen muss bzw. kann.

Bei den Aktien handelt es sich um Finanzanlagevermögen. Liegt eine dauerhafte Wertminderung vor, muss die X AG die Aktien außerplanmäßig abschreiben. Liegt dagegen eine vorübergehende Wertminderung vor, hat die X AG ein Abschreibungswahlrecht. Sind die Gründe für eine außerplanmäßige Abschreibung entfallen, darf die X AG Zuschreibungen im Ausmaß der Wertaufholung bis maximal zu den Anschaffungskosten vornehmen.

- **31.12.01**

  Betrachtet man die Kursentwicklung in 01, kann man nicht von einer dauerhaften Wertminderung ausgehen. Das zeigt sich daran, dass der Kaufkurs von 800 DM/Aktie im Oktober und November wieder erreicht wurde. Es handelt sich also um ganz normale Kursschwankungen. Die X AG hat damit ein Abschreibungswahlrecht. Da sie im Hinblick auf eine anstehende Kapitalerhöhung an einer günstigen Darstellung des Unternehmens in der Öffentlichkeit interessiert ist, wird sie dieses Wahlrecht nicht ausüben. D.h. sie führt keine Abschreibungen durch. Die Aktien bleiben mit ihrem Anschaffungspreis von 800 DM/Stück in der Bilanz stehen.

- **31.12.02**

  Durch die Umweltkatastrophe erleiden die Aktien einen deutlichen Kursverlust. Am 31.12.02 weist nichts darauf hin, dass sich der Kurs in absehbarer Zeit deutlich erholen wird. Es ist also von einer dauerhaften Wertminderung auszugehen. Die X AG muss die Aktien außerplanmäßig auf den Kurs am Bilanzstichtag abschreiben.

Abschreibungen auf Finanzanlagen	an	Wertpapiere	280 DM/Aktie

Nach der Abschreibung stehen die Aktien mit dem Bilanzstichtagskurs in Höhe von 520 DM/Aktie in den Büchern.

- **31.12.03**

  Früher als erwartet, beginnt sich der Aktienkurs zu erholen. Die Kurse steigen kontinuierlich bis auf 600 DM am Bilanzstichtag. D.h., die Gründe für die außerplanmäßige Abschreibung sind entfallen. Die X AG darf eine Zuschreibung in Höhe der Wertaufholung bis maximal zu den Anschaffungskosten vornehmen. Wiederum im Hinblick auf eine günstige Darstellung des Unternehmens in der Öffentlichkeit schreibt die X AG wie folgt zu:

Wertpapiere	an	sonstigen betrieblichen Ertrag	80 DM/Aktie

Nach der Zuschreibung stehen die Aktien mit dem Bilanzstichtagskurs in Höhe von 600 DM/Aktie in den Büchern.

2.3.2.2 Anlagevermögen

2.3.2.2.1 Immaterielle Vermögensgegenstände

Immaterielle Vermögensgegenstände sind körperlich nicht fassbare Wirtschaftsgüter. Das HGB differenziert diese Vermögensgegenstände in (vgl. HGB, § 266, (2)):

- Konzessionen, gewerbliche Schutzrechte und ähnliche Rechte und Werte sowie Lizenzen an solchen Rechten und Werten,

- Geschäfts- oder Firmenwert,

- geleistete Anzahlungen.

Für die immateriellen Vermögensgegenstände gelten nach deutschem Recht folgende Ansatzvorschriften (vgl. dazu §§ 246 (1), 248 (2) HGB):

Aktivierungspflicht	Aktivierungsverbot
Für immaterielle Vermögensgegenstände, die - entgeltlich – d.h. von einem Dritten – erworben wurden, - einzelverkehrsfähig sind.	Für immaterielle Vermögensgegenstände, die nicht entgeltlich – d.h. nicht von einem Dritten – erworben wurden.

Abb. 25: Ansatzvorschriften für immaterielle Vermögensgegenstände nach HGB

Gründe für das Aktivierungsverbot nicht entgeltlich erworbener – d.h. selbsterstellter – immaterieller Vermögensgegenstände sind (vgl. dazu noch einmal die Merkmale eines Vermögengegenstandes nach deutschem Recht, S. 24):

■ **Unsicherheiten im Hinblick auf den wirtschaftlichen Nutzen**

So kann sich z.B. ein selbsterstelltes Patent in der Zukunft als wertlos erweisen, weil das dazugehörige Produkt nicht marktfähig ist.

■ **Bewertungsprobleme**

Wie soll man z.B. den Wert der bestehenden Organisation eines Unternehmens oder das Ansehen eines Unternehmens ermitteln, wenn diese Werte selbstgeschaffen wurden?

Durch die Beschränkung der Aktivierungspflicht auf entgeltlich erworbene immaterielle Vermögensgegenstände sollen diese Probleme gelöst werden. Zum einen geht man bei immateriellen Vermögensgegenständen von einem wirtschaftlichen Nutzen in der Zukunft aus, wenn für sie ein Marktwert existiert. Zum anderen „objektiviert" der Kaufpreis den Wert des Vermögensgegenstandes.

■ **Zu „Konzessionen, gewerbliche Schutzrechte und ähnliche Rechte und Werte sowie Lizenzen an solchen Rechten und Werten"**

Konzessionen können z.B. Genehmigungen von Behörden zur Mineralgewinnung, Brennrechte oder bestimmte Wasserrechte sein. Gewerbliche Schutzrechte erfassen z.B. Patente, Warenzeichen, Urheberrechte oder Nutzungsrechte.

Konzessionen, gewerbliche Schutzrechte und ähnliche Rechte und Werte sowie Lizenzen an solchen Rechten und Werten sind regelmäßig nur zeitlich begrenzt verwertbar und unterliegen daher der planmäßigen Abschreibung (vgl. Beck, § 253 HGB, Anm. 320). In der Regel werden sie linear abgeschrieben. Das beruht auf der Überlegung, dass sich immaterielle Vermögengegenstände körperlich nicht abnutzen und deshalb grundsätzlich eine gleichmäßige Wertminderung über die Gesamtdauer ihrer Nutzung hinweg aufweisen (vgl. Beck, § 253 HGB, Anm. 320). Außergewöhnliche Wertminderungen sind durch außerplanmäßige Abschreibungen zu berücksichtigen.

■ **Zu „Geleistete Anzahlungen"**

Hierbei handelt es sich um Anzahlungen auf die vorgenannten Rechte und Werte. Geleisteten Anzahlungen sind Vorleistungen auf erwartete künftige Vermögenszugänge. Sie haben Forderungscharakter. Sie sind auch wie Forderungen zu bewerten (vgl. Beck, 1995, § 253, Anm. 385). Geleistete Anzahlungen werden erfolgsneutral gebucht:

Geleistete Anzahlungen	an	Bank

■ Zu „Geschäfts- oder Firmenwert"

Unter einem Geschäfts- oder Firmenwert versteht man den „Mehrwert, der einem gewerblichen Unternehmen über den Substanzwert der materiellen und immateriellen Einzelwirtschaftsgüter abzüglich Schulden hinaus innewohnt als Verkörperung der aus den Ergebnissen der Vergangenheit abzuleitenden künftigen Gewinnchancen des Unternehmens. Diese Chancen bestehen losgelöst von der Person des Unternehmers aufgrund besonderer, dem Unternehmen eigener Vorteile, wie z.B. der Ruf des Unternehmens, der Kundenkreis, die Organisation u.a." (Beck, § 247, Anm. 406). Das lässt sich vereinfacht wie folgt ausdrücken: Der Geschäfts- oder Firmenwert ist der Wert eines Unternehmens, der über die Differenz von Vermögen und Schulden hinausgeht. Er entsteht durch Ansehen, Kundenstamm etc. Der Geschäfts- oder Firmenwert wird auch goodwill genannt. Man unterscheidet den originären und den derivativen Firmenwert.

♦ Originärer Firmenwert

Originär bedeutet ursprünglich. Infolgedessen ist der originäre Firmenwert ein Wert, den ein Unternehmen selbst geschaffen hat. Er wurde nicht von einem Dritten erworben. Folglich gilt nach HGB für den originären Firmenwert ein Ansatzverbot. Es resultiert daraus, dass man die Höhe des Firmenwerts nicht verlässlich genug ermitteln kann (vgl. Coenenberg, 1997a, S. 107).

♦ Derivativer Firmenwert

Im Gegensatz zum originären Firmenwert ist der derivative Firmenwert ein entgeltlich erworbener Firmenwert. Er ergibt sich, wenn ein Unternehmen ein anderes Unternehmen erwirbt und mehr als die Differenz zwischen den Zeitwerten der Vermögensgegenstände und Schulden zahlt (vgl. dazu Beck § 255, Anm. 512. In der Anmerkung wird der Firmenwert insofern ausführlicher definiert, als er die Abgrenzungsposten miteinbezieht).

Beispiel:

Unternehmen A erwirbt Unternehmen B. B weist folgende Daten auf:

	Summe Vermögensgegenstände	19 000 TDM
./.	Rückstellungen	2 100 TDM
./.	Verbindlichkeiten	10 000 TDM
=	Reinvermögen	6 900 TDM
	Kaufpreis	7 000 TDM
=	**Derivativer Firmenwert**	**100 TDM**

Eine Aktivierungspflicht scheidet für den derivativen Firmenwert nach HGB aus, weil die notwendige Bedingung der Einzelverkehrsfähigkeit fehlt. „Der Geschäfts- oder Firmenwert ist als Vermögensgegenstand besonderer Art nicht selbständig verkehrsfähig." (Beck, § 255, Anm. 511). Das HGB sieht aber ein Ansatzwahlrecht für den derivativen Firmenwert vor, weil er durch den Kaufpreis objektiv ermittelt und von seinem wirtschaftlichen Nutzen in der Zukunft ausgegangen werden kann, d.h. zwei von drei Merkmalen eines Vermögensgegenstandes erfüllt sind. Allerdings darf ein einmal aktivierter Firmenwert nicht unbegrenzt in der Bilanz stehen. § 255 (4) S. 3 HGB geht von einer Nutzungsdauer des Firmenwertes aus. Daraus folgt, dass ein aktivierter Firmenwert abgeschrieben werden muss. Das HGB regelt, dass ein Firmenwert

➢ entweder in jedem folgenden Geschäftsjahr zu mindestens einem Viertel durch Abschreibung zu tilgen ist (§ 255 (4), S. 2),

➢ oder die Abschreibung auf die Geschäftsjahre zu verteilen ist, in denen der Firmenwert voraussichtlich genutzt wird (§ 255 (4), S. 3). In der Regel geht man dabei von der steuerlich festgelegten Nutzungsdauer von 15 Jahren aus (vgl. dazu Beck, § 255, Anm. 520).

Fortsetzung des Beispiels:

Unternehmen A entschließt sich, den aus dem Kauf von Unternehmen B resultierenden Firmenwert zu aktivieren und in den folgenden Geschäftsjahren zu je einem Viertel abzuschreiben.

➢ Aktivierung:

Vermögens- gegenstände	19 000 TDM	an	Bank	7 000 TDM
Firmenwert	100 TDM		Rückstellungen	2 100 TDM
			Verbindlichkeiten	10 000 TDM

Es handelt sich um eine erfolgsneutrale Buchung.

➢ Abschreibung (Gewinn- und Verlustrechnung nach dem Gesamtkostenverfahren):

Abschreibungen auf immaterielle Vermögensgegenstände des Anlagevermögens (Aufwand)	an	Firmenwert	25 TDM

Es handelt sich um eine erfolgswirksame Buchung. Die einmaligen Ausgaben für den Firmenwert führen in den nächsten vier Geschäftsjahren zu einem Aufwand von je 25 TDM. Am Ende der vier Geschäftsjahre ist der Firmenwert vollständig abgeschrieben.

Beurteilt man die Aktivierung und nachfolgende Abschreibung des Firmenwerts, ist festzustellen:

> Das Vorgehen entspricht dem Grundsatz der sachlichen Abgrenzung. Die Aufwendungen werden nämlich den Geschäftsjahren zugeordnet, in denen sie zu entsprechenden Erträgen führen.

> Die Aktivierung des Firmenwerts ist mit einer Gläubigerschutzgefährdung verbunden. Im Zerschlagungsfall stellt er für die Gläubiger kein verwertbares Vermögen dar, weil ihm die Eigenschaft der Einzelverkehrsfähigkeit fehlt.

Hätte sich Unternehmen A nicht für die Ausübung des Aktivierungswahlrechts entschieden, müsste es den Firmenwert sofort in voller Höhe als Aufwand buchen:

Vermögensgegenstände	19 000 TDM			
sonstiger betrieblicher Aufwand	100 TDM	an	Bank	7 000 TDM
			Rückstellungen	2 100 TDM
			Verbindlichkeiten	10 000 TDM

Der Firmenwert belastet als Aufwand den Jahresüberschuss im Geschäftsjahres des Unternehmenskaufs in voller Höhe.

Beurteilt man die sofortige Abschreibung des Firmenwerts, ist festzustellen:

> Die sofortige Abschreibung dient dem Gläubigerschutz in hohem Maß, weil kein Vermögensgegenstand in der Bilanz ausgewiesen wird, dem die Einzelverkehrsfähigkeit fehlt.

> Dem Vorsichtsprinzip wird größere Bedeutung als dem Grundsatz der sachlichen Abgrenzung beigemessen. Der Aufwand für den Firmenwert wird nur dem Geschäftsjahr zugeordnet, in dem der Unternehmenskauf stattfindet. Er wird nicht den Geschäftsjahren zugeordnet, in denen er zu Erträgen führt.

Im Gegensatz zum HGB besteht nach deutschem Steuerrecht für den derivativen Firmenwert eine Aktivierungspflicht (vgl. § 5 (2) EStG). Dies lässt sich damit begründen, dass das Steuergesetz nicht primär dem Gläubigerschutzgedanken verhaftet ist. Vielmehr geht es darum, die Bemessungsgrundlage für die Steuer nicht zu vorsichtig zu ermitteln. Steuerrechtlich ist ein aktivierter Firmenwert nach § 7 (1) EStG abzuschreiben, „weil er sich im Laufe der Zeit verflüchtigt und somit steuerrechtlich ein abnutzbares Wirtschaftsgut gegeben ist. Das gilt auch, wenn der Geschäftswert nach dem Erwerb tatsächlich nicht absinkt und unverändert bleibt. Dann ist davon auszugehen, dass anstelle des erworbenen Geschäftswerts, der sich verflüchtigt hat, ein neuer selbstgeschaffener Geschäftswert getreten ist." (Blödtner/Bilke/Weiss 1997, S. 226). Als betriebsgewöhnliche Nutzungsdauer des Geschäfts- oder Firmenwerts nennt das EStG einen Zeitraum von 15 Jahren (vgl. § 7 (1), S. 3 EStG). Gemeinsam ist dem EStG und dem HGB, dass ein originärer Firmenwert nicht aktiviert werden darf (vgl. § 5, (2) EStG).

Ebenso wie im deutschen Steuerrecht gilt nach IAS und US-GAAP für den derivativen Firmenwert eine Aktivierungspflicht (IAS 22.40, APB 16.90). Die Aktivierungspflicht resultiert daraus, dass in IAS und US-GAAP der Grundsatz der Periodenabgrenzung (accrual principle) – d.h. die Zuordnung von Aufwendungen und Erträgen zu den Perioden, denen sie wirtschaftlich zugehören – größere Bedeutung als das Vorsichtsprinzip hat. Der Geschäfts- oder Firmenwert wird nicht nur im Jahr seiner Anschaffung, sondern auch in Folgejahren genutzt. Folglich entspricht es nicht dem accrual principle, ihn im Jahr der Anschaffung in voller Höhe als Aufwand zu erfassen. Vielmehr ist er durch Aktivierung und anschließende Abschreibung auf die Jahre der Nutzung zu verteilen. Nach IAS ist ein aktivierter Firmenwert in der Regel linear innerhalb von fünf Jahren abzuschreiben, höchstens jedoch innerhalb von zwanzig Jahren (IAS 22.42). Gegebenenfalls ist eine außerplanmäßige Abschreibung vorzunehmen. Nach US-GAAP ist ein aktivierter Firmenwert über höchstens 40 Jahre abzuschreiben, wobei es für gewisse Branchen Sonderregelungen gibt (APB 17.28f.). Es muss stets geprüft werden, ob eine Wertberichtigung oder eine Änderung der Nutzungsdauer vorzunehmen ist (vgl. Born, 1999a, S. 33). Ein originärer Firmenwert darf nach IAS und US-GAAP ebensowenig aktiviert werden wie nach dem deutschen Handels- und Steuerrecht, weil seine Höhe nicht zuverlässig zu ermitteln ist (vgl. Coenenberg, 1997a, S. 110, KPMG, 1999b, S. 75).

Der bilanzielle Charakter des Firmenwerts wird in der Literatur unterschiedlich beurteilt (vgl. dazu Beck, § 309, Anm. 7). Einerseits wird die Auffassung vertreten, dass es sich um einen Vermögensgegenstand handelt. Das wird damit begründet, dass der Firmenwert eine Nutzungsdauer hat. Andererseits kann man das Aktivierungswahlrecht als Bilanzierungshilfe verstehen. Dafür spricht die fehlende Einzelverkehrsfähigkeit des Firmenwertes, die ja eine Eigenschaft eines Vermögensgegenstandes darstellt.

Bilanzierungshilfen ermöglichen die Verteilung einmaliger Aufwendungen auf die Folgeperioden, in denen sie zu Erträgen führen. Dies entspricht dem Grundsatz der sachlichen Abgrenzung. Die Verteilung der Aufwendungen auf Folgejahre wird durch die Aktivierung dieser Aufwendungen in der Bilanz und nachfolgende Abschreibung erreicht. Aus der Sicht der Gläubiger sind Bilanzierungshilfen grundsätzlich problematisch. Denn sie stellen vorübergehend Aktivposten der Bilanz dar, obwohl ihnen eine oder mehrere Eigenschaften eines Vermögensgegenstandes fehlen. Im Zerschlagungsfall stellen sie für die Gläubiger kein verwertbares Vermögen dar. Aus diesem Grund gewährt das deutsche Handelsrecht auch nur einige wenige Bilanzierungshilfen, z.B. für „Aufwendungen für die Ingangsetzung und Erweiterung des Geschäftsbetriebes". Beispiele für diese Aufwendungen sind Aufwendungen für den Auf- oder Ausbau der Betriebs-, Verwaltungs- und Vertriebsorganisation, Beschaffung von Arbeitskräften, für Marktstudien oder Einführungswerbung. Nach § 269 (1) HGB dürfen diese Aufwendungen aktiviert werden. Im Fall der Aktivierung sind die

Aufwendungen vor dem Anlagevermögen auszuweisen und im Anhang zu erläutern. Aktivierte Aufwendungen für die Ingangsetzung und Erweiterung des Geschäftsbetriebes sind nach § 282 HGB in jedem folgenden Geschäftsjahr zu mindestens einem Viertel durch Abschreibungen zu tilgen.

Beispiel für die Aktivierung und Abschreibung von Aufwendungen für die Ingangsetzung und Erweiterung des Geschäftsbetriebs:

Nach der Gründung eines Unternehmens vergingen noch drei Monate bis zur Aufnahme des Geschäftsbetriebs. In dieser Zeit fielen 40 000 DM für Gehälter und Miete für Geschäftsräume an. Das Unternehmen entschließt sich, die Aufwendungen für die Ingangsetzung und Erweiterung des Geschäftsbetriebs zu aktivieren und in den folgenden vier Geschäftsjahren zu je einem Viertel abzuschreiben.

■ Verbuchung der Aufwendungen

Personalaufwand (Gehälter) sonstiger betrieblicher Aufwand (Miete)	an	Bank	40 000 DM

■ Aktivierung der Aufwendungen (Gewinn- und Verlustrechnung nach dem Gesamtkostenverfahren)

Aufwendungen für die Ingangsetzung und Erweiterung des Geschäftsbetriebs (Bilanzposition)	an	andere aktivierte Eigenleistungen (Ertrag)	40 000 DM

■ Abschreibung der Aufwendungen (Gewinn- und Verlustrechnung nach dem Gesamtkostenverfahren)

Abschreibungen auf aktivierte Aufwendungen für die Ingangsetzung und Erweiterung des Geschäftsbetriebs (Aufwand)	an	Aufwendungen für die Ingangsetzung und Erweiterung des Geschäftsbetriebs (Bilanzposition)	10 000 DM

Nach viermaliger Abschreibung ist der Aktivposten „Aufwendungen für die Ingangsetzung und Erweiterung des Geschäftsbetriebs" aus der Bilanz verschwunden und der Aufwand gleichmäßig auf die vier Jahre verteilt.

Um der mit der Bilanzierungshilfe verbundenen Gläubigergefährdung zu begegnen, sieht der § 269 (2) HGB eine Ausschüttungssperre in Höhe der aktivierten Aufwendungen für Ingangsetzung und Erweiterung des Geschäftsbetriebes vor: „Werden solche Aufwendungen in der Bilanz ausgewiesen, so dürfen Gewinne nur ausgeschüttet werden, wenn die nach der Ausschüttung verbleibenden jederzeit auflösbaren Gewinnrücklagen zuzüglich eines Gewinnvortrags und abzüglich eines Verlustvortrags dem angesetzten Betrag mindestens entsprechen." Die Ausschüttungssperre verhindert, dass Vermögen in Höhe der aktivierten Aufwendungen im Zuge der Gewinnausschüttung aus dem Unternehmen fließt. Im Zerschlagungsfall können die Gläubiger auf dieses Vermögen zurückgreifen.

Hätte das Unternehmen die Bilanzierungshilfe nicht in Anspruch genommen, wären die Aufwendungen für Ingangsetzung und Erweiterung des Geschäftsbetriebes in der Periode ihres Anfalls in voller Höhe erfolgswirksam als Aufwand verbucht worden.

Nach deutschem Steuerrecht dürfen Aufwendungen für die Ingangsetzung und Erweiterung des Geschäftsbetriebes nicht aktiviert werden (vgl. dazu Coenenberg, 1997a, S. 109). Dies ist ein weiteres Beispiel für die Durchbrechung der Maßgeblichkeit der Handels- für die Steuerbilanz.

Wie nach dem deutschen Steuerrecht besteht nach IAS für Aufwendungen für die Ingangsetzung und Erweiterung des Geschäftsbetriebes ein Aktivierungsverbot (IAS 38.57, vgl. Achleitner/Behr, 2000, S. 110). Nach US-GAAP galt bisher für Aufwendungen für die Ingangsetzung und Erweiterung des Geschäftsbetriebes ein Aktivierungswahlrecht (vgl. dazu KPMG, 1997, S. 69). Bei Ausübung des Wahlrechtes waren die Aufwendungen maximal über einen Zeitraum von 40 Jahren abzuschreiben. Gewöhnlich wurde aber über einen wesentlich kürzeren Zeitraum – meist unter 10 Jahren – abgeschrieben. Dabei waren neben der linearen Abschreibung auch die leistungsbezogene Abschreibung oder eine andere Methode zulässig (vgl. KPMG, 1997, S. 69). Wenn berechtigte Zweifel an der Werthaltigkeit der aktivierten Aufwendungen bestand, mussten sie voll abgeschrieben werden. In neuerer Zeit zeichnet sich dagegen ein Trend ab, die Aktivierung und nachfolgende Abschreibung von Aufwendungen mit einem nur schwierig bestimmbaren zukünftigen Nutzen einzuschränken (vgl. KPMG, 1999b, S. 81). Dazu gehören auch die Aufwendungen für die Ingangsetzung und Erweiterung des Geschäftsbetriebes (vgl. Coenenberg, 1997a, S. 111). Sie sollen nach dem neuen SOP 98-5 erfolgswirksam in der Periode verrechnet werden, in der sie anfallen. Insofern wird in der Zukunft vom matching principle zu Gunsten einer vorsichtigen Bilanzierung abgewichen werden (vgl. KPMG, 1999b, S. 81).

Von den Ingangsetzungs- und Erweiterungsaufwendungen sind die Aufwendungen für die Gründung eines Unternehmens bzw. die Beschaffung von Eigenkapital zu unterscheiden. Zu diesen Aufwendungen gehören z.B. Gerichts- und Notariatskosten sowie Kosten für Aktien und Prospekte. Diese Aufwendungen dürfen weder nach deutschem Handels-, noch nach deutschem Steuerrecht aktiviert werden (vgl. Coenenberg, 1997a, S.109). Dem Grundsatz der zeitlichen Abgrenzung folgend, belasten sie das Jahresergebnis in der Periode ihres Anfalls in voller Höhe. Auch nach IAS besteht für diese Aufwendungen ein Aktivierungsverbot (vgl. Achleitner/Behr, 2000, S. 110). Nach US-GAAP besteht für Gründungskosten ein Aktivierungswahlrecht, sofern die Aufwendungen als ein „asset" anzusehen sind (vgl. dazu KPMG, 1999b, S. 79). Bei Ausübung des Wahlrechts sind auch diese Aufwendungen über einen Zeitraum von maximal 40 Jahren abzuschreiben. In der Regel werden die Aufwendungen aber über wesentlich kürzere Zeiträume abgeschrieben.

Nach deutschem Recht dürfen entgeltlich erworbene immaterielle Vermögensgegenstände höchstens mit ihren Anschaffungskosten bilanziert werden. Das Gleiche gilt für entgeltlich erworbene immaterielle Vermögensgegenstände nach US-GAAP (vgl. dazu z. B. Schildbach, 1998, S. 103-105). Dagegen ist nach IAS alternativ zu den Anschaffungskosten eine Neubewertung möglich (vgl. z.B. Baukmann/Mandler, 1997, S. 87). Nach der Neubewertungsmethode sind die (immateriellen) Vermögensgegenstände zu Zeitwerten (fair value) anzusetzen. Ein Zeitwert, der die Anschaffungskosten bzw. die fortgeführten Anschaffungskosten (= Anschaffungskosten abzüglich planmäßiger bzw. außerplanmäßiger Abschreibungen) übersteigt, ist erfolgsneutral in eine ausschüttungsgesperrte Neubewertungsrücklage einzustellen (vgl. Baukmann/Mandler, 1997, S. 88). Die Neuberwertungsrücklage stellt einen Bestandteil des Eigenkapitals dar. Sie erlaubt eine Offenlegung stiller Reserven, ohne dass die Unternehmenssubstanz durch den Abfluss dieser Reserven mittels Gewinnausschüttung beeinträchtigt wird.

Beispiel (in Anlehnung an Baukmann/Mandler, 1997, S. 91-95):

Ein Unternehmen kauft am Anfang von 01 ein Patent für 100 000 DM. Das Patent soll linear über 5 Jahre abgeschrieben werden. Am Ende von 01 betragen die fortgeführten Anschaffungskosten 100 000 DM ./. 20 000 DM = 80 000 DM. Der Verkehrswert beträgt 110 000 DM. Bilanziert das Unternehmen das Patent mit den fortgeführten Anschaffungskosten, sieht die Bilanz wie folgt aus:

Bilanz (01) – ohne Neubewertung –			
Patent	80 000 DM	Eigenkapital	400 000 DM
sonstige Aktiva	920 000 DM	Fremdkapital	600 000 DM
	1 000 000 DM		1 000 000 DM

Führt das Unternehmen dagegen eine Neubewertung des Patents durch, wird das Patent mit seinem Verkehrswert angesetzt und gleichzeitig eine ausschüttungsgesperrte Neubewertungsrücklage gebildet.

Patent (Bilanzposition)	an	Neubewertungsrücklage (Bilanzposition)	30 000 DM

Die Bilanz sieht dann wie folgt aus:

Bilanz (01) – mit Neubewertung –			
Patent	110 000 DM	Eigenkapital	
sonstige Aktiva	920 000 DM	⇒ alt	400 000 DM
		⇒ Neubewertungsrücklage	30 000 DM
		Fremdkapital	600 000 DM
	1 030 000 DM		1 030 000 DM

Die Neubewertung bewirkt sowohl auf der Aktiv- als auch auf der Passivseite eine Werterhöhung. Die Werterhöhung des Patents in Höhe von 30 000 DM wird durch die Bildung der ausschüttungsgesperrten Neubewertungsrücklage erfolgsmäßig neutralisiert: Der Neubewertungsvorgang wirkt sich erfolgsmäßig **nicht** aus.

In der anschließenden Periode 02 erfolgt bei Anwendung der Neubewertungsmethode die Ermittlung der Wertminderung des Patents vom neuen Wert:

Ermittlung der Wertminderung des Patents
110 000 DM : 4 Jahre (Restnutzungsdauer) = 27 500 DM/Jahr

In der Gewinn- und Verlustrechnung wird allerdings nur die Abschreibung verrechnet, die sich aus den historischen Anschaffungskosten ergibt. Im vorliegenden Fall sind das 20 000 DM:

Abschreibungen auf immaterielle Vermögensgegenstände (Aufwand)	an	Patent	20 000 DM

In Höhe der Differenz zwischen der Abschreibung des Neuwerts und der Abschreibung der historischen Anschaffungskosten erfolgt eine Auflösung der Neubewertungsrücklage:

Auflösung der Neubewertungsrücklage
27 500 DM ./. 20 000 DM = 7 500 DM bzw. 30 000 DM : 4 Jahre (Restnutzungsdauer) = 7 500 DM/Jahr

Neubewertungsrücklage	an	Patent	7 500 DM

Dementsprechend sieht die Bilanz in 02 wie folgt aus:

Bilanz (02) – mit Neubewertung –			
Patent	82 500 DM	Eigenkapital	
sonstige Aktiva	920 000 DM	⇒ alt:	400 000 DM
		⇒ Neubewertungsrücklage	22 500 DM
		Jahresfehlbetrag	- 20 000 DM
		Fremdkapital	600 000 DM
	1 002 500 DM		1 002 500 DM

Beurteilung:

Sowohl in der Gewinn- und Verlustrechnung als auch in der Bilanz ergibt sich ein Jahresfehlbetrag von 20 000 DM, der aus den Abschreibungen auf die historischen Anschaffungskosten resultiert. Insofern führt die Neubewertung zu keinem Zeitpunkt zu einem anderen Jahresergebnis als die Bilanzierung mit den fortgeführten Anschaffungskosten. Der Jahresabschluss mit Neubewertung entspricht aber wesentlich mehr dem Grundsatz der fair presentation, weil die Investoren mit Informationen über den Zeitwert der Vermögensgegenstände versorgt werden.

2.3.2.2.2 Sachanlagen

Das HGB (§ 266 (2)) differenziert die Sachanlagen in:

- Grundstücke, grundstücksgleiche Rechte und Bauten einschließlich der Bauten auf fremden Grundstücken,

- technische Anlagen und Maschinen,

- andere Anlagen, Betriebs- und Geschäftsausstattung,

- geleistete Anzahlungen und Anlagen im Bau.

Für Sachanlagen gilt nach deutschem Recht grundsätzlich eine Ansatzpflicht, weil die Eigenschaften eines Vermögensgegenstandes gegeben sind.

■ **Zu „Grundstücke, grundstücksgleiche Rechte und Bauten einschließlich der Bauten auf fremden Grundstücken"**

Die Position enthält zwei Arten von Vermögensgegenständen. Das sind zum einen solche, die keiner Abnutzung unterliegen (Grundstücke). Zum anderen sind es solche, die einer Abnutzung unterliegen (Gebäude). Die Zusammenfassung stellt einen nicht unerheblichen Nachteil für den Bilanzleser dar, weil er den Anteil der Vermögensgegenstände ohne zeitliche Nutzungsbegrenzung bzw. den Anteil der Vermögensgegenstände mit zeitlich begrenzter Nutzung nicht erkennen kann.

Für die Ermittlung der planmäßigen Abschreibungen der Gebäude geht das Steuerrecht von einer betriebsgewöhnlichen Nutzungsdauer von 25 Jahren aus, wenn die Gebäude zum Betriebsvermögen gehören, nicht Wohnungszwecken dienen und der Bauantrag nach dem 31. März 1985 gestellt wurde (vgl. § 7 (4), Nr. 1 EStG). Soweit diese Voraussetzungen nicht erfüllt sind, wird von einer Nutzungsdauer von 50 Jahren ausgegangen, wenn das Gebäude nach dem 31.12.1924 fertiggestellt wurde (vgl. § 7 (4), Nr. 2 EStG). Für Gebäude mit einem Fertigstellungsdatum vor dem 1.1.1925 wird von 40 Jahren ausgegangen (vgl. § 7 (4), S. 2 EStG). Planmäßig werden Gebäude i.d.R. linear bzw. geometrisch-degressiv/linear abgeschrieben.

Grundstücksgleiche Rechte sind z.B. Erbbaurechte oder Wohnungsrechte. Sie werden wie eigene Grundstücke bilanziert.

Bei Bauten auf fremden Grundstücken handelt es sich meist um solche auf gepachtetem Grund. Nach den §§ 93 ff. BGB gehen diese Gebäude als wesentlicher Bestandteil des Grund und Bodens in das Eigentum des Verpächters über. Das ist für die Bilanzierung unerheblich. Vielmehr entscheidet die wirtschaftliche Zugehörigkeit der Bauten. Folglich bilanziert nicht der Verpächter des Grundes die Gebäude, sondern das Unternehmen, dem die Gebäude wirtschaftlich zugehörig sind.

■ **Zu „Technische Anlagen und Maschinen"**

Technische Anlagen und Maschinen unterliegen grundsätzlich einer Abnutzung und sind daher planmäßig abzuschreiben. Auch hier ist noch einmal auf den Grundsatz der wirtschaftlichen Zugehörigkeit hinzuweisen. So sind bei wirtschaftlicher Zugehörigkeit zum bilanzierenden Unternehmens auch solche technischen Anlagen und Maschinen in dieser Position auszuweisen, die wesentlicher Bestandteil eines fremden Grundstücks oder sicherungsübereignet oder unter Eigentumsvorbehalt geliefert sind.

■ **Zu „andere Anlagen, Betriebs- und Geschäftsausstattung"**

Auch diese Position enthält ausschließlich Vermögensgegenstände, die einer Abnutzung unterliegen und damit planmäßig abzuschreiben sind.

Unter den „anderen Anlagen" sind z.B. der Fuhrpark oder auch Werkzeuge auszuweisen.

Eine Ausnahme von der planmäßigen Abschreibung findet sich häufiger bei der Betriebs- und Geschäftsausstattung. Das ist dann der Fall, wenn für sie eine vereinfachte Bewertung in Form des Festwertverfahrens gestattet ist. Das Festwertverfahren ist in § 240 (3) HGB geregelt. Danach können Vermögensgegenstände des Sachanlagevermögens sowie Roh-, Hilfs- und Betriebsstoffe mit gleichbleibenden Mengen und Werten in der Bilanz angesetzt werden, wenn sie

♦ regelmäßig ersetzt werden,

♦ ihr Wert von nachrangiger Bedeutung ist,

♦ ihr Bestand in seiner Größe, seinem Wert und seiner Zusammensetzung nur geringen Veränderungen unterliegt.

Der Ansatz mit gleichbleibenden Mengen und Werten hebelt die planmäßigen Abschreibungen aus. Um dennoch dem Vorsichtsprinzip bei der Bewertung von Vermögengegenständen Genüge zu tun, ist der Festwert niedrig anzusetzen. Er liegt in der Regel 40% - 60 % unter den Anschaffungs- bzw. Herstellungskosten (vgl. Coenenberg, 1997a, S. 122). Außerdem muss nach § 241 (3) HGB alle drei Jahre eine Bestandsaufnahme durchgeführt werden, um den Festwert zu überprüfen. Stellt sich bei der Bestandsaufnahme heraus, dass der tatsächliche Wert der Betriebs- und Geschäftsausstattung unter dem Festwert liegt, ist derselbe entsprechend anzupassen. Die Anpassung erfolgt durch Abschreibung.

■ **Zu „geleistete Anzahlungen und Anlagen im Bau"**

Unternehmen können in einer Abrechnungsperiode Investitionen im Anlagevermögen vornehmen, die am Bilanzstichtag noch nicht abgeschlossen sind. In diesem Fall müssen die zugehörigen Auszahlungen in dieser Position aktiviert werden.

Beispiel:

In 01 investiert ein Unternehmen in den Bau einer Anlage. Dadurch entsteht ihm folgender Aufwand:

| Personalaufwand | an | Bank | 60 000 DM |

| Materialaufwand | an | Rohstoffe | 100 000 DM |

Durch diese Buchungen allein wird aber die Vermögens- und Ertragslage des Unternehmens nicht richtig dargestellt. Denn die durch die Investition verursachten Wertminderungen des Vermögens gehören nicht in die Periode, in der sie anfallen. Vielmehr gehören sie in die Perioden, in denen die aus der Nutzung der Anlage resultierenden Erträge realisiert werden (Grundsatz der sachlichen Abgrenzung). Um dem Grundsatz der sachlichen Abgrenzung zu entsprechen, neutralisiert man bei einer Gewinn- und Verlustrechnung nach dem Gesamtkostenverfahren zunächst die Aufwendungen. Dies geschieht, indem man sie aktiviert. Anschließend verteilt man sie mittels Abschreibung auf die Jahre der Nutzung der Anlage:

♦ Aktivierung (= Neutralisation des Aufwands)

Geleistete Anzahlungen und Anlagen im Bau	an	andere aktivierte Eigenleistungen (Ertrag)	160 000 DM

♦ Umbuchung bei Fertigstellung

Technische Anlagen und Maschinen	an	Geleistete Anzahlungen und Anlagen im Bau	160 000 DM

♦ Verteilung des Aufwands auf die Jahre der Nutzung

Unter der Annahme, dass die Anlage 10 Jahre genutzt wird und sich die Wertminderungen gleichmäßig auf die Jahre der Nutzung verteilen, schreibt das Unternehmen 10 Jahre 16 000 DM/Jahr = 160 000 DM ab.

Abschreibungen auf Sachanlagen (Aufwand)	an	Technische Anlagen und Maschinen	160 000 DM

Neben aktivierten Aufwendungen umfasst die Position auch Anzahlungen, die auf Anlagen geleistet wurden. Solche Anzahlungen lassen sich nämlich als erste Phase einer Investition in Anlagen auffassen. Sie werden erfolgsneutral eingebucht:

Geleistete Anzahlungen und Anlagen im Bau	an	Bank oder Verbindlichkeiten

Nach deutschem Recht dürfen Sachanlagen höchstens mit ihren Anschaffungs- bzw. Herstellungskosten bilanziert werden. Auch nach US-GAAP stellen die historischen Anschaffungs- bzw. Herstellungskosten die Wertobergrenze für Sachanlagen dar (vgl. Ballwieser, 1998, S. 337, Goebel, 1995, S. 2491). Dagegen erlauben die IAS – wie schon bei den immateriellen Vermögensgegenständen – auch die Neubewertung von Sachanlagen bei gleichzeitiger Bildung einer Neubewertungsrücklage (vgl. Goebel, 1995, S. 2491).

Beispiel (vgl. Baukmann/Mandler, 1997, S. 91-93):

In 01 sieht die Bilanz eines Unternehmens wie folgt aus:

Bilanz (01)			
Grundstück	100 000 DM	Eigenkapital	400 000 DM
sonstige Aktiva	900 000 DM	Fremdkapital	600 000 DM
	1 000 000 DM		1 000 000 DM

In 02 entschließt sich das Unternehmen zur Neubewertung des Grundstücks. Am Bilanzstichtag beträgt der Marktwert des Grundstücks 150 000 DM. Das Grundstück wird folglich mit 150 000 DM bilanziert und eine ausschüttungsgesperrte Neubewertungsrücklage in Höhe von 150 000 DM ./. 100 000 DM = 50 000 DM gebildet.

Grundstück	an	Neubewertungsrücklage	50 000 DM

Die Bilanz sieht dann wie folgt aus:

Bilanz (02) – mit Neubewertung –			
Grundstück	150 000 DM	Eigenkapital	
sonstige Aktiva	900 000 DM	⇒ alt	400 000 DM
		⇒ Neubewertungsrücklage	50 000 DM
		Fremdkapital	600 000 DM
	1 050 000 DM		1 050 000 DM

Wieder neutralisiert die Neubewertungsrücklage die Wertsteigerung auf der Aktivseite, d.h. der Vorgang ist erfolgsneutral.

In der Periode 03 nimmt ein nahegelegener Flughafen eine neue Startbahn in Betrieb, die zu einer erheblichen Lärmbelästigung führt. Dadurch sinkt der Wert des Grundstücks um 60 000 DM. Am Ende von 03 wird wiederum eine Neubewertung des Grundstücks vorgenommen. Das Grundstück wird jetzt mit 150 000 DM ./. 60 000 DM = 90 000 DM bilanziert. Parallel dazu wird die Neubewertungsrücklage erfolgsneutral aufgelöst. Lediglich die Differenz zwischen der Wertminderung des Grundstücks und der Neubewertungsrücklage (60 000 DM ./. 50 000 DM = 10 000 DM) wird in 03 erfolgswirksam als Abschreibungsaufwand erfasst:

Neubewertungsrücklage	50 000 DM	an	Grundstück	60 000 DM
Abschreibungen auf Sachanlagen (Aufwand)	10 000 DM			

Die Bilanz sieht dann wie folgt aus:

Bilanz (03) – mit Neubewertung –			
Grundstück	90 000 DM	Eigenkapital	
sonstige Aktiva	900 000 DM	⇒ alt	400 000 DM
		⇒ Neubewertungsrücklage	0 DM
		⇒ Jahresfehlbetrag	- 10 000 DM
		Fremdkapital	600 000 DM
	990 000 DM		990 000 DM

Beurteilung:

Wiederum verbessert die Neubewertung durch die Bilanzierung zu Zeitwerten den Informationsgehalt des Jahresabschlusses, ohne zu einem anderen Jahresergebnis als bei Bilanzierung zu fortgeführten Anschaffungskosten zu führen. Wie bei der Neubewertung

- hätte sich in 02 keine Veränderung des Jahresergebnisses ergeben, weil das Grundstück nach wie vor mit seinen historischen Anschaffungskosten bilanziert worden wäre,

- hätte die außerplanmäßige Abschreibung in 03 von 100 000 DM Buchwert auf 90 000 DM Marktwert zu einem Abschreibungsaufwand in Höhe von 10 000 DM und damit einem gleich hohen Jahresfehlbetrag geführt.

2.3.2.2.3 Finanzanlagen

Während immaterielle Vermögensgegenstände und Sachanlagen unmittelbar dem Geschäftsbetrieb des eigenen Unternehmens dienen, stellen Finanzanlagen Investitionen in fremde Unternehmen oder langfristige Ausleihungen von Geld an fremde Unternehmen dar. Nach § 266 (2) HGB sind Finanzanlagen in sechs Unterpositionen gegliedert, die

- die Möglichkeiten der Einflussnahme auf fremde Unternehmen bzw.

- das Ausmaß finanzieller Verflechtungen mit fremden Unternehmen

aufzeigen sollen. Dementsprechend lässt sich die Gliederung der Finanzanlagen nach dem HGB wie folgt darstellen (vgl. Coenenberg, 1997a, S. 115):

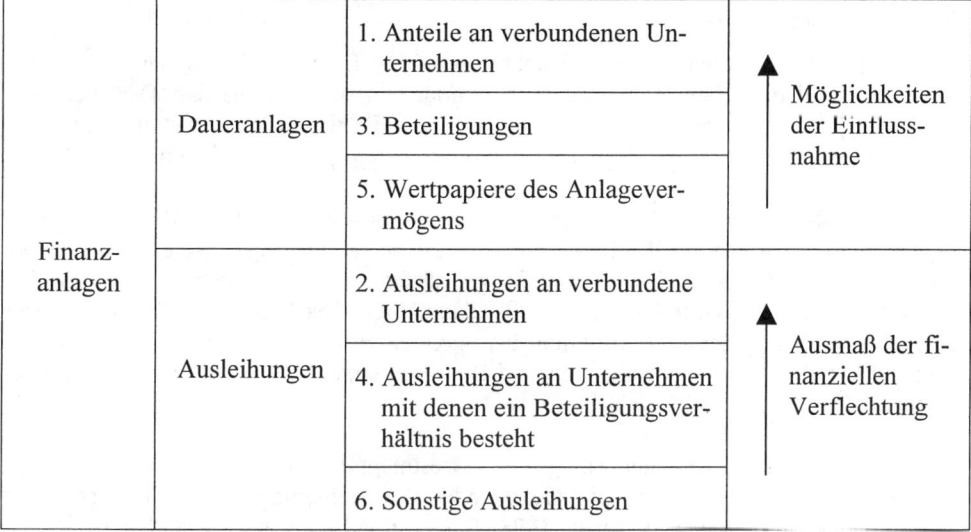

Abb. 26: Systematik der Finanzanlagen nach HGB

■ **Daueranlagen**

Wertpapiere des Anlagevermögens werden zwar auf Dauer gehalten, aber nicht zur Einflussnahme auf fremde Unternehmen genutzt. Beispiele für solche Wertpapiere sind Aktien sowie festverzinsliche Wertpapiere wie Obligationen, Pfandbriefe und Anleihen.

Dagegen soll Einfluss auf fremde Unternehmen genommen werden, wenn sich das bilanzierende Unternehmen an fremden Unternehmen beteiligt. Anders ausgedrückt, wenn es Anteile von fremden Unternehmen mit Beteiligungsabsicht hält. Eine Beteiligungsabsicht liegt vor, wenn mehr als eine dauernde Kapitalanlage gegen angemessene Verzinsung verfolgt wird. Indizien für eine Beteiligungsabsicht sind z.B. personelle Verflechtungen oder gegenseitige Lieferungs- und Abnahmeverträge. Nach § 271 (1) S. 3 HGB vermutet man eine Beteiligungsabsicht, wenn der Nennwert der Anteile an einem fremden Unternehmen 20% des Nennkapitals des fremden Unternehmens übersteigt.

Besonders großer Einfluss soll auf fremde Unternehmen genommen werden, wenn Anteile an verbundenen Unternehmen gehalten werden. Verbundene Unternehmen sind solche, die nach § 290 HGB auf Grund einer einheitlichen Leitung oder konzerntypischer Merkmale als Mutter- oder Tochterunternehmen in einen Konzernabschluss einzubeziehen sind.

■ **Ausleihungen**

Ausleihungen sind langfristige Finanzforderungen, die dauernd dem Geschäftsbetrieb dienen sollen. Beispiele hierfür sind Hypotheken oder langfristige Darlehen. Das Ausmaß der finanziellen Verflechtung mit fremden Unternehmen steigt, wenn das bilanzierende Unternehmen an den Schuldnern beteiligt bzw. mit ihnen verbunden ist.

Nach deutschem Recht sind Finanzanlagen höchstens mit ihren Anschaffungskosten zu bewerten. Bei dauerhaften Wertminderungen müssen sie außerplanmäßig abgeschrieben werden. Bei vorübergehender Wertminderung dürfen sie außerplanmäßig abgeschrieben werden. Entfällt der Grund für eine außerplanmäßige Abschreibung, dürfen Zuschreibungen im Ausmaß der Wertaufholung bis maximal zu den Anschaffungskosten vorgenommen werden (zu Abschreibungen und Zuschreibungen bei Finanzanlagen vgl. noch einmal S. 76ff.).

Nach IAS sind Finanzanlagen (long-term investments) langfristige Vermögensgegenstände, die der Erzielung von Einnahmen oder Wertsteigerungen oder sonstigen Vorteilen dienen (vgl. Selchert/Erhardt, 1998, S. 99). Sie sind unter folgenden Positionen auszuweisen:

■ Anteile an Tochterunternehmen (investments in subsidiaries)

■ Anteile an assozierten Unternehmen (investments in associates)

■ sonstige langfristige Finanzanlagen (other long-term investments).

Der Posten „investments in subsidiaries" kann im Wesentlichen mit dem Posten „Anteile an verbundenen Unternehmen" nach dem HGB gleichgesetzt werden. Weiterhin ist eine Übereinstimmung des Postens „investments in associates" mit dem handelsrechtlichen Posten „Beteiligungen" erkennbar. Der Posten „other long-term investments" weist alle restlichen Finanzanlagen aus. Im Gegensatz zur deutschen Rechnungslegung können dazu auch Sachanlagen wie Grundstücke und Gebäude gehören. Das ist der Fall, wenn diese Sachanlagen nicht betriebsnotwendig sind, sondern als Kapitalanlage erworben wurden (vgl. Selchert/Erhardt, 1998, S. 100). In diesem Zusammenhang ist auf eine Besonderheit hinzuweisen: Unter den Finanzanlagen ausgewiesene Sachanlagen müssen nur außerplanmäßig, nicht aber planmäßig abgeschrieben werden (vgl. Baus, 1999, S. 116)!

Nach IAS sind für die Bewertung von Finanzanlagen drei Methoden zulässig (IAS 25.23):

■ zu Anschaffungskosten (at cost),

■ zu Zeitwerten (fair value) durch Neubewertung,

■ bei marktgängigen Wertpapieren, die Anteile am Eigenkapital anderer Unternehmen darstellen (marketable equity securities), zum Niederstwert des Portfolios.

■ **Anschaffungskosten**

Bei der Bewertung at cost bleiben vorübergehend abweichende Börsenkurse bzw. Marktpreise unberücksichtig (vgl. Selchert/Erhardt, 1998, S. 105). Diese Bewertungsmethode führt daher bei sinkenden Börsenkursen bzw. Marktpreisen zu einem höheren Bilanzansatz als die Bewertung nach dem HGB.

Die Bewertung von Anteilen an fremden Unternehmen mit ihren Anschaffungskosten lässt sich kritisieren. So sind bei einer Bilanzierung der Anteile zu den Anschaffungskosten Wertsteigerungen der Anteile nicht erkennbar, die aus der Bildung von Gewinnrücklagen bei den fremden Unternehmen resultieren.

Aus diesem Grund dürfen nach IAS Anteile an Tochterunternehmen und Anteile an assoziierten Unternehmen im Einzel- wie im Konzernabschluss nach der Equity-Methode bewertet werden (vgl. Born, 1999b, S. 545). Die Equity-Methode hat eine zeitnahe Bewertung der Anteile an fremden Unternehmen zum Ziel. Sie stellt demnach eine spezielle Form der Neubewertung von Anteilen an fremden Unternehmen dar. Ausgangspunkt zur Ermittlung des Wertes von Anteilen stellen die Anschaffungskosten der Anteile dar. Sie werden mit dem Eigenkapital des fremden Unternehmens verglichen, das den Anteilen entspricht. Der Beteiligungswert wird dann entsprechend der Eigenkapitalentwicklung beim fremden Unternehmen fortgeschrieben (vgl. Baus, 1999, S. 150). Die Equity-Methode tritt in zwei Varianten auf, nämlich in Form der Buchwertmethode und in Form der Kapitalanteilsmethode (vgl. dazu im Einzelnen z.B. Baus, 1999, S. 150-152). Die Methoden unterscheiden sich nur in der Ausweistechnik, d.h. sie wirken sich im Ergebnis identisch aus. Nach IAS ist die Equity-Methode nur in Form der Buchwertmethode erlaubt (vgl. Baukmann/Mandler, 1997, S. 66). Nach dem HGB ist die Equity-Methode im Einzelabschluss verboten. Im Konzernabschluss ist sie in Form der Buchwertmethode oder der Kapitalanteilsmethode erlaubt (vgl. Baukmann/Mandler, 1997, S. 66). Bei Anwendung der Equity-Methode kann sich für die Anteile an fremden Unternehmen ein Wert ergeben, der über den Anschaffungskosten liegt.

■ **Neubewertung**

Wertansätze oberhalb der Anschaffungskosten können sich aber nicht nur bei der Equity-Methode, sondern bei jeder Bewertung zu Zeitwerten ergeben. Sieht man von der Equity-Methode als Spezialfall der Neubewertung ab, gehen Zuschreibungen oberhalb der Anschaffungskosten erfolgsneutral in eine Neubewertungsrücklage (revaluation surplus) ein (vgl. dazu noch einmal S. 89ff., S. 94ff.). Aus der Sicht der deutschen Rechnungslegung werden damit nicht realisierter Gewinne ausgewiesen, die allerdings den Erfolgsausweis nicht beeinflussen. Die Neubewertung zum fair value muss regelmäßig und für alle gleichartigen Finanzanlagen gleich sowie planmäßig erfolgen.

■ **Portfolio-Niederstwert**

Bei der Bewertung der marketable equity securities zum Niederstwert des Portfolios werden am Bilanzstichtag die historischen Anschaffungskosten des Portfolios mit dem aktuellen Marktwert des Portfolios verglichen. Das Portfolio wird dann zum niedrigeren Wert bilanziert (lower of cost and market value). Weil das Portfolio insgesamt bewertet und nicht in seine einzelnen Wertpapiere zerlegt wird, ermöglicht IAS die Verrechnung unrealisierter Gewinne und Verluste aus verschiedenen Vermögensgegenständen (vgl. Selchert/Erhardt, 1998, S. 101. Aus handelsrechtlicher Sicht stellt das einen Verstoß gegen das Prinzip der Einzelbewertung dar.

Unabhängig von der Bewertungsmethode sieht IAS zwingend eine außerplanmäßige Abschreibung bei Finanzanlagen vor, wenn eine voraussichtlich dauerhafte Wertminderung vorliegt (vgl. Selchert/Erhardt, 1998, S. 101). Wurde in der Vergangenheit eine Neubewertungsrücklage gebildet, wird diese bei Abschreibungen zunächst erfolgsneutral gemindert. Darüber hinausgehende Abschreibungen sind erfolgswirksam als Aufwand zu erfassen (vgl. Coenenberg, 1997a, S. 129). Die Auffassungen über Regelungen bei vorübergehenden Wertminderungen sind nicht ganz einheitlich. Selchert/Erhardt nehmen ein Abschreibungsverbot bei vorübergehender Wertminderung nur bei der Bewertung at cost, nicht aber bei der Neubewertung an (vgl. Selchert/Erhardt, 1998, S. 101). Bei der Portfolio-Bewertung gehen sie von einer Abschreibungspflicht auch bei vorübergehender Wertminderung aus (vgl. Selchert/Erhardt, 1997, S. 103). Entfällt der Grund für eine außerplanmäßige Abschreibung oder steigt der Wert aus anderen Gründen, darf eine Wertaufholung vorgenommen werden (vgl. Selchert/Erhardt, 1998, S. 101). Bei Anwendung der Neubewertungsmethode erfolgt die Aufwertung methodenbedingt. Dabei sind Zuschreibungen bis zum Anschaffungswert erfolgswirksam als Ertrag zu erfassen. Zuschreibungen oberhalb der Anschaffungskosten erfolgen erfolgsneutral durch die Bildung einer entsprechend hohen Neubewertungsrücklage.

Nach US-GAAP gehören zu den Finanzanlagen

■ Beteiligungen (holdings between 20% and 50% of ownership),

■ Wertpapiere,

■ nicht betriebsnotwendiges Sachanlagevermögen

wenn das Unternehmen diese Vermögensgegenstände länger als ein Jahr bzw. länger als einen üblichen Geschäftszyklus halten will (vgl. Selchert/Erhardt, 1997, S. 109).

■ **Beteiligungen**

Auch nach US-GAAP stellt die Equity-Methode sowohl im Einzel- als auch im Konzernabschluss eine Alternative zur Bewertung von Anteilen fremder Unternehmen mit ihren Anschaffungskosten dar (vgl. Scherrer, 1998, S. 267). Im Unterschied zu IAS wird nach US-GAAP die Equity-Methode aber nicht in Form der Buchwertmethode, sondern in Form der Kapitalanteilsmethode angewandt (vgl. Goebel, 1995, S. 2492).

■ **nicht betriebsnotwendiges Sachvermögen**

Wie schon bei IAS ist das nicht betriebsnotwendige Sachanlagevermögen mit seinen Anschaffungskosten zu bewerten, d.h. es gibt keine planmäßigen Abschreibungen. Im Fall einer dauerhaften Wertminderung muss auf den niedrigeren Marktwert abgeschrieben werden (vgl. Demming, 1994, S. 262-263).

■ **Wertpapiere**

Nach US-GAAP ist der Bestand an Wertpapieren in die drei folgenden Kategorien einzuteilen:

♦ Wertpapiere, die zum Handel bestimmt sind (trading securities),

♦ Wertpapiere, die bis zur Fälligkeit gehalten werden sollen (held-to-maturity securities),

♦ Wertpapiere, die verkauft werden können (available-for-sale securities).

Trading securities sind Glaubiger- und Eigentümerpapiere, die gehalten werden, um sie in nächster Zukunft zu veräußern. Mit ihrem Handel wird das Ziel verfolgt, Gewinne durch das Ausnutzen kurzfristiger Wertschwankungen zu erzielen (vgl. Göbel, 1998, S. 179). Beispiele für Gläubigerpapiere sind Anleihen oder Obligationen. Ein Beispiel für Eigentümerpapiere sind Aktien. Trading securities sind immer im Umlaufvermögen (current assets) auszuweisen (vgl. FAS 115.17).

Dementsprechend können im Anlagevermögen nur folgende Wertpapierkategorien gehalten werden:

♦ held-to-maturity securities

Held-to-maturity securities sind Gläubigerpapiere (debt securities), die bis zum Fälligkeitstermin gehalten werden sollen. Sie sind solange im Anlagevermögen auszuweisen, wie ihre Restlaufzeit am Bilanzstichtag größer oder gleich ein Jahr ist. Ist die Restlaufzeit kleiner als ein Jahr, sind die held-to-maturity securities in das Umlaufvermögen umzugliedern (vgl. Selchert/Erhardt, 1998, S. 110). Eigentümeranteile können nie held-to-maturity securities sein, weil sie kein Fälligkeitsdatum besitzen (vgl. Kieso/Weygandt, 1995, S. 880, 889).

Für held-to-maturity securities kommt eine Bewertung zum Börsen- oder Marktpreis nicht in Betracht, weil sich die damit verbundenen unrealisierten Gewinne oder Verluste bis zum Fälligkeitstermin ausgleichen. Daher stellen die Anschaffungskosten die Wertobergrenze für held-to-maturity securities dar (vgl. Ballwieser, 1998, S. 338). Bei dauernder Wertminderung sind die Anschaffungskosten außerplanmäßig auf den Zeitwert (fair value) abzuschreiben (vgl. Ballwieser, 1998, S. 338). Der fair value tritt an die Stelle der Anschaffungskosten. Daher ist eine Wertaufholung zu einem späteren Zeitpunkt nicht gestattet (vgl. Selchert/Erhardt, 1998, S. 111). Vorübergehende Wertminderungen führen nicht zu Abschreibungen, weil sie sich innerhalb der Restlaufzeit wieder ausgleichen und das

Papier ja ex definitione bis zum Fälligkeitstermin gehalten wird (vgl. Selchert/Erhardt, 1998, S. 111).

♦ available-for-sale securities

Available-for-sale securities sind Gläubiger- und Eigentümerpapiere, die weder als trading securities, noch als held-to-maturity securities auszuweisen sind. Wie schon die held-to-maturity securities werden auch die available-for-sale securities solange im Anlagevermögen ausgewiesen, wenn ihre Restlaufzeit am Bilanzstichtag größer oder gleich ein Jahr ist. Ist die Restlaufzeit kleiner als als ein Jahr, sind die available-for-sale securities in das Umlaufvermögen umzugliedern (vgl. Selchert/Erhardt, 1998, S. 112).

Available-for-sale securities sind mit dem Börsen- oder Marktpreis (fair value) am Bilanzstichtag zu bewerten. Liegt der fair value unter den Anschaffungskosten, muss auf den fair value abgeschrieben werden (vgl. Selchert/Erhardt, 1998, S. 114). Vorübergehende Wertminderungen werden erfolgsneutral durch einen gesonderten Eigenkapitalposten erfasst.

Beispiel:

Ein Unternehmen hält available-for-sale securities im Anlagevermögen. Die Anschaffungskosten betrugen 100 000 DM.

Finanzanlagen	an	Bank	100 000 DM

Am Bilanzstichtag 01 beträgt der Börsenkurs 95 000 DM. Der unrealisierte Verlust ist erfolgsneutral zu verbuchen:

unrealized holding loss (equity account)	an	Finanzanlagen	5 000 DM

In der Bilanz schlägt sich die Wertminderung wie folgt nieder:

Finanzanlagen	95 000 DM	Eigenkapital	
diverse Aktiva	1 000 000 DM	⇒ alt	300 000 DM
		⇒ unrealisierte Verluste aus Finanzanlagen	./. 5 000 DM
		Fremdkapital	800 000 DM
	1 095 000 DM		1 095 000 DM

Spätere Wertaufholungen sind zunächst gegen die unrealisierten Verluste aus Finanzanlagen zu verrechnen. Darüber hinausgehende Wertaufholungen dürfen nur erfolgsneutral und nicht durch erfolgswirksame Zuschreibungen erfasst werden.

Beispiel:

Am Bilanzstichtag 02 beträgt der Börsenkurs der available-for-sale securities 102 000 DM. Die Wertaufholung ist wie folgt zu erfassen:

Finanzanlagen	an	unrealized holding **loss** (equity account)	5 000 DM

Finanzanlagen	an	unrealized holding **gain** (equity account)	2 000 DM

In der Bilanz schlägt sich die Wertaufholung wie folgt nieder:

Finanzanlagen	102 000 DM	Eigenkapital	
diverse Aktiva	1 000 000 DM	⇒ alt	300 000 DM
		⇒ unrealisierte Gewinne aus Finanzanlagen	2 000 DM
		Fremdkapital	800 000 DM
	1 102 000 DM		1 102 000 DM

In Höhe der „unrealisierte Gewinne aus Finanzanlagen" gilt eine Ausschüttungssperre.

Bei dauerhaften Wertminderungen muss erfolgswirksam abgeschrieben werden (vgl. Selchert/Erhardt, 1998, S. 112):

sonstiger betrieblicher Aufwand	an	Finanzanlagen	5 000 DM

Für spätere Wertaufholungen ist eine erfolgswirksame Zuschreibung nicht gestattet. Sie können nur erfolgsneutral über den Posten „unrealisierte Gewinne aus Finanzanlagen" erfasst werden (vgl. Selchert/Erhardt, 1998, S. 112).

Abschließend soll die Bilanzierung und Bewertung von Wertpapieren des Finanzan-lagevermögen nach HGB, IAS und US-GAAP noch einmal an einem zusammen-fassenden Beispiel dargestellt werden (vgl. Selchert/Erhardt, 1998, S. 97-99, 104-108, 115-116).

Ein Unternehmen hält an den Bilanzstichtagen 01 und 02 folgende börsengängige Wertpapiere in seinem Anlagevermögen:

held-to-maturity securities	available-for-sale securities		
		marketable equity securities	
A	B	C	D

Weiterhin gilt Folgendes:

♦ Auftretende Wertminderungen sind vorübergehend. (Auf ein Beispiel zu dauer-haften Wertminderungen kann verzichtet werden, weil HGB, IAS und US-GAAP für diesen Fall übereinstimmend eine Pflicht zur Abschreibung auf den Zeitwert vorsehen.)

♦ Das Unternehmen verfolgt als bilanzpolitisches Ziel, die Wertpapiere mit einem möglichst niedrigen Wert zu bilanzieren.

Unter diesen Annahmen ergeben sich folgende Wertansätze:

Bewertung nach HGB

	Anschaffungskosten	Börsenkurs 01	Ertrag (Aufwand)	Bilanzansatz 01
		01		
A	4 000 DM	3 000 DM	(1 000 DM)	3 000 DM
B	10 000 DM	9 500 DM	(500 DM)	9 500 DM
C	9 500 DM	10 000 DM	0	9 500 DM
D	12 000 DM	11 000 DM	(1 000 DM)	11 000 DM
Gesamt	35 500 DM	33 500 DM	(2 500 DM)	33 000 DM

	Bilanzansatz 01	Börsenkurs 02	Ertrag (Aufwand)	Bilanzansatz 02
		02		
A	3 000 DM	4 500 DM	0	3 000 DM
B	9 500 DM	9 700 DM	0	9 500 DM
C	9 500 DM	11 000 DM	0	9 500 DM
D	11 000 DM	13 000 DM	0	11 000 DM
Gesamt	33 000 DM	38 200 DM	0	33 000 DM

Bewertung nach IAS

♦ at cost

01				
	Anschaffungskosten	Börsenkurs 01	Ertrag (Aufwand)	Bilanz 01
A	4 000 DM	3 000 DM	0	4 000 DM
B	10 000 DM	9 500 DM	0	10 000 DM
C	9 500 DM	10 000 DM	0	9 500 DM
D	12 000 DM	11 000 DM	0	12 000 DM
Gesamt	35 500 DM	33 500 DM	0	35 500 DM

02				
	Bilanz 01	Börsenkurs 02	Ertrag (Aufwand)	Bilanz 02
A	4 000 DM	4 500 DM	0	4 000 DM
B	10 000 DM	9 700 DM	0	10 000 DM
C	9 500 DM	11 000 DM	0	9 500 DM
D	12 000 DM	13 000 DM	0	12 000 DM
Gesamt	35 500 DM	38 200 DM	0	35 500 DM

♦ **Neubewertung**

01					
	Anschaf-fungskosten	Börsenkurs 01	Ertrag (Auf-wand)	Neubewer-tungsrücklage	Bilanz 01
A	4 000 DM	3 000 DM	(1 000 DM)	0	3 000 DM
B	10 000 DM	9 500 DM	(500 DM)	0	9 500 DM
C	9 500 DM	10 000 DM	0	500 DM	10 000 DM
D	12 000 DM	11 000 DM	(1 000 DM)	0	11 000 DM
Gesamt	35 500 DM	33 500 DM	(2 500 DM)	500 DM	33 500 DM

02					
	Anschaf-fungskosten	Bilanz 01	Börsenkurs 02	Ertrag (Aufwand)	Neube-wertungs-rücklage	Bilanz 02
A	4 000 DM	3 000 DM	4 500 DM	1 000 DM	500 DM	4 500 DM
B	10 000 DM	9 500 DM	9 700 DM	200 DM	0	9 700 DM
C	9 500 DM	10 000 DM	11 000 DM	0	1 500 DM	11 000 DM
D	12 000 DM	11 000 DM	13 000 DM	1 000 DM	1 000 DM	13 000 DM
Σ	35 500 DM	33 500 DM	38 200 DM	2 200 DM	3 000 DM	38 200 DM

♦ **Portfolio-Bewertung**

01				
	Anschaffungs-kosten	Börsenkurs 01	Ertrag (Aufwand)	Bilanz 01
A	4 000 DM	3 000 DM	0	4 000 DM (at cost)
B	10 000 DM	9 500 DM	0	10 000 DM (at cost)
C	9 500 DM	10 000 DM	nicht relevant	
D	12 000 DM	11 000 DM	nicht relevant	
Portfolio	21 500 DM	21 000 DM	(500 DM)	21 000 DM
Gesamt	35 500 DM	33 500 DM	(500 DM)	35 000 DM

02					
	Anschaf-fungskosten	Börsenkurs 02	Bilanz 01	Ertrag (Auf-wand)	Bilanz 02
A	4 000 DM	4 500 DM	4 000 DM	0	4 000 DM (at cost)
B	10 000 DM	9 700 DM	10 000 DM	0	10 000 DM (at cost)
C	9 500 DM	11 000 DM	nicht relevant		
D	12 000 DM	13 000 DM	nicht relevant		
Port-folio	21 500 DM	24 000 DM	21 000 DM	500 DM	21 500 DM
Σ	35 500 DM	38 200 DM	35 000 DM	500 DM	35 500 DM

Bewertung nach US-GAAP

01				
	Anschaffungskosten	Börsenkurs 01	separater Eigen-kapitalposten	Bilanz 01
A	4 000 DM	3 000 DM	0	4 000 DM
B	10 000 DM	9 500 DM	(500 DM)	9 500 DM
C	9 500 DM	10 000 DM	500 DM	10 000 DM
D	12 000 DM	11 000 DM	(1 000 DM)	11 000 DM
Gesamt	35 500 DM	33 500 DM	(1 000 DM)	34 500 DM

02					
	Anschaf-fungskosten	Bilanz 01	Börsenkurs 02	separater Ei-genkapital-posten	Bilanz 02
A	4 000 DM	4 000 DM	4 500 DM	0	4 000 DM
B	10 000 DM	9 500 DM	9 700 DM	(300 DM)	9 700 DM
C	9 500 DM	10 000 DM	11 000 DM	1 500 DM	11 000 DM
D	12 000 DM	11 000 DM	13 000 DM	1 000 DM	13 000 DM
Gesamt	35 500 DM	34 500 DM	38 200 DM	2 200 DM	37 700 DM

Zusammenfassende Übersicht der Bewertungsunterschiede

01				
	HGB	IAS		US-GAAP
		at cost	Neubewer-tung	Portfolio-Bewertung	
A	3 000 DM	4 000 DM	3 000 DM	4 000 DM	4 000 DM
B	9 500 DM	10 000 DM	9 500 DM	10 000 DM	9 500 DM
C	9 500 DM	9 500 DM	10 000 DM	21 000 DM	10 000 DM
D	11 000 DM	12 000 DM	11 000 DM		11 000 DM
Gesamt	33 000 DM	35 500 DM	33 500 DM	35 000 DM	34 500 DM

02				
	HGB	IAS		US-GAAP
		at cost	Neubewer-tung	Portfolio-Bewertung	
A	3 000 DM	4 000 DM	4 500 DM	4 000 DM	4 000 DM
B	9 500 DM	10 000 DM	9 700 DM	10 000 DM	9 700 DM
C	9 500 DM	9 500 DM	11 000 DM	21 500 DM	11 000 DM
D	11 000 DM	12 000 DM	13 000 DM		13 000 DM
Gesamt	33 000 DM	35 500 DM	38 200 DM	35 500 DM	37 700 DM

2.3.2.2.4 Anlagespiegel

Im Interesse der Bilanzklarheit müssen Kapitalgesellschaften nach § 268 (2) HGB in der Bilanz oder im Anhang die Entwicklung des Anlagevermögens sowie der Position „Aufwendungen für die Ingangsetzung und Erweiterung des Geschäftsbetriebs" in einem sogenannten Anlagespiegel darstellen (vgl. Coenenberg, 1997a, S. 144). Eine empfohlende Darstellungsform des Anlagespiegels ist (vgl. Coenenberg, 1997a, S. 144):

	AK bzw. HK	Zugänge	Abgänge	Umbuchungen	Zuschreibungen	Abschreibungen (kumuliert)	Restbuchwert Geschäftsjahr	Restbuchwert Vorjahr	Abschreibungen im Geschäftsjahr
Aufwendungen für Ingangsetzung und Erweiterung...									
Konzessionen, gewerbliche Schutzrechte....									
: :									

Abb. 27: Darstellungsform des Anlagespiegels

Auch nach IAS und US-GAAP sind in der Bilanz oder im Anhang Angaben über die Entwicklung des Anlagevermögens zu machen (vgl. Coenenberg, 1997a, S. 147, Frankenberg, 1993, S. 86). Die Darstellungspflicht ist zum Teil ausführlicher als nach dem HGB. So sind z.B. nach IAS auch Änderungen auf Grund von Neubewertungen anzugeben (vgl. Coenenberg, 1997a, S. 147).

2.3.2.3 Umlaufvermögen

2.3.2.3.1 Vorräte

Nach § 266 (2) HGB sind Vorräte in vier Unterpositionen zu gliedern:

■ **Roh-, Hilfs- und Betriebsstoffe**

Rohstoffe und Hilfsstoffe gehen unmittelbar in Fertigerzeugnisse ein. Dabei stellen Rohstoffe den Hauptbestandteil der Fertigerzeugnisse dar (z.B. Holz), während Hilfsstoffe nur untergeordnete Bestandteile sind (z.B. Schrauben). Betriebsstoffe gehen nicht in Fertigerzeugnisse ein. Sie werden bei der Herstellung verbraucht (z.B. Schmierstoffe).

■ **Unfertige Erzeugnisse und unfertige Leistungen**

Unfertige Erzeugnisse sind noch nicht verkaufsfähige Produkte. Unfertige Leistungen fallen vor allem in Dienstleistungsunternehmen an (z.B. Beraterleistungen). Im Gegensatz zu den unfertigen Erzeugnissen stellen unfertige Leistungen keine Sachen, sondern Forderungen dar. Im Konkursfall haben die Gläubiger also unterschiedliche Zugriffsmöglichkeiten. Das macht die Zusammenfassung in einer Position problematisch.

■ **Fertige Erzeugnisse und Waren**

Fertige Erzeugnisse und Waren sind verkaufsfähige Produkte.

■ **Geleistete Anzahlungen**

Unter dieser Position werden Zahlungen bilanziert, die ein Unternehmen auf Grund abgeschlossener Verträge an andere Unternehmen geleistet hat und für die die Lieferung oder Leistung noch aussteht.

Das Pendant zu geleisteten Anzahlungen sind erhaltene Anzahlungen. Erhaltene Anzahlungen auf Vorräte können auf zwei Arten bilanziert werden. Sie sind entweder auf der Passivseite in einer eigenen Position unter den Verbindlichkeiten auszuweisen, oder auf der Aktivseite offen von der Position der Vorräte abzusetzen. Nach herrschender Meinung verstößt das offene Absetzen von den Vorräten nicht gegen das Saldierungsverbot, sondern soll die Aussagefähigkeit der Bilanz durch Zuordnung wirtschaftlich zusammengehöriger Positionen verbessern.

Nach dem HGB sind die Vorräte – wie alle anderen Vermögensgegenstände auch – höchstens mit ihren Anschaffungs- bzw. Herstellungskosten zu bewerten. Bei der Ermittlung der Anschaffungs- bzw. Herstellungskosten ergibt sich allerdings ein Problem, wenn es im Verlauf der Produktion und Lagerung von Vorräten zu Vermischungen kommt und die Beschaffungspreise der Vorräte Schwankungen unterliegen. Eine Vermischung findet z.B. statt, wenn verschiedene Lieferungen Heizöl in einem Tank gelagert werden. Wenn nun der Preis für einen Liter Heizöl von Lieferung zu Lieferung geschwankt hat, lässt sich am Bilanzstichtag zweifelsfrei nur zweierlei sagen. Nämlich wieviele Liter Heizöl in einer Abrechnungsperiode verbraucht wurden und wieviele Liter noch an Lager sind. Dagegen lässt sich nicht zweifelsfrei sagen, aus welchen Lieferungen mit welchen Preisen Heizöl verbraucht wurde bzw. aus welchen Lieferungen mit welchen Preisen das im Lager befindliche Heizöl stammt. Aus diesem Grund lassen die §§ 240 und 256 HGB bei der Bewertung der Vorräte Vereinfachungen zu, die in weitem Umfang vom Grundsatz der Einzelbewertung abweichen. Die Vereinfachungen bestehen in der Festbewertung (§ 240 (3) HGB), in der Bildung von Durchschnittswerten (§ 240 (4) HGB) und in der Verwendung von Verbrauchsfiktionen anstelle genauer Aufzeichnungen über den Abgang von Vorratsgütern (§ 256 HGB).

Grundsätzlich ist zu beachten, dass es sich bei den Bewertungsvereinfachungen nur um Verfahren zur vereinfachten Ermittlung der Anschaffungs- bzw. Herstellungskosten und nicht um eigenständige Bewertungsmaßstäbe handelt. Deshalb ist auch bei Anwendung dieser Verfahren das **strenge Niederstwertprinzip** zu beachten, d.h. es ist an jedem Bilanzstichtag zu prüfen, ob nicht anstelle der so ermittelten Anschaffungs- bzw. Herstellungskosten ein niedrigerer Wertansatz (z.B. Marktpreis) angesetzt werden muss (vgl. Coenenberg, 1997a, S. 161). Falls die Gründe für eine außerplanmäßige Abschreibung in späteren Jahren entfallen, können gemäß § 280 (1) i. V. mit (2) HGB Zuschreibungen bis maximal zu den Anschaffungs- bzw. Herstellungskosten vorgenommen werden (Wertaufholungswahlrecht).

- **Festbewertung**

  Roh-, Hilfs- oder Betriebsstoffe, die

  ♦ regelmäßig ersetzt werden,

  ♦ deren Gesamtwert für das Unternehmen von nachrangiger Bedeutung ist,

  ♦ deren Bestand nur geringen Veränderungen bezüglich Größe, Wert und Zusammensetzung unterliegt,

  können mit einer gleichbleibenden Menge und einem gleichbleibenden Wert bilanziert werden (= Festwert). Allerdings ist in der Regel alle drei Jahre eine körperliche Bestandsaufnahme durchzuführen, um den Festwert zu überprüfen. Während der Bilanzierung zum Festwert werden Zugänge an Roh-, Hilfs- und Betriebsstoffen als Materialaufwand gebucht. Die sonst üblichen Buchungen

  ♦ Bestandszugang

Roh-, Hilfs- und Betriebsstoffe	an	Bank

◆ Verbrauch

| Materialverbrauch | an | Roh-, Hilfs- und Betriebsstoffe |

werden also durch folgende Direktbuchung ersetzt, die den Bestand an Roh-, Hilfs-
und Betriebsstoffen unverändert lässt:

| Materialverbrauch | an | Bank |

■ **Bildung von Durchschnittswerten**

Sofern es sich um gleiche oder gleichartige Vorratsgüter handelt, kann deren Bestand
mit einem Durchschnittswert bilanziert werden. Die Durchschnittsmethode zählt zu
den verbreitetsten Bewertungsverfahren in der Praxis. Man unterscheidet gewogene
und gleitende Durchschnitte.

◆ Gewogene Durchschnittsmethode

Bei dieser Methode wird am Ende des Geschäftsjahres aus den Anfangsbeständen
und Zugängen während des Geschäftsjahres ein gewogener Durchschnittswert gebildet. Mit diesem Wert werden sowohl die Abgänge während des Geschäftsjahres als auch der Endbestand bewertet.

Beispiel:

Basisdaten		
Anfangsbestand	10 000 l Heizöl à 0,60 DM/l =	6 000 DM
+ erster Zugang (Winter)	10 000 l Heizöl à 0,64 DM/l =	6 400 DM
./. erster Abgang (Winter)	15 000 l Heizöl	
+ zweiter Zugang (Sommer)	10 000 l Heizöl à 0,50 DM/l =	5 000 DM
./. zweiter Abgang (Sommer)	3 000 l Heizöl	

Ermittlung des gewogenen Durchschnitts		
Anfangsbestand	10 000 l Heizöl à 0,60 DM/l =	6 000 DM
+ erster Zugang (Winter)	10 000 l Heizöl à 0,64 DM/l =	6 400 DM
+ zweiter Zugang (Sommer)	10 000 l Heizöl à 0,50 DM/l =	5 000 DM
Summe	30 000 l Heizöl	17 400 DM
17 400 DM : 30 000 l = **0,58 DM/l**		

Bewertung des Verbrauchs und des Bestandes		
Verbrauch	18 000 l Heizöl à 0,58 DM/l =	10 440 DM
Bestand	12 000 l Heizöl à 0,58 DM/l =	6 960 DM
Probe: 10 440 DM + 6 960 DM = 6 000 DM + 6 400 DM + 5 000 DM		

◆ **Gleitende Durchschnittsmethode**

Die gleitende Durchschnittsmethode stellt eine Verfeinerung der gewogenen Durchschnittsmethode dar. Es wird nicht mehr nur ein gewogener Durchschnitt am Jahresende ermittelt, sondern es wird unterjährig nach jedem Zugang ein neuer Durchschnittspreis errechnet. Der jeweilige Durchschnittswert wird dann zur Bewertung der Abgänge bis zum nächsten Zugang herangezogen.

Beispiel:

Basisdaten		
Anfangsbestand	10 000 l Heizöl à 0,60 DM/l =	6 000 DM
+ erster Zugang (Winter)	10 000 l Heizöl à 0,64 DM/l =	6 400 DM
./. erster Abgang (Winter)	15 000 l Heizöl	
+ zweiter Zugang (Sommer)	10 000 l Heizöl à 0,50 DM/l =	5 000 DM
./. zweiter Abgang (Sommer)	3 000 l Heizöl	

Ermittlung der gleitenden Durchschnitte		
Anfangsbestand	10 000 l Heizöl à 0,60 DM/l =	6 000 DM
+ erster Zugang (Winter)	10 000 l Heizöl à 0,64 DM/l =	6 400 DM
Summe	20 000 l Heizöl	12 400 DM
12 400 DM : 20 000 l = **0,62 DM/l**		
./. erster Abgang (Winter)	15 000 l Heizöl à 0,62 DM/l =	9 300 DM
Bestand	5 000 l Heizöl	3 100 DM
+ zweiter Zugang (Sommer)	10 000 l Heizöl à 0,50 DM/l =	5 000 DM
Summe	15 000 l Heizöl	8 100 DM
8 100 DM : 15 000 l = **0,54 DM/l**		
./. zweiter Abgang (Sommer)	3 000 l Heizöl à 0,54 DM/l =	1 620 DM
Endbestand	12 000 l Heizöl à 0,54 DM/l =	6 480 DM
Probe: 9 300 DM + 1 620 DM + 6 480 DM = 6 000 DM + 6 400 DM + 5 000 DM		

♦ Beurteilung der Methoden

Die gewogene Durchschnittsmethode gilt als wenig aufwendig, weil sie lediglich eine pauschale Ermittlung aller Abgänge eines Geschäftsjahres erfordert. Dagegen setzt die Anwendung der gleitenden Durchschnitte eine genaue Erfassung der einzelnen Abgänge während des Geschäftsjahres voraus. Das ist allerdings in den heutigen EDV-Systemen standardmäßig vorgesehen. Gleitende Durchschnitte haben den Vorteil, dass die jeweilige Preisentwicklung an den Märkten bei der Bewertung besser berücksichtigt wird.

■ **Verbrauchsfiktionen**

Verbrauchsfiktionen machen bestimmte Annahmen darüber, welche Vorräte in einer Periode verbraucht werden. Im Umkehrschluss ergeben sich daraus Annahmen darüber, welche Vorräte sich am Ende der Abrechnungsperiode im Bestand befinden. Die Verbrauchsfiktionen lassen sich wie folgt systematisieren:

Verbrauchsfiktionen			
Ansatzpunkt: Zeitpunkt des Lagerzugangs		Ansatzpunkt: Höhe der Beschaffungspreise	
Fifo-Verfahren (first in - first out)	Lifo-Verfahren (last in - first out)	Hifo-Verfahren (highest in - first out)	Loifo-Verfahren (lowest in - first out)

Abb. 28: Systematik der Verbrauchsfiktionen

◆ **Fifo-Verfahren (first in – first out)**

Beim Fifo-Verfahren wird unterstellt, dass die jeweils ältesten Bestände zuerst verbraucht bzw. veräußert werden. Folglich setzt sich der Bestand am Jahresende aus den Vorräten zusammen, die zuletzt eingelagert wurden.

Beispiel:

Basisdaten			
	Anfangsbestand	10 000 l Heizöl à 0,60 DM/l =	6 000 DM
+	erster Zugang (Winter)	10 000 l Heizöl à 0,64 DM/l =	6 400 DM
./.	erster Abgang (Winter)	15 000 l Heizöl	
+	zweiter Zugang (Sommer)	10 000 l Heizöl à 0,50 DM/l =	5 000 DM
./.	zweiter Abgang (Sommer)	3 000 l Heizöl	

Periodenbezogene Bewertung des Verbrauchs und des Bestandes		
Verbrauch	18 000 l Heizöl davon: 10 000 l à 0,60 DM/l = 6 000 DM 8 000 l à 0,64 DM/l = 5 120 DM	11 120 DM
Bestand	12 000 l Heizöl davon: 10 000 l à 0,50 DM/l = 5 000 DM 2 000 l à 0,64 DM/l = 1 280 DM	6 280 DM
Probe: 11 120 DM + 6 280 DM = 6 000 DM + 6 400 DM + 5 000 DM		

♦ **Lifo-Verfahren (last in – first out)**

Beim Lifo-Verfahren wird unterstellt, dass die jeweils zuletzt beschafften Bestände zuerst verbraucht bzw. veräußert werden. Folglich setzt sich der Bestand am Jahresende aus den Vorräten zusammen, die zuerst eingelagert wurden.

Beispiel:

Basisdaten		
	Anfangsbestand	10 000 l Heizöl à 0,60 DM/l =	6 000 DM
+	erster Zugang (Winter)	10 000 l Heizöl à 0,64 DM/l =	6 400 DM
./.	erster Abgang (Winter)	15 000 l Heizöl	
+	zweiter Zugang (Sommer)	10 000 l Heizöl à 0,50 DM/l =	5 000 DM
./.	zweiter Abgang (Sommer)	3 000 l Heizöl	

Periodenbezogene Bewertung des Verbrauchs und des Bestandes		
Verbrauch	18 000 l Heizöl davon: 10 000 l à 0,50 DM/l = 5 000 DM 8 000 l à 0,64 DM/l = 5 120 DM	10 120 DM
Bestand	12 000 l Heizöl davon: 10 000 l à 0,60 DM/l = 6 000 DM 2 000 l à 0,64 DM/l = 1 280 DM	7 280 DM
Probe: 10 120 DM + 7 280 DM = 6 000 DM + 6 400 DM + 5 000 DM		

◆ **Hifo-Verfahren (highest in – first out)**

Beim Hifo-Verfahren wird unterstellt, dass die Bestände zuerst verbraucht bzw. veräußert werden, die die höchsten Beschaffungspreise aufweisen. Folglich setzt sich der Bestand am Jahresende aus den Vorräten zusammen, die die niedrigsten Beschaffungspreise aufweisen. Da der Bestand bei diesem Verfahren mit den niedrigsten Anschaffungskosten bewertet wird, kommt es zu einer extrem vorsichtigen Bilanzierung der Vorräte.

Beispiel:

Basisdaten			
	Anfangsbestand	10 000 l Heizöl à 0,60 DM/l =	6 000 DM
+	erster Zugang (Winter)	10 000 l Heizöl à 0,64 DM/l =	6 400 DM
./.	erster Abgang (Winter)	15 000 l Heizöl	
+	zweiter Zugang (Sommer)	10 000 l Heizöl à 0,50 DM/l =	5 000 DM
./.	zweiter Abgang (Sommer)	3 000 l Heizöl	

Periodenbezogene Bewertung des Verbrauchs und des Bestandes		
Verbrauch	18 000 l Heizöl davon: 10 000 l à 0,64 DM/l = 6 400 DM 8 000 l à 0,60 DM/l = 4 800 DM	11 200 DM
Bestand	12 000 l Heizöl davon: 10 000 l à 0,50 DM/l = 5 000 DM 2 000 l à 0,60 DM/l = 1 200 DM	6 200 DM
Probe: 11 200 DM + 6 200 DM = 6 000 DM + 6 400 DM + 5 000 DM		

♦ **Loifo-Verfahren (lowest in – first out)**

Beim Loifo-Verfahren wird unterstellt, dass die Bestände zuerst verbraucht bzw. veräußert werden, die die niedrigsten Beschaffungspreise aufweisen. Folglich setzt sich der Bestand am Jahresende aus den Vorräten zusammen, die die höchsten Beschaffungspreise aufweisen.

Beispiel:

Basisdaten		
Anfangsbestand	10 000 l Heizöl à 0,60 DM/l =	6 000 DM
+ erster Zugang (Winter)	10 000 l Heizöl à 0,64 DM/l =	6 400 DM
./. erster Abgang (Winter)	15 000 l Heizöl	
+ zweiter Zugang (Sommer)	10 000 l Heizöl à 0,50 DM/l =	5 000 DM
./. zweiter Abgang (Sommer)	3 000 l Heizöl	

Periodenbezogene Bewertung des Verbrauchs und des Bestandes		
Verbrauch	18 000 l Heizöl davon: 10 000 l à 0,50 DM/l = 5 000 DM 8 000 l à 0,60 DM/l = 4 800 DM	9 800 DM
Bestand	12 000 l Heizöl davon: 10 000 l à 0,64 DM/l = 6 400 DM 2 000 l à 0,60 DM/l = 1 200 DM	7 600 DM
Probe: 9 800 DM + 7 600 DM = 6 000 DM + 6 400 DM + 5 000 DM		

◆ **Permanente Verfahren**

In Analogie zu den gleitenden Durchschnitten lassen sich alle Verbrauchsfiktionen auch permanent, also laufend innerhalb eines Geschäftsjahres durchführen (vgl. Beck, 1995, § 256 HGB, Anm. 42, Coenenberg, 1997a, S. 164-166). Wie schon bei den gleitenden Durchschnitten kann sich daraus eine andere Bestandsbewertung als bei einmaliger Anwendung der Verfahren am Jahresende ergeben.

Beispiel:

Basisdaten		
Anfangsbestand	10 000 l Heizöl à 0,60 DM/l =	6 000 DM
+ erster Zugang (Winter)	10 000 l Heizöl à 0,64 DM/l =	6 400 DM
./. erster Abgang (Winter)	15 000 l Heizöl	
+ zweiter Zugang (Sommer)	10 000 l Heizöl à 0,50 DM/l =	5 000 DM
./. zweiter Abgang (Sommer)	3 000 l Heizöl	

Permanentes Lifo		
Anfangsbestand	10 000 l Heizöl à 0,60 DM/l =	6 000 DM
+ erster Zugang (Winter)	10 000 l Heizöl à 0,64 DM/l =	6 400 DM
./. erster Abgang (Winter)	15 000 l Heizöl davon: 10 000 l à 0,64 DM/l 5 000 l à 0,60 DM/l	9 400 DM
Bestand	5 000 l Heizöl à 0,60 DM/l =	3 000 DM
+ zweiter Zugang (Sommer)	10 000 l Heizöl à 0,50 DM/l =	5 000 DM
./. zweiter Abgang (Sommer)	3 000 l Heizöl à 0,50 DM/l =	1 500 DM
Endbestand	12 000 l Heizöl davon: 5 000 l à 0,60 DM/l 7 000 l à 0,50 DM/l	6 500 DM
Probe: 9 400 DM + 1 500 DM + 6 500 DM = 6 000 DM + 6 400 DM + 5 000 DM		

♦ **Beurteilung der periodenbezogenen und permanenten Verfahren**

Die periodenbezogenen Verfahren gelten als wenig aufwendig, weil sie lediglich eine pauschale Ermittlung aller Abgänge eines Geschäftsjahres erfordern. Dagegen setzt die Anwendung der permanenten Verfahren eine genaue Erfassung der einzelnen Abgänge während des Geschäftsjahres voraus. Das ist allerdings in den heutigen EDV-Systemen standardmäßig vorgesehen.

♦ **Zulässigkeit der Verfahren**

In der Handelsbilanz sind die Durchschnittsmethode und die Verbrauchsfiktionen grundsätzlich zulässig, soweit die unterstellte Verbrauchsfolge nicht in krassem Widerspruch zur Wirklichkeit steht oder absolut undenkbar ist (vgl. Coenenberg, 1997a, S. 161). So steht z.B. das Lifo-Verfahren im krassen Widerspruch zur Wirklichkeit, wenn Vorräte in Silos gelagert werden. In der Literatur stößt das Loifo-Verfahren häufiger auf Ablehnung, weil die Bestände mit den teuersten Beschaffungspreisen bewertet werden (vgl. Beck, 1995, § 256, Anm. 59). In der Steuerbilanz wird lediglich die Durchschnittsmethode und die Lifo-Methode generell anerkannt. Wie in der Handesbilanz darf die Lifo-Methode nicht angewendet werden, wenn sie im krassen Widerspruch zur tatsächlichen Verbrauchsfolge steht.

Die Gliederung der Vorräte nach IAS und US-GAAP entspricht im Wesentlichen der des HGB. Nach IAS werden Vorräte wie folgt gegliedert (vgl. Born, 1999b, S. 125):

- Handelswaren,

- Roh-, Hilfs- und Betriebsstoffe,

- unfertige Erzeugnisse, unfertige Leistungen,

- fertige Erzeugnisse.

Nach US-GAAP unterteilen sich die Vorräte in (vgl. KPMG, 1999b, S. 39):

- raw materials (Rohstoffe),

- work in process (unfertige Erzeunisse, unfertige Leistungen),

- finished goods (Fertigerzeugnisse),

- supplies (Hilfs- und Betriebsstoffe),

- merchandises (Handelswaren).

Im Gegensatz zum deutschen Recht sind geleistete Anzahlungen kein Sachverhalt, der unter den Vorräten auszuweisen ist (vgl. KPMG, 1999b, S. 40). Sie sind vielmehr unter prepaid expenses bzw. den sonstigen Vermögensgegenständen auszuweisen (vgl. KPMG, 1999b, S. 39).

Sowohl nach IAS als auch nach US-GAAP werden Vorräte grundsätzlich mit ihren Anschaffungs- bzw. Herstellungskosten ausgewiesen (vgl. KPMG, 1999a, S. 98, KPMG, 1999b, S. 40). Bei Wertminderungen – z.B. durch Beschädigung, technologischem oder modischem Wandel – müssen die Vorräte mit einem niedrigeren Wert angesetzt werden.

Nach IAS werden die Anschaffungs- bzw. Herstellungskosten mit dem net realizable value verglichen und mit dem niedrigeren Wert bilanziert (vgl. Coenenberg, 1997a, S. 169). Unter dem net realizable value ist der voraussichtlich erzielbare Verkaufspreis abzüglich aller noch anfallenden Kosten zu verstehen. Hinter dieser Bewertungskonzeption steht folgende Auffassung: Vermögensgegenstände sollen nicht zu Werten bilanziert werden dürfen, die oberhalb der erwartungsgemäß aus ihrer Veräußerung oder Nutzung zu erzielenden Beträge liegen (vgl. KPMG, 1999a, S. 100).

Nach US-GAAP werden die Vorräte folgendem Niederstwerttest unterzogen (vgl. KPMG, 1999b, S. 48-49): Die Anschaffungs- bzw. Herstellungskosten werden mit den Wiederbeschaffungskosten am Markt verglichen – es sei denn, diese liegen oberhalb des net realizable value („ceiling") oder unterhalb des net realizable value abzüglich einer gewöhnlichen Gewinnspanne („floor"). Im Einzelnen gelten folgende Bewertungsregeln:

- Die Wiederbeschaffungskosten liegen zwischen ceiling und floor. In diesem Fall werden die Anschaffungs- bzw. Herstellungskosten mit den Wiederbeschaffungskosten verglichen. Es wird mit dem niedrigeren Wert bilanziert.

- Die Wiederbeschaffungskosten liegen oberhalb des ceiling. In diesem Fall werden die Anschaffungs- bzw. Herstellungskosten mit dem ceiling verglichen. Es wird mit dem niedrigeren Wert bilanziert.

- Die Wiederbeschaffungskosten liegen unterhalb des floor. In diesem Fall werden die Anschaffungs- bzw. Herstellungskosten mit dem floor verlichen. Es wird mit dem niedrigeren Wert bilanziert.

Beispiel (KPMG, 1999b, S. 48):

	I	II	III	IV	V
Anschaffungskosten	1,00 $	1,00 $	1,00 $	1,00 $	1,00 $
Wiederbeschaffungskosten	1,10 $	0,95 $	0,95 $	0,80 $	0,90 $
ceiling (net realizable value)	1,20 $	0,85 $	1,00 $	1,10 $	1,20 $
floor (net realizable value minus gross profit)	1,15 $	0,80 $	0,80 $	0,95 $	1,15 $
Bilanzansatz	**1,00 $**	**0,85 $**	**0,95 $**	**0,95 $**	**1,00 $**

Ceiling und floor tragen dafür Sorge, dass bei einer Bewertung zu Wiederbeschaffungspreisen nicht zu optimistisch bzw. pessimistisch bewertet wird. Wenn z.B. der net realizable value kleiner als die Wiederbeschaffungskosten am Bilanzstichtag ist, stellt die Bewertung zu Wiederbeschaffungskosten eine Überbewertung dar. Denn realistischerweise fließt dem Unternehmen aus der Vermarktung der Vorräte nur der net realizable value zu.

Wenn der Grund für eine außerplanmäßige Abschreibung in späteren Perioden entfällt, besteht nach IAS ein Wertaufholungsgebot auf den gestiegenen net realizable value. Das gilt allerdings maximal bis zu den historischen Anschaffungs- bzw. Herstellungskosten (vgl. Coenenberg, 1997a, S. 170). Dagegen ist nach US-GAAP eine spätere Zuschreibung nicht zulässig (vgl. KPMG, 1999b, S. 40).

Sowohl nach IAS als auch nach US-GAAP sind von den nach HGB zulässigen Bewertungsvereinfachungen nur die

- Fifo-Methode,

- Lifo-Methode,

- Durchschnittskostenmethode (average cost)

erlaubt. Nach IAS sind die Fifo- und die Durchschnittskostenmethode die bevorzugten Methoden (benchmark-Methoden). Die Lifo-Methode ist lediglich als „allowed alternative treatment" vorgesehen (vgl. Coenenberg, 1997a, S. 169). Außerdem können nach IAS und US-GAAP noch andere Bewertungsvereinfachungen angewendet werden, die im deutschen Recht nicht vorgesehen sind. So können die Vorräte z.b. nach der Standardkostenmethode bewertet werden (vgl. KPMG, 1999a, S. 99, KPMG, 1999b, S. 42). Danach sind die Vorräte mit Standardkosten zu bewerten, die sich auf der Basis normalisierter Materialverbräuche, normalisierter Arbeitseinsätze sowie normalisierter Leistungsfähigkeit und Kapazitätsauslastung ergeben. Voraussetzung für die Anwendung der Standardkostenmethode ist allerdings, dass die ermittelten Standardkosten näherungsweise den tatsächlichen Kosten ensprechen. Zu diesem Zweck werden die Standardkostensätze regelmäßig überprüft und den tatsächlichen Verhältnissen angepasst.

2.3.2.3.2 Forderungen und sonstige Vermögensgegenstände

Nach dem HGB zählen zu den Forderungen und sonstigen Vermögensgegenständen

- Forderungen aus Lieferungen und Leistungen,

- Forderungen gegen verbundene Unternehmen,

- Forderungen gegen Unternehmen, mit denen ein Beteiligungsverhältnis besteht,

- sonstige Vermögensgegenstände.

■ **zu Forderungen aus Lieferungen und Leistungen**

Forderungen aus Lieferungen und Leistungen sind Ansprüche aus Verträgen, die das Unternehmen durch Lieferung bzw. Leistung bereits erfüllt hat, bei denen die Zahlung des Gegenwerts durch den Vertragspartner aber noch nicht erfolgt ist.

■ **zu Forderungen gegen verbundene Unternehmen und Forderungen gegen Untenrehmen, mit denen ein Beteiligungsverhältnis besteht**

Wie schon bei den Ausleihungen im Anlagevermögen werden auch im Umlaufvermögen Forderungen gegen verbundene Unternehmen bzw. gegen Unternehmen, mit denen ein Beteiligungsverhältnis besteht, separat ausgewiesen. Dadurch soll auch im Umlaufvermögen das Ausmaß der finanziellen Verflechtung des Unternehmens mit anderen Unternehmen offengelegt werden. Der Ausweis unter diesen Positionen geht dem Ausweis unter anderen Positionen grundsätzlich vor. So darf z.B. eine Forderung aus Lieferungen und Leistungen gegenüber einem verbundenen Unternehmen nicht unter Forderungen aus Lieferungen und Leistungen ausgewiesen werden, sondern muss unter Forderungen gegen verbundenen Unternehmen gezeigt werden.

■ **zu sonstige Vermögensgegenstände**

Bei der Position „sonstige Vermögensgegenstände" handelt es sich um eine Misch- und Sammelposition für alle Vermögensgegenstände, die von keiner anderen Bilanzposition des Umlaufvermögens erfasst werden. Ein Beispiel für einen „sonstigen Vermögensgegenstand" ist ein Schadensersatzanspruch. Unter den „sonstigen Vermögensgegenständen" sind auch die antizipativen aktiven Rechnungsabgrenzungsposten zu erfassen, weil sie eine Forderung darstellen.

Rechnungsabgrenzungsposten resultieren aus dem GoB-Grundsatz der zeitlichen Abgrenzung, und zwar aus den Regeln über die Bilanzierung von streng zeitraumbezogenen Vermögensänderungen (vgl. dazu noch einmal S. 15f.). Man unterscheidet vier Ausprägungen von Rechnungsabgrenzungsposten, die unter vier verschiedenen Bilanzpositionen ausgewiesen werden:

	Aktive RAP	Passive RAP
antizipative RAP	Einzahlung nach dem Bilanzstichtag, zugehöriger Ertrag ganz oder teilweise dem vergangenen Geschäftsjahr zuzuordnen. Ausweis unter der Position: „sonstige Vermögensgegenstände"	Auszahlung nach dem Bilanzstichtag, zugehöriger Aufwand ganz oder teilweise dem vergangenen Geschäftsjahr zuzuordnen. Ausweis unter der Position: „sonstige Verbindlichkeiten"
transitorische RAP	Auszahlung vor dem Bilanzstichtag, zugehöriger Aufwand ganz oder teilweise dem nächsten Geschäftsjahr zuzuordnen. Ausweis unter der Position: „Rechnungsabgrenzungsposten"	Einzahlung vor dem Bilanzstichtag, zugehöriger Ertrag ganz oder teilweise dem nächsten Geschäftsjahr zuzuordnen. Ausweis unter der Position: „Rechnungsabgrenzungsposten"

Abb. 29: Systematik der Rechnungsabgrenzungsposten

Erläuterungen:

■ Die Adjektive „antizipativ" bzw. „transitorisch" beziehen sich immer auf die Zahlungen, die mit streng zeitraumbezogenen Vorgängen verbunden sind.

■ Antizipativ bedeutet in diesem Zusammenhang, dass eine noch ausstehende Zahlung gedanklich vorweggenommen – d.h. antizipiert – wird. Das ist immer dann der Fall, wenn eine streng zeitraumbezogene Zahlung nach dem Bilanzstichtag erfolgt und der der Zahlung zugehörige Ertrag bzw. Aufwand ganz oder teilweise dem vergangenen Geschäftsjahr zuzurechnen ist. In diesem Fall muss nämlich der dem vergangenen Geschäftsjahr zuzuordnende Ertrag bzw. Aufwand erfolgswirksam im abgelaufenen Geschäftsjahr erfasst werden. Mangels Zahlung fehlt der Ertrags- bzw. Aufwandsbuchung aber die Gegenbuchung unter „Kasse bzw. Bank". Diese Lücke wird durch die Gegenbuchung als Rechnungsabgrenzungsposten geschlossen. Da diese Rechnungsabgrenzungsposten als Forderung bzw. Verbindlichkeit interpretiert werden können, werden sie unter den Bilanzpositionen

„sonstige Vermögensgegenstände" bzw. „sonstige Verbindlichkeiten" ausgewiesen. Beim Eingang der Zahlung im kommenden Geschäftsjahr wird der Betrag erfolgsneutral aus den „sonstigen Vermögensgegenständen" bzw. den „sonstigen Verbindlichkeiten" ausgebucht.

♦ Beispiel für ein antizipativen aktiven Rechnungsabgrenzungsposten (in enger Anlehnung an Arnold/Botta/Hoefener/Pech, 1998, S. 233):

Das Unternehmen X stellt die Dezembermiete für eine verliehene Maschine in Höhe von 5 000 DM erst im Januar in Rechnung.

Buchung in 01:

sonstige Vermögensgegenstände (RAP)	an	sonstige betriebliche Erträge (Mieterträge)	5 000 DM

Buchung in 02:

Kasse bzw. Bank	an	sonstige Vermögensgegenstände (RAP)	5 000 DM

♦ Beispiel für einen antizipativen passiven Rechnungsabgrenzungsposten (in enger Anlehnung an Arnold/Botta/Hoefener/Pech, 1998, S. 232):

Dem Unternehmen X sind für das 4. Quartal noch keine Zinsen in Rechnung gestellt worden. Der Zinsaufwand des 4. Quartal beläuft sich auf 10 000 DM.

Buchung in 01:

Zinsaufwand	an	sonstige Verbindlichkeiten (RAP)	10 000 DM

Buchung in 02:

sonstige Verbindlichkeiten	an	Kasse bzw. Bank	10 000 DM

■ Transitorisch bedeutet in diesem Zusammenhang, dass eine bereits erfolgte Zahlung bis zum nächsten Geschäftsjahr erfolgsneutral „zwischengelagert" wird. Das ist immer dann erforderlich, wenn eine streng zeitraumbezogene Zahlung vor dem

Bilanzstichtag erfolgt und der der Zahlung zugehörige Aufwand bzw. Ertrag ganz oder teilweise dem kommenden Geschäftsjahr zuzurechnen ist. Während nämlich die Zahlung im vergangenen Geschäftsjahr zu erfassen ist, darf der dem kommenden Geschäftsjahr zuzurechnende Aufwand bzw. Ertrag auch erst im kommenden Geschäftsjahr erfolgswirksam erfasst werden. Im vergangenen Geschäftsjahr fehlt der Zahlung also die Gegenbuchung auf einem Aufwands- bzw. Ertragskonto. Diese Lücke wird durch die erfolgsneutrale Gegenbuchung als Rechnungsabgrenzungsposten geschlossen. Im kommenden Geschäftsjahr wird der Rechnungsabgrenzungsposten erfolgswirksam aufgelöst. Er war nur vorübergehend – d.h. transitorisch – in den Büchern.

> Beispiel für ein transitorischen **aktiven** Rechnungsabgrenzungsposten (in enger Anlehnung an Arnold/Botta/Hoefener/Pech, 1998, S. 229):

Das Unternehmen X überweist auf Grund eines Pachtvertrages am 1.10.01 Pacht in Höhe von 12 000 DM für den Zeitraum vom 1.10.01 bis zum 31.3.02.

Buchung in 01:

sonstiger betrieblicher Aufwand	6 000 DM	an	Bank	12 000 DM
Rechnungsabgrenzungsposten	6 000 DM			

Buchung in 02:

sonstiger betrieblicher Aufwand	an	Rechnungsabgrenzungsposten	6 000 DM

> Beispiel für einen transitorischen **passiven** Rechnungsabgrenzungsposten (in enger Anlehnung an Arnold/Botta/Hoefener/Pech, 1998, S. 230-231):

Das Unternehmen X erhält für eine übernommene Bürgschaft mit einer Laufzeit von einem Jahr am 1.10.01 die volle Bürgschaftsprovision in Höhe von 4 800 DM durch Überweisung.

Buchung in 01:

Bank	4 800 DM	an	sonstigen betrieblichen Ertrag	1 200 DM
			Rechnungsabgrenzungsposten	3 600 DM

Buchung in 02:

Rechnungsabgrenzungs-posten	an	sonstigen betrieblichen Ertrag	3 600 DM

Bei der Bewertung der Forderungen wird von dem Betrag ausgegangen, der dem Unternehmen zufließen wird. Das bedeutet, dass Forderungen zuzüglich Umsatzsteuer und abzüglich von Preisnachlässen wie Rabatten zu bilanzieren sind, wenn mit der Inanspruchnahme der Preisnachlässe noch zu rechnen ist. Zweifelhafte Forderungen sind mit ihrem wahrscheinlichen Wert anzusetzen (vgl. Coenenberg, 1997a, S. 170). Uneinbringliche Forderungen sind vollständig abzuschreiben (vgl. Coenenberg, 1997a, S. 170).

Ein besonderes Bewertungsproblem ergibt sich, wenn ein Unternehmen unverzinsliche oder niederverzinsliche Forderungen im Portefeuille hält. Für unverzinsliche Forderungen sind von den Schuldnern gar keine Zinsen zu entrichten. Ein Beispiel für unverzinsliche Forderungen sind Forderungen aus Lieferungen und Leistungen. Für niederverzinsliche Forderungen sind zwar Zinsen von den Schuldnern zu zahlen, die Zinsen liegen aber unter den marktüblichen Zinsen. Ein Beispiel für niederverzinsliche Forderungen sind Darlehen, die eine Muttergesellschaft ihrer Tochter zu besonders günstigen Konditionen einräumt. Auf Grund der fehlenden bzw. niedrigen Verzinsung sind diese Forderungen weniger werthaltig als betragsmäßig vergleichbare, aber marktüblich verzinste Forderungen. Insofern scheidet eine einheitliche Bewertung von marktüblich verzinsten Forderungen einerseits und niedriger verzinsten bzw. unverzinslichen Forderungen andererseits aus. Damit die unverzinslichen bzw. niederverzinslichen Forderungen nicht überbewertet werden, müssen sie mit ihren (niedrigeren) Barwerten bewertet werden. Der Barwert einer Forderung ergibt sich durch ihre Abzinsung mit einem fristenadäquaten Marktzins. Er gibt an, welchen Wert die Forderung unter Berücksichtigung der marktüblichen Verzinsung zum jeweiligen Bilanzstichtag hat. Zur Verdeutlichung wird im Folgenden die buchhalterische Behandlung einer unverzinslichen Forderung von ihrem Einbuchen bis zum Ausbuchen dargestellt.

Beispiel:

Ein Unternehmen leiht einer Tochtergesellschaft zinslos 1 000 000 DM zum Jahresende 01. Die Laufzeit beträgt zwei Jahre. Die Forderung ist am Ende der Laufzeit fällig. Der fristenadäquate Marktzins beträgt 10% p.a..

■ **Einbuchung der Forderung in 01**

Forderungen gegen verbundene Unternehmen	an	Bank	1 000 000 DM

■ **Bilanzierung in 01**

Abzinsungsfaktor:	$(1 + 0,1)^{-2} =$	0,826446
Barwert:	1 000 000 DM x 0,826446 =	826 446 DM
Unterschiedsbetrag:	1 000 000 DM ./. 826 446 DM =	173 554 DM

sonstiger betrieblicher Aufwand	an	Forderungen gegen verbundene Unternehmen	173 554 DM

Ergebnis: Die Forderung steht mit ihrem aktuellen Barwert in Höhe von 826 446 DM in den Büchern.

■ **Bilanzierung in 02**

In 02 steigt der Barwert der Forderung, weil sie jetzt nur noch für ein Jahr abzuzinsen ist bzw. der Barwert in 01 für ein Jahr aufzuzinsen ist:

Abzinsungsfaktor:	$(1 + 0,1)^{-1} =$	0,909091
Barwert:	1 000 000 DM x 0,909091 =	909 091 DM
Zuschreibung:	909 091 DM ./. 826 446 DM =	82 645 DM

bzw:

Aufzinsungsfaktor:	$(1 + 0,1)^{1} =$	1,1
Barwert:	826 446 DM x 1,1 =	909 091 DM
Zuschreibung:	909 091 DM ./. 826 446 DM =	82 645 DM

Forderungen gegen verbundene Unternehmen	an	sonstiger betrieblicher Ertrag	82 645 DM

Ergebnis: Die Forderung steht mit ihrem aktuellen Barwert in Höhe von 909 091 DM in den Büchern.

■ **Bilanzierung in 03**

In 03 entspricht der Barwert der Forderung ihrem Auszahlungsbetrag in Höhe von 1 000 000 DM:

Aufzinsungsfaktor:	$(1 + 0,1)^2 =$	1,21
Barwert:	826 446 DM x 1,21 =	1 000 000 DM
Zuschreibung:	1 000 000 DM ./. 909 091 DM =	90 909 DM

Forderungen gegen verbundene Unternehmen	an	sonstiger betrieblicher Ertrag	90 909 DM

Ergebnis: Die Forderung steht mit ihrem Auszahlungbetrag in Höhe von 1 000 000 DM in den Büchern und kann bei Zahlungseingang ausgebucht werden:

Bank	an	Forderungen gegen verbundene Unternehmen	1 000 000 DM

Die Ermittlung der Barwerte ist umso aufwendiger, je höher der Anteil unverzinslicher bzw. niederverzinslicher Forderungen im Portefeuille eines Unternehmens ist. Um den damit verbundenen Bilanzierungsaufwand einzuschränken, gestattet der Gesetzgeber eine Vereinfachung. Soweit die unverzinslichen und niederverzinslichen Forderungen eine Restlaufzeit von bis zu einem Jahr haben, kann die Abzinsung unterbleiben (vgl. Adler/Düring/Schmaltz, 1995, § 253, Anm. 534).

Zur Bewertung von Forderungen in ausländischer Währung ist der Geldkurs am Tag der Entstehung der Forderung mit dem Geldkurs am Bilanzstichtag zu vergleichen. Nach dem strengen Niederstwertprinzip ist zur Bewertung der Forderungen der niedrigere der beiden Kurse heranzuziehen (vgl. Coenenberg, 1997a, S. 171). Für kurzfristige Forderungen in ausländischer Währung (= Forderungen mit einer Restlaufzeit von bis zu einem Jahr) wird aus Vereinfachungsgründen eine generelle Umrechnung zum Bilanzstichtagskurs als zulässig erachtet (vgl. Adler/Düring/Schmaltz, 1995, § 253, Anm. 92).

Nach IAS werden Forderungen und sonstige Vermögensgegenstände zumindest in die zwei folgenden Positionen aufgegliedert (vgl. KPMG, 1999a, S. 111):

■ Forderungen aus Lieferungen und Leistungen,

■ finanzielle Vermögenswerte.

Nach US-GAAP werden in der Regel folgende Positionen ausgewiesen (vgl. KPMG, 1999b, S. 32):

- trading accounts receivable (Forderungen aus Lieferungen und Leistungen),

- notes receivable (Wechselforderungen),

- other current assets (z.B. geleistete Anzahlungen).

Wie nach dem HGB wird auch nach IAS und US-GAAP bei der Bewertung der Forderungen von dem Wert ausgegangen, der dem Unternehmen zufließen wird (vgl. Coenenberg, 1997a, S. 172, KPMG, 1999b, S. 34). Daraus folgt, dass auch nach IAS und US-GAAP zweifelhafte Forderungen mit ihrem wahrscheinlichen Wert anzusetzen sind. Uneinbringliche Forderungen sind vollständig abzuschreiben (vgl. Coenenberg, 1997a, S. 172, Born 1999b, S. 361).

Unterschiede zum HGB zeigen sich bei der Behandlung von unverzinslichen bzw. niederverzinslichen Forderungen sowie Forderungen in Fremdwährungen. So gibt es nach IAS bei unverzinslichen bzw. niederverzinslichen Forderungen keine Pflicht zur Bewertung mit den Barwerten, die Abzinsung wird aber als sachgerecht eingestuft: „Eine Abzinsung dürfte jedoch – z.B. bei der Ermittlung der Anschaffungskosten unverzinslicher oder niedrig verzinslicher Forderungen aus Lieferungen und Leistungen – auch nach den IAS sachgerecht sein." (IDW, 1995, S. 166). Ganz anders als nach dem HGB dürfen nach US-GAAP Forderungen grundsätzlich nicht abgezinst werden (vgl. Ballwieser, 1998, S. 344-345). Sowohl nach IAS als auch nach US-GAAP werden Fremdwährungsforderungen grundsätzlich erfolgswirksam zum Geldkurs am Bilanzstichtag umgerechnet, so dass es im Unterschied zum HGB auch zum Ausweis nicht realisierter Gewinne kommen kann (vgl. Coenenberg, 1997a, S. 172, KPMG, 1999b, S. 34).

2.3.2.3.3 Wertpapiere

Nach dem HGB werden die Wertpapiere des Umlaufvermögens in drei Unterpositionen gegliedert:

- Anteile an verbundenen Unternehmen,

- eigene Anteile,

- sonstige Wertpapiere.

- **zu „Anteile an verbundenen Unternehmen"**

  Unter den Anteilen an verbundenen Unternehmen sind solche auszuweisen, bei denen keine dauerhafte Besitzabsicht besteht.

- **zu „eigene Anteile"**

  Unter bestimmten Umständen dürfen Kapitalgesellschaften eigene Anteile am Markt erwerben. So ist z.B. der Erwerb eigener Aktien im § 71 (2) S. 1 AktG geregelt. Danach ist ein Grund für den Erwerb eigener Aktien, sie den Arbeitnehmern des Unternehmens anzubieten. Eigene Anteile haben einen Doppelcharakter:

Eigene Anteile	
Vermögensgegenstände	Korrekturposten zum Eigenkapital

Abb. 30: Doppelcharakter eigener Anteile

Für den Charakter als Vermögensgegenstand spricht z.B., dass erworbene eigene Anteile wieder veräußert werden können – im obigen Beispiel an die Arbeitnehmer. Gegen den Charakter als Vermögensgegenstand spricht, dass sie kein Gläubigerzugriffsvermögen darstellen. Beim Erwerb der eigenen Anteile fließt nämlich Vermögen – z.B. flüssige Mittel – aus dem Unternehmen heraus, ohne dass neues verwertbares Vermögen hereinkommt. Die eigenen Anteile verbriefen ja nur ein Recht am Vermögen des Unternehmens, das durch ihren Erwerb gerade geschmälert wurde. Vor diesem Hintergrund dürfte man sie eigentlich nicht unter den Vermögensgegenständen, sondern müsste sie als Korrekturposten vom Eigenkapital abziehen. Gleichwohl sieht das HGB den Ausweis der eigenen Anteile unter den Wertpapieren des Umlaufvermögens vor. Um der damit verbundenen Gläubigerschutzgefährdung zu begegnen, muss neben dem gesonderten Ausweis der eigenen Anteile auf der Aktivseite auf der Passivseite eine Rücklage für eigene Anteile in Höhe des aktivierten Betrags gebildet werden (§ 272 (4) HGB). Wenn die Rücklage für eigene Anteile aus dem Jahresüberschuss gebildet wird, reduziert die Rücklage den ausschüttungsfähigen Gewinn. Es wird also verhindert, dass Vermögen in Höhe der erworbenen eigenen Anteile über Gewinnausschüttungen aus dem Unternehmen herausfließt. Damit bleibt es als Kompensation für die eigenen Anteile im Gläubigerzugriff.

Beispiel (in enger Anlehnung an Gräfer/Sorgenfrei, 1998, S. 160-161):

Die Z AG mit einem Grundkapital von 1 Mio. DM will im Dezember 01 eigene Aktien erwerben, um sie ihren Arbeitnehmern zum Kauf anzubieten. Die Aktien haben einen Nennwert von 100 DM/Stück. Der Kurswert zum Zeitpunkt des Erwerbs beträgt 300 DM/Stück. Die Z AG hält bisher keine eigenen Aktien im Umlaufvermögen. Sie will soviele Aktien wie gesetzlich möglich erwerben. Der Jahresüberschuss am Ende von 01 beträgt 8 Mio. DM. Er soll zur Hälfte in die freien Gewinnrücklagen eingestellt werden. Die andere Hälfte soll abzüglich der Rücklage für eigene Anteile an die Aktionäre ausgeschüttet werden.

Da der Gesamtnennbetrag der erworbenen Aktien 10% des Grundkapitals nicht übersteigen darf (§ 71 (2) AktG), kann die Z AG bei einem Nennwert der Aktien von 100 DM/Stück maximal 1 000 Aktien erwerben.

Die 1 000 Aktien werden mit ihren Anschaffungskosten von 1 000 Stück x 300 DM/Stück in die Position „eigene Anteile" eingestellt. Parallel dazu bildet die Z AG aus dem Jahresüberschuss des Geschäftsjahres eine Rücklage für eigene Anteile in Höhe von 300 000 DM.

Die Buchungen lauten:

Eigene Anteile	an	Kasse, Bank	300 000 DM

		andere Gewinnrücklagen	4 000 000 DM
Jahres-überschuss 8 000 000 DM	an	Rücklage für eigene Anteile	300 000 DM
		Kasse, Bank	3 700 000 DM

- **zu „sonstige Wertpapiere"**

Sonstige Wertpapiere sind solche, die zur vorübergehenden Anlage flüssiger Mittel bestimmt sind und die nicht als eigene Anteile oder Anteile an verbundenen Unternehmen auszuweisen sind. Dabei kann es sich z.B. um öffentliche Anleihen, Pfandbriefe, oder Aktien handeln.

Wertpapiere des Umlaufvermögens sind nach deutschem Recht grundsätzlich einzeln zu bewerten. Gleichartige Wertpapiere dürfen allerdings nach § 240 (4) HGB „zu einer Gruppe zusammengefasst und mit dem gewogenen Durchschnittswert angesetzt werden". Dabei stellen die Anschaffungskosten die Obergrenze der Bewertung dar. Bei Wertminderungen – z.B. durch Kursverluste – sind die Wertpapiere auf den niedrigeren Zeitwert abzuschreiben. Dabei ist gleichgültig, ob die Wertminderung von Dauer oder nur vorübergehend ist (strenges Niederstwertprinzip). Bei späteren Wertaufholungen – z.B. durch Kurserholungen – ist eine Zuschreibung bis zu den Anschaffungskosten möglich, aber nicht vorgeschrieben (§§ 253, 280 HGB). Außerdem dürfen erwartete Kursverluste der nächsten Zeit (im allgemeinen ein Zeitraum bis zu zwei Jahren) durch Abschreibung antizipiert werden (§ 253 (3) S. 3 HGB). Treten solche antizipierten Kursverluste dann tatsächlich nicht ein, greift das Wertaufholungsgebot des § 280 (1) HGB. Schließlich dürfen Abschreibungen auch auf einen noch niedrigeren steuerlichen Wert vorgenommen werden.

Nach IAS sind Wertpapiere des Umlaufvermögens dadurch charakterisiert, dass

- sie leicht veräußerbar sind und

- keine Absicht besteht, sie länger als ein Jahr zu halten

(IAS 25.4).

Für Wertpapiere des Umlaufvermögens besteht nach IAS ein weitgehendes Bewertungswahlrecht (vgl. dazu z.B. Coenenberg, 1997a, S. 173, Selchert/Erhardt, 1998, S. 138-139). Sie können bewertet werden mit dem

- Marktwert (market value),

- Minimum von Anschaffungskosten oder Marktwert.

■ **zum Marktwert**

Bei dieser Methode werden die Wertpapiere einzeln zu ihrem jeweiligen Kurs bewertet. Erforderliche Zu- und Abschreibungen können

♦ entweder immer erfolgswirksam durch Aufwand oder Ertrag erfasst werden,

♦ oder teilweise erfolgsneutral durch Bildung bzw. Auflösung von Neubewertungsrücklagen.

In diesem Fall werden Zuschreibungen bis zu den Anschaffungskosten erfolgswirksam erfasst. Zuschreibungen oberhalb der Anschaffungskosten werden durch die Bildung einer Neubewertungsrücklage erfolgsneutral berücksichtigt. Wurde in der Vergangenheit eine Neubewertungsrücklage gebildet, werden notwendige Abschreibungen bis zu den Anschaffungskosten erfolgsneutral gegen die Neubewertungsrücklage verrechnet. Darüber hinausgehende Abschreibungen werden erfolgswirsam als Aufwand erfasst (zur Neubewertungsrücklage vgl. noch einmal S. 89ff., S. 94ff.).

Die einmal gewählte Methode der Erfolgserfassung ist stetig anzuwenden. Wie immer bei der Bewertung zu Marktpreisen ist auch hier eine Überschreitung der Anschaffungskosten möglich, die nach deutschem Recht grundsätzlich verboten ist.

■ **zum Minimum von Anschaffungskosten oder Marktwert (lower of cost or market value)**

Dieses Verfahren kann auf das einzelne Wertpapier ebenso wie auf den Wert des gesamten Wertpapierportfolios angewendet werden. Am Abschlussstichtag werden die Anschaffungskosten mit den Marktwerten verglichen. Ein niedrigerer Marktwert führt zu einer erfolgswirksamen Abschreibung. Entfallen später die Gründe für eine vorgenommene Abschreibung, muss eine Zuschreibung bis maximal zu den Anschaffungskosten erfolgen. Wie immer bei Portfoliobewertungen können sich Kursverluste und Kursgewinne ausgleichen.

Nach US-GAAP sind unter den Wertpapieren des Umlaufvermögens auszuweisen:

■ Wertpapiere, die zum Handel bestimmt sind (trading securities),

■ Wertpapiere, die verkauft werden können, sofern ihre Restlaufzeit am Bilanzstichtag kleiner als ein Jahr ist (available-for-sale securities),

■ Wertpapiere, die bis zur Fälligkeit gehalten werden sollen, sofern ihre Restlaufzeit am Bilanzstichtag kleiner als ein Jahr ist (held-to-maturity securities).

Trading securities und available-for-sale securities sind mit den Börsen- oder Marktpreisen am Bilanzstichtag zu bewerten (vgl. Ballwieser, 1998, S. 338). Im Vergleich zur deutschen Rechnungslegung kann sich also ein höherer Wertansatz als die Anschaffungskosten ergeben.

Bei trading securities sind unrealisierte Gewinne ebenso wie unrealisierte Verluste ergebniswirksam als Ertrag oder Aufwand zu erfassen (vgl. FAS 115.13).

Beispiel:

Ein Unternehmen hält trading securities im Umlaufvermögen. Die Anschaffungskosten betrugen 100 000 DM.

Wertpapiere	an	Bank	100 000 DM

Am Bilanzstichtag beträgt der Börsenkurs 105 000 DM. Der unrealisierte Gewinn ist erfolgswirksam zu verbuchen:

Wertpapiere	an	sonstiger betrieblicher Ertrag	5 000 DM

Trading securities können einzeln oder auch im Portfolio bewertet werden (vgl. Selchert/Erhard, 1998, S. 140). Bei der Portfolio-Bewertung kann es zu Kompensationen von Kursgewinnen und Verlusten kommen. Sinkt der Marktwert eines Portfolios unter seine Anschaffungskosten, ist eine erfolgswirksame Abschreibung vorzunehmen. Steigt der Marktwert des Portfolios über den Buchwert der Anschaffungskosten bzw. den Buchwert der Anschaffungskosten abzüglich erfolgter Abschreibungen, besteht eine Aufwertungspflicht. Es muss also erfolgswirksam auf den fair value des Portfolios zugeschrieben werden (vgl. Selchert/Erhardt, 1998, S. 140).

Bei den available-for-sale securities sind unrealisierte Gewinne und Verluste ergebnisneutral unter dem Eigenkapital als gesonderter Posten anzusetzen, bis sie realisiert sind (vgl. Göbel, 1998, S. 180). Lediglich bei dauerhaften Wertminderungen ist eine erfolgswirksame Abschreibung vorzunehmen (vgl. KPMG, 1999b, S. 54).

Für held-to-maturity securities kommt eine Bewertung zum Börsen- oder Marktpreis nicht in Betracht, da sich die während der Laufzeit anfallenden unrealiserten Gewinne und Verluste bis zum Fälligkeitstag ausgleichen (vgl. Göbel, 1998, S. 180). Held-to-maturity securities werden mit den fortgeführten Anschaffungskosten bewertet (vgl. Ballwieser, 1998, S. 338).

Abschließend soll die Bilanzierung und Bewertung von tradings securities nach HGB, IAS und US-GAAP noch einmal an einem zusammenfassenden Beispiel dargestellt werden (vgl. Selchert/Erhardt, 1998, S. 142-146).

Ein Unternehmen hält an zwei Bilanzstichtagen die nicht gleichartigen trading securities A, B und C im Umlaufvermögen. Das Unternehmen bewertet die Wertpapiere einzeln. Die Bilanzpolitik des Unternehmens besteht darin, sein Vermögen mit einem möglichst niedrigen Wert anzusetzten.

Zur Bewertung nach HGB

01				
	Anschaffungskosten	Börsenkurs 01	Ertrag (Aufwand)	Bilanzansatz 01
A	5 000 DM	6 000 DM	0	5 000 DM
B	2 500 DM	1 700 DM	(800 DM)	1 700 DM
C	7 000 DM	6 500 DM	(500 DM)	6 500 DM
Σ	14 500 DM	14 200 DM	(1 300 DM)	13 200 DM

02				
	Bilanzansatz 01	Börsenkurs 02	Ertrag (Aufwand)	Bilanzansatz 02
A	5 000 DM	6 400 DM	0	5 000 DM
B	1 700 DM	1 000 DM	(700 DM)	1 000 DM
C	6 500 DM	7 200 DM	0	6 500 DM
Σ	13 200 DM	14 600 DM	(700 DM)	12 500 DM

Zur Bewertung nach IAS

■ **Bewertung zum Marktwert mit Neubewertungsrücklage**

01					
	Anschaf-fungskosten	Börsenkurs 01	Ertrag (Auf-wand)	Neubewer-tungsrücklage	Bilanz 01
A	5 000 DM	6 000 DM	0	1 000 DM	6 000 DM
B	2 500 DM	1 700 DM	(800 DM)	0	1 700 DM
C	7 000 DM	6 500 DM	(500 DM)	0	6 500 DM
Σ	14 500 DM	14 200 DM	(1300 DM)	1 000 DM	14 200 DM

02					
	Anschaf-fungskosten	Bilanz 01	Börsenkurs 02	Ertrag (Aufwand)	Neube-wertungs-rücklage	Bilanz 02
A	5 000 DM	6 000 DM	6 400 DM	0	1 400 DM	6 400 DM
B	2 500 DM	1 700 DM	1 000 DM	(700 DM)	0	1 000 DM
C	7 000 DM	6 500 DM	7 200 DM	500 DM	200 DM	7 200 DM
Σ	14 500 DM	14 200 DM	14 600 DM	(200 DM)	1 600 DM	14 600 DM

■ **Bewertung zum lower of cost and market value**

01				
	Anschaffungskosten	Börsenkurs 01	Ertrag (Aufwand)	Bilanzansatz 01
A	5 000 DM	6 000 DM	0	5 000 DM
B	2 500 DM	1 700 DM	(800 DM)	1 700 DM
C	7 000 DM	6 500 DM	(500 DM)	6 500 DM
Σ	14 500 DM	14 200 DM	(1 300 DM)	13 200 DM

02					
	Anschaffungskosten	Börsenkurs 02	Bilanz 01	Ertrag (Aufwand)	Bilanz 02
A	5 000 DM	6 400 DM	5 000 DM	0	5 000 DM
B	2 500 DM	1 000 DM	1 700 DM	(700 DM)	1 000 DM
C	7 000 DM	7 200 DM	6 500 DM	500 DM	7 000 DM
Σ	14 500 DM	14 600 DM	13 200 DM	(200 DM)	13 000 DM

Zur Bewertung nach US-GAAP

	Anschaffungskosten	Börsenkurs 01	Ertrag (Aufwand)	Bilanzansatz 01
			01	
A	5 000 DM	6 000 DM	1 000 DM	6 000 DM
B	2 500 DM	1 700 DM	(800 DM)	1 700 DM
C	7 000 DM	6 500 DM	(500 DM)	6 500 DM
Σ	14 500 DM	14 200 DM	(300 DM)	14 200 DM

	Bilanzansatz 01	Börsenkurs 02	Ertrag (Aufwand)	Bilanzansatz 02
			02	
A	6 000 DM	6 400 DM	400 DM	6 400 DM
B	1 700 DM	1 000 DM	(700 DM)	1 000 DM
C	6 500 DM	7 200 DM	700 DM	7 200 DM
Σ	14 200 DM	14 600 DM	400 DM	14 600 DM

Zusammenfassende Übersicht der Bewertungsunterschiede

01			
	HGB	IAS		US-GAAP
		Marktwert	Minimum aus Anschaffungskosten und Marktwert	
A	5 000 DM	6 000 DM	5 000 DM	6 000 DM
B	1 700 DM	1 700 DM	1 700 DM	1 700 DM
C	6 500 DM	6 500 DM	6 500 DM	6 500 DM
Σ	13 200 DM	14 200 DM	13 200 DM	14 200 DM

02			
	HGB	IAS		US-GAAP
		Marktwert	Minimum aus Anschaffungskosten und Marktwert	
A	5 000 DM	6 400 DM	5 000 DM	6 400 DM
B	1 000 DM	1 000 DM	1 000 DM	1 000 DM
C	6 500 DM	7 200 DM	7 000 DM	7 200 DM
Σ	12 500 DM	14 600 DM	13 000 DM	14 600 DM

2.3.2.3.4 Schecks, Kassenbestand, Bundesbank- und Postgiroguthaben, Guthaben bei Kreditinstituten

Unter dieser Position sind die flüssigen Mittel eines Unternehmens auszuweisen. Zu den flüssige Mitteln gehören

- Bargeld (Kassenbestände in in- und ausländischen Währungen),

- kurzfristige liquidierbare Vermögensgegenstände (z.B. Kontokorrentguthaben).

Flüssige Mittel sind grundsätzlich zu ihrem Nennwert zu bilanzieren. Davon abweichend sind niedrigere Werte anzusetzen, wenn das strenge Niederstwertprinzip dazu zwingt (vgl. Coenenberg, 1997a, S. 174). Das ist z.B. der Fall, wenn ein Scheck wegen mangelnder Zahlungsfähigkeit des Schuldners an Wert verliert. Sorten (= ausländische Zahlungsmittel) und täglich fällige Fremdwährungsguthaben bei ausländischen Kreditinstituten sind mit dem Geldkurs (= Ankaufskurs) am Bilanzstichtag anzusetzen (vgl. Coenenberg, 1997a, S. 174). Sofern mit einer Abwertung einer ausländischen Währung gerechnet wird, ist eine niedrigere Bewertung zulässig (vgl. § 253 (3), S. 3 HGB).

Der HGB-Position „Schecks, Kassenbestand, Bundesbank- und Postgiroguthaben, Guthaben bei Kreditinstituten" entspricht nach IAS und US-GAAP im Wesentlichen die Position „cash and cash equivalents" (vgl. Coenenberg, 1997a, S. 157, KPMG, 1999b, S. 32). Cash an cash equivalents sind sowohl nach IAS als auch nach US-GAAP zum Nennwert bzw. zum „current value" (= Gegenwartswert) zu bewerten. Für Fremdwährungsbeträge ergibt sich daraus, dass sie zum Stichtagskurs zu bewerten sind. Diese Regelungen entsprechen denen des HGB. Im Unterschied zum HGB dürfen jedoch keine Abwertungen zur Vorwegnahme künftiger Wertverluste durchgeführt werden (vgl. z.B. Frankenberg, 1993, S. 62). Wenn also z.B. mit der Abwertung einer Währung gerechnet wird, ist eine Abschreibung der Fremdwährungsposition nicht möglich.

2.3.2.4 Aktive Rechnungsabgrenzungsposten

Die Bilanzposition ist in § 250 (1), S. 1 HGB geregelt und umfasst die aktiven transitorischen Rechnungsabgrenzungsposten. Sie sind dadurch gekennzeichnet, dass ein Unternehmen im Zuge eines streng zeitraumbezogenen Vorgangs Zahlungen vor dem Bilanzstichtag geleistet hat, deren zugehöriger Aufwand ganz oder teilweise dem nächsten Geschäftsjahr zuzurechnen sind. Das ist z.B. der Fall, wenn ein Unternehmen am 1.10. eines Geschäftsjahres mit Bilanzstichtag am 31.12. die Pacht für das kommende Halbjahr bezahlt. Die Hälfte der Pacht ist dem kommenden Geschäftsjahr als Aufwand zuzuordnen. Der Rechnungsabgrenzungsposten sorgt für diese Zuordnung (vgl. dazu noch einmal S. 126ff.).

Im Zusammenhang mit den aktiven transitorischen Rechnungsabgrenzungsposten sind Disagios von besonderer Bedeutung. Ein Disagio entsteht, wenn der Rückzahlungsbetrag einer Verbindlichkeit (z.B. einer Anleihe oder eines Darlehens) größer als der von den Geldgebern für eine gewisse Zeit zur Verfügung gestellte Betrag ist. Ein Disagio ist also ein Abschlag, der neben der laufenden Verzinsung vereinbart wird. Das Disagio dient der

„Feineinstellung" der Verzinsung. Der Abschlag stellt Zinsaufwand dar, der in voller Höhe am Ende der Laufzeit der Verbindlichkeit fällig wird. Auf Grund des Vorsichtsprinzips darf dieser Zinsaufwand aber bereits in der Periode erfolgswirksam als Zinsaufwand erfasst werden, in der die Verbindlichkeit begründet wurde. Diese Behandlung verträgt sich allerdings in keiner Weise mit dem Grundsatz der Periodenabgrenzung. Denn dieser spezielle Zinsaufwand ist nicht allein der Entstehungsperiode der Verbindlichkeit, sondern der gesamten Laufzeit der Verbindlichkeit zuzurechnen. Aus diesem Grund gestattet das HGB in § 250 (3) eine erfolgswirksame Verteilung des Zinsaufwandes „Disagio" auf die gesamte Laufzeit der Verbindlichkeit. Daneben kann in der Handelsbilanz auch ein kürzerer Zeitraum für die Abschreibung gewählt werden, z.B. die Laufzeit bis zur ersten Kündigungsmöglichkeit der Verbindlichkeit (vgl. Beck, § 250, Anm. 71, 72). Wenn ein Unternehmen dieses Wahlrecht ausüben will, muss es das Disagio zunächst in den Rechnungsabgrenzungsposten auf der Aktivseite der Bilanz einstellen und es nachfolgend planmäßig über die Jahre der Laufzeit bzw. einen kürzeren Zeitraum abschreiben.

Beispiel:

Ein Unternehmen nimmt bei seiner Hausbank ein Darlehen über 1 000 000 DM mit einer Laufzeit von 10 Jahren auf. Es wird eine Auszahlung von 98% vereinbart, d.h. das Disagio beläuft sich auf 1 000 000 DM x 2% = 20 000 DM. Der laufende Zins beträgt 9% p.a.. Das Unternehmen will das Disagio gleichmäßig über die Jahre der Laufzeit verteilen. In diesem Fall erscheint der Vorgang wie folgt in den Büchern:

- Einbuchung der Verbindlichkeit und Aktivierung des Disagio

Bank	980 000 DM	an	Verbindlichkeit	1 000 000 DM
Rechnungsabgrenzungsposten (Disagio)	20 000 DM			

- Planmäßige Abschreibung des Disagios

Zinsaufwand		an	Rechnungsabgrenzungsposten	10 x 2 000 DM

Hätte sich das Unternehmen für eine erfolgswirksame Verbuchung des Disagios in voller Höhe in der Entstehungsperiode der Verbindlichkeit entschieden, wäre der Vorgang wie folgt zu behandeln gewesen:

Bank	980 000 DM	an	Verbindlichkeit	1 000 000 DM
Zinsaufwand	20 000 DM			

Aus Sicht von IAS und US-GAAP handelt es sich bei den aktiven Rechnungsabgrenzungsposten um assets, weil sie einen Leistungsanspruch begründen. So resultiert z.B. aus Mietvorauszahlungen ein Recht auf künftige Raumnutzung. Aus diesem Grund werden die aktiven Rechnungsabgrenzungsposten als prepaid expenses unter den current assets ausgewiesen und nicht wie im HGB als eigene Position nach dem Umlaufvermögen (vgl. Baukmann/Mandler, 1997, S. 79, KPMG, 1999b, S. 38).

Die Behandlung eines Disagios ist in den IAS nicht ausdrücklich geregelt. Aus dem accrual-Prinzip und dem matching-Gedanken lässt sich jedoch eine Aktivierung und erfolgswirksame Verteilung über die Laufzeit der zugrundeliegenden Verbindlichkeit ableiten (vgl. Coenenberg, 1997a, S. 233). Ganz anders als nach HGB und IAS ist ein Disagio nach US-GAAP zu behandeln. Im Gegensatz zu einem „normalen" Rechnungsabgrenzungsposten gilt ein Disagio hier nicht als asset. Folglich ist es zunächst offen von der dazugehörigen Verbindlichkeit abzusetzen und ihr anschließend über die Laufzeit zuzuschreiben (vgl. Selchert/Erhardt, 1998, S. 152).

2.3.2.5   Latente Steuern

Durch Unterschiede beim Ansatz oder der Bewertung von Aktiva oder Passiva in Handels- und Steuerbilanz kann der handelsrechtliche Jahresüberschuss vor Ertragsteuern (einschließlich Gewinnsteuern) den steuerlichen Gewinn übersteigen oder unterschreiten. Die so entstehenden Differenzen zwischen Handelsbilanz und Steuerbilanz können permanent oder zeitlich sein. Permanente – also ständig – bestehende Differenzen führen **nicht** zum Ansatz latenter Steuern. Sie erfordern eine Überleitungsrechnung zwischen Handels- und Steuerbilanz. Beispiele für permanente Differenzen sind

- unterschiedliche Konzeptionen bei der Bestandsbewertung (z.B. handelsrechtliche Bewertung zu Teilkosten und steuerrechtliche Bewertung zu produktionsbezogenen Vollkosten),

- die steuerlich nur hälftige Abzugsfähigkeit von Aufsichtsratsvergütungen.

Im Unterschied zu permanenten Differenzen gleichen sich zeitliche Differenzen zwangsläufig im Zeitablauf aus. Zeitliche Differenzen ergeben sich z.B., wenn

- handelsrechtlich Ingangsetzungs- und Erweiterungsaufwendungen aktiviert werden, was nach dem Steuerrecht verboten ist,

- handelsrechtlich auf die Aktivierung eines Firmenwertes oder Disagios verzichtet wird, wofür nach deutschem Steuerrecht eine Aktivierungspflicht besteht.

Der zwangsläufige Ausgleich der genannten zeitlichen Differenzen ergibt sich daraus, dass aktivierte Aufwendungen für Ingangsetzung und Erweiterung des Geschäftsbetriebes ebenso wie ein aktivierter Firmenwert oder ein aktiviertes Disagio im Zeitablauf abgeschrieben werden, d.h. nur zeitweilig in den Büchern stehen. Sind sie vollständig abgeschrieben, besteht zwischen Handels- und Steuerbilanz kein Unterschied mehr. Im Vergleich zur sofortigen erfolgswirksamen Aufwandsverbuchung hat die der Aktivierung folgende periodisierte Aufwandsverbuchung nur „länger gedauert".

Liegen zeitliche Differenzen zwischen der Handels- und Steuerbilanz vor, kommt der Ansatz latenter Steuern in Betracht. Sie schaffen in der Handelsbilanz einen erfolgswirksamen Ausgleich dafür, dass beim Vorliegen solcher Differenzen

- die aus der Steuerbilanz abgeleitete und im handelsrechtlichen Abschluss zu buchende Ertragsteuerschuld (= tatsächliche Ertragsteuerschuld)

- nicht zu der Steuerschuld passt, die sich auf der Grundlage des handelsrechtlichen Jahresüberschuss vor Ertragsteuern ergibt (= fiktive Steuerschuld).

Beispiel:

Bei der XY AG besteht nur ein Unterschied zwischen der Handels- und Steuerbilanz. In der Handelsbilanz 01 wurde auf die Aktivierung eines Firmenwertes in Höhe von 450 000 DM verzichtet. Dagegen musste der Firmenwert auf Grund der steuerlichen Gesetzgebung in der Steuerbilanz 01 aktiviert werden. Er soll ab 02 gleichmäßig über die betriebsgewöhnliche Nutzungsdauer von 15 Jahren abgeschrieben werden. Ansonsten beträgt das Ergebnis sowohl in der Handels- als auch in der Steuerbilanz 1 000 000 DM. Der Ertragssteuersatz beträgt 50%.

	01	02	....
Ergebnis Steuerbilanz	1 450 000 DM		
Ergebnis Handelsbilanz	1 000 000 DM		
zeitliche Differenz	450 000 DM		
tatsächlicher Steueraufwand	1 450 000 DM x 50% = 725 000 DM		
fiktiver Steueraufwand	1 000 000 DM x 50% = 500 000 DM		
aktive latente Steuern	725 000 DM ./. 500 000 DM = **225 00 DM**		
passive latente Steuern			
aktive latente Steuern	an	latenter Steuerertrag	**225 000 DM**		
latenter Steueraufwand	an	passive latente Steuern			

Erläuterungen:

Gemessen am handelsrechtlichen Ergebnis ist die tatsächliche Steuerschuld um 225 000 DM zu hoch. Durch die Aktivierung latenter Steuern in Höhe dieser Differenz wird diese Diskrepanz

- in der Gewinn- und Verlustrechnung beseitigt, indem dem zu hohen Steueraufwand ein latenter Steuerertrag entgegengestellt wird,

- in der Bilanz beseitigt, indem dem zu hohen Kassen- bzw. Bankabgang bei Begleichung der Steuerschuld ein Aktivposten „latente Steuern" entgegengestellt wird.

Nach dem HGB besteht für aktive latente Steuern ein Bilanzierungswahlrecht. Mit der Ausübung dieses Wahlrechts ist jedoch eine Gläubigerschutzgefährdung verbunden. Denn es handelt sich bei aktiven latenten Steuern nicht um einen konkreten Zahlungsanspruch des bilanzierenden Unternehmens an die Finanzbehörden, sondern lediglich um eine Bilanzierungshilfe (vgl. Coenenberg, 1997a, S. 246). Daher dürfen bei einer Aktivierung latenter Steuern nach § 274 (2), S. 3 HGB „Gewinne nur ausgeschüttet werden, wenn die nach der Ausschüttung verbleibenden jederzeit auflösbaren Gewinnrücklagen zuzüglich eines Gewinnvortrags und abzüglich eines Verlustvortrages dem angesetzten Betrag mindestens entsprechen." (zur Wirkung von Ausschüttungssperren vgl. noch einmal S. 133f.). Im Gegensatz zu den aktiven latenten Steuern besteht für passive latente Steuern nach deutschem Recht eine Bilanzierungspflicht. Sie sind unter den Steuerrückstellungen auszuweisen. Da § 274 HGB auf die Ergebnisdifferenz zwischen Handels- und Steuerbilanz abstellt, sind die Beträge aktiver und passiver latenter Steuern zur Ermittlung des Bilanzansatzes zu saldieren und nur **ein** aktiver oder passiver Saldoposten auszuweisen.

Aktive und passive latente Steuern sind aufzulösen, wenn die Steuerbe- bzw. -entlastung eintritt oder mit ihr nicht mehr zu rechnen ist. Im Beispiel tritt durch die Abschreibung des Firmenwerts über die betriebsgewöhnliche Nutzungsdauer eine Steuerentlastung in den Jahren 02 bis 16 ein. Die jährliche Steuerentlastung ergibt sich aus der Multiplikation des Abschreibungsbetrages/Jahr mit dem Steuersatz:

Abschreibungsbetrag/Jahr	450 000 DM : 15 Jahre =	30 000 DM
Steuerentlastung/Jahr	30 000 DM x 50 % =	15 000 DM
Steuerentlastung insgesamt	15 000 DM/Jahr x 15 Jahre =	225 000 DM

Unter sonst gleichen Bedingungen ist also die Bilanzposition „aktive latente Steuern" in jedem Jahr wie folgt aufzulösen:

latenter Steueraufwand	an	aktive latente Steuern	15 000 DM

Im Gegensatz zum HGB gilt nach IAS nicht nur für passive latente Steuern, sondern auch für aktive latente Steuern eine Bilanzierungspflicht (IAS 12). Das ist auch nach US-GAAP mit der Einschränkung der Fall, dass die Wahrscheinlichkeit der Realisierung aktiver latenter Steuern über 50% liegt (SFAS 109.17). Außerdem lässt IAS die im HGB vorgesehene Saldierung passiver und aktiver latenter Steuern nur sehr eingeschränkt zu, während nach US-GAAP aktive und passive latente Steuern grundsätzlich getrennt auszuweisen sind (IAS 12.74 f., SFAS 109.224).

2.3.2.6 Nicht durch Eigenkapital gedeckter Fehlbetrag

Nach der Grundkonzeption des § 266 HGB sind sämtliche Posten des Eigenkapitals auf der Passivseite in der Untergliederung

- Gezeichnetes Kapital,

- Kapitalrücklage,

- Gewinnrücklagen,

■ Gewinnvortrag/Verlustvortrag,

■ Jahresüberschuss/Jahresfehlbetrag

vollständig auszuweisen. Muss ein Unternehmen Verluste aus Vorjahren vortragen und/oder hat das Geschäftsjahr zu einem Fehlbetrag geführt, dokumentiert der Bilanzausweis, inwieweit das Eigenkapital durch diese Verluste „aufgebraucht" wird. Nun ist aber auch die Situation denkbar, dass ein Verlustvortrag und/oder ein Jahresfehlbetrag höher als die übrigen Positionen des Eigenkapitals ist. In diesem Fall würde der obige Ausweis dazu führen, dass unter der Überschrift „Eigenkapital" per Saldo ein negativer Posten ausgewiesen wird. Um das zu verhindern, erfährt die obige Ausweisregel in der Bilanz folgende Modifikation: Übersteigt ein Verlustvortrag und/oder ein Jahresfehlbetrag die übrigen Eigenkapitalpositionen, so tritt an die Stelle des negativen Saldos bei der Eigenkapitalgliederung der Aktivposten „Nicht durch Eigenkapital gedeckter Fehlbetrag" (vgl. § 268 (3) HGB). Der Fehlbetrag ist als letzter Posten auf der Aktivseite auszuweisen.

Beispiel (in enger Anlehnung an Beck, 1995, § 268 HGB, Anm. 80):

Am Jahresende ergibt die Inventur bei einer GmbH, dass die Vermögensgegenstände 800 000 DM und die Rückstellungen plus Verbindlichkeiten 900 000 DM betragen. Das Stammkapital der GmbH beträgt 500 000 DM. Daraus folgt ein Jahresfehlbetrag in Höhe von 800 000 ./. 1 400 000 DM = 600 000 DM. Das führt zu folgendem Bilanzausweis:

Aktiva		Passiva		
diverse Aktiva	800 000 DM	Gezeichnetes Kapital		500 000 DM
		Jahresfehlbetrag	600 000 DM	
		davon nicht gedeckt	100 000 DM	
			500 000 DM	./. 500 000 DM
		Buchmäßiges Eigenkapital		0 DM
Nicht durch Eigenkapital gedeckter Fehlbetrag	100 000 DM	Rückstellungen und Verbindlichkeiten		900 000 DM
	900 000 DM			900 000 DM

Der „Nicht durch das Eigenkapital gedeckte Fehlbetrag" drückt eine **buchmäßige** Überschuldung des Unternehmens aus. Eine buchmäßige Überschuldung darf aber nicht mit einer Überschuldung im Sinne des Insolvenzrechts gleichgesetzt werden (vgl. Coenenberg, 1997a, S. 215). Denn zur Ermittlung der Überschuldung nach dem Insolvenzrecht sind nach herrschender Meinung nicht die für den Jahresabschluss geltenden Bewertungsregeln anzuwenden. Vielmehr ist das Ergebnis einer Bilanz heranzuziehen, in der Vermögen und Schulden mit Zeitwerten angesetzt sind. Die buchmäßige Überschuldung führt also nur dann zu einer Überschuldung im Sinne des Insolvenzrechts, wenn ein Unternehmen nicht mehr über ausreichende stille Reserven (z.B. durch Unterbewertung von Aktiva) verfügt.

Der Sachverhalt eines nicht durch das Eigenkapital gedeckten Fehlbetrags ist in den IAS bisher nicht geregelt (vgl. Selchert/Erhardt, 1998, S. 153). Allerdings dürfte nach dem Verständnis der IAS ein solcher Fehlbetrag als negativer Posten des Eigenkapitals zu zeigen sein (vgl. Born, 1999b, S. 548). Dem entspricht auch die Regelung nach US-GAAP. Ein nicht durch das Eigenkapital gedeckter Fehlbetrag ist als „deficit" in Form eines negativen Postens beim Eigenkapital auszuweisen (vgl. Selchert/Erhardt, 1998, S. 153).

2.3.3   Passiva

2.3.3.1   Eigenkapital

2.3.3.1.1   Darstellung in der Bilanz

Nach § 266 (3) HGB gliedert sich das Eigenkapital in folgende Positionen:

- gezeichnetes Kapital,

- Kapitalrücklage,

- Gewinnrücklagen,

- Gewinnvortrag/Verlustvortrag,

- Jahresüberschuss/Jahresfehlbetrag.

Daneben gibt es aber auch noch andere Aktiv- und Passivpositionen in der Bilanz, die Einfluss auf die Höhe des Eigenkapitals nehmen. Beispiele für solche Positionen sind der nicht durch das Eigenkapital gedeckte Fehlbetrag (vgl. dazu noch einmal S. 147f.), ausstehende Einlagen auf das gezeichnete Kapital (vgl. dazu S. 150ff.) und der Sonderposten mit Rücklageanteil (vgl. dazu S. 160ff.). Außerdem kann ein Unternehmen stille Reserven gebildet haben, z.B. durch Unterbewertung von Vermögensgegenständen. Stille Reserven sind Bestandteil des Eigenkapitals, gleichwohl aber aus der Bilanz nicht ersichtlich (vgl. dazu S. 195ff.).

Sowohl nach IAS als auch nach US-GAAP sind unter dem Eigenkapital **mindestens** auszuweisen (vgl. Baukmann/Mandler, 1997, S. 106, Selchert/Erhardt, 1998, S. 157):

- share capital bzw. capital stock (gezeichnete Kapital),

- capital reserves bzw. additional paid-in capital (Kapitalrücklage),

- retained earnings or deficit (Gewinnrücklagen, Gewinn-/Verlustvortrag, Jahresüberschuss/fehlbetrag).

Im Unterschied zum HGB werden also der Gewinn-/Verlustvortrag und das Jahresergebnis nicht in eigenen Positionen ausgewiesen, sondern in den retained earnings erfasst. Die retained earnings zeigen das Ausschüttungspotential des Unternehmens. Wenn über eine Ausschüttung entschieden wurde, ist der Betrag von den retained earnings in die liabilities (Verbindlichkeiten) umzubuchen.

Ein weiterer Unterschied zum HGB ergibt sich, wenn ein Unternehmen – z.B. im Zuge der Bewertung von Wertpapieren – Neubewertungsrücklagen gebildet hat (vgl. dazu noch einmal S. 98f., S. 102f.). Diese sind nach IAS und US-GAAP unter dem Eigenkapital auszuweisen. Nach dem HGB sind Neubewertungsrücklagen unzulässig.

Letztlich besteht zum HGB ein Unterschied, wenn ein Unternehmen eigene Anteile erworben hat. Nach IAS und US-GAAP werden eigene Anteile passivisch erfasst und offen vom Eigenkapital abgesetzt (vgl. Born, 1999b, S. 547, KPMG, 1999b, S. 124). Dagegen verlangt das HGB in § 266 (2) die Aktivierung und den Ausweis eigener Anteile bei den Wertpapieren im Umlaufvermögen (vgl. dazu noch einmal S. 133f.).

2.3.3.1.2 Gezeichnetes Kapital

Das gezeichnete Kapital umfasst den Teil des Eigenkapitals, auf den die Haftung **der Gesellschafter** für die Verbindlichkeiten einer Kapitalgesellschaft gegenüber den Gläubigern beschränkt ist. Dagegen haftet **die Gesellschaft** – d.h. das Unternehmen – mit dem Gesamtvermögen. Das gezeichnete Kapital wird als konstante Eigenkapitalkomponente bezeichnet, weil Erhöhungen oder Herabsetzungen nicht laufend erfolgen. Sie sind vielmehr an bestimmte Voraussetzungen geknüpft. So erhöht sich z.B. das gezeichnete Kapital einer Aktiengesellschaft erst dann, wenn durch die Hauptversammlung mit einer bestimmten Mehrheit (häufig Dreiviertelmehrheit) der anwesenden Stimmen eine Kapitalerhöhung beschlossen wurde, der Vorstand sie durchgeführt hat und im Handelsregister der entsprechende Eintrag vorgenommen wurde. Das gezeichnete Kapital repräsentiert in der Aktiengesellschaft das Grundkapital und in der GmbH das Stammkapital. Es entspricht dem Nennwert der ausgegebenen Aktien bzw. Anteile.

Die Bezeichnung „gezeichnetes Kapital" rührt daher, dass es sich bei diesem Kapital nicht notwendigerweise um eingezahltes Kapital handeln muss. So darf z.B. eine GmbH schon dann rechtswirksam gegründet werden, wenn im Zeitpunkt der Handelsregistereintragung lediglich 12 500 Euro der vorgeschriebenen 25 000 Euro Stammkapital von den Gesellschaftern eingezahlt wurden (vgl. § 5 (1) GmbHG, § 7 (2) GmbHG). Ist das gezeichnete Kapital noch nicht voll eingezahlt, bezeichnet man die ausstehenden Teile als "ausstehende Einlagen". Diese ausstehenden Einlagen haben einen Doppelcharakter:

Ausstehende Einlagen auf das gezeichnete Kapital	
Forderungen	Korrekturbetrag zum gezeichneten Kapital

Abb. 31: Doppelcharakter ausstehender Einlagen auf das gezeichnete Kapital

Zum einen stellen sie einen Anspruch des Unternehmens an die Anteilseigner dar, d.h. sie haben Forderungscharakter. Zum anderen kann man sie als Korrekturbetrag verstehen, der zur Ermittlung des tatsächlich eingezahlten Kapitals vom gezeichneten Kapital abzuziehen ist. § 272 (1) HGB trägt diesem Doppelcharakter der ausstehenden Einlagen Rechnung, indem er zwei alternative Bilanzierungsmöglichkeiten der ausstehenden Einlagen vorsieht.

■   Die erste Alternative besteht darin, die ausstehenden Einlagen auf der Aktivseite der Bilanz vor dem Anlagevermögen auszuweisen. Ist von den ausstehenden Einlagen bereits ein bestimmter Betrag von den Anteilseignern eingefordert worden, muss dieser Betrag unter den ausstehenden Einlagen vermerkt werden. Das gezeichnete Kapital ist in voller Höhe – d.h. mit dem Nennbetrag – zu passivieren.

■   Die zweite Alternative besteht darin, auf der Passivseite den Betrag der noch nicht eingeforderten ausstehenden Einlagen offen vom gezeichneten Kapital abzusetzen ist. Der Saldo ist als „eingefordertes Kapital" auszuweisen. Sofern das eingeforderte Kapital größer als das eingezahlte Kapital ist, wird die Differenz gesondert im Umlaufvermögen unter den Forderungen und sonstigen Vermögensgegenständen ausgewiesen und entsprechend bezeichnet.

Gemeinsam ist beiden Alternativen, dass sie per Saldo zum Ausweis des tatsächlich einbezahlten Kapitals führen müssen. Im Unterschied zur ersten Alternative führt die zweite Alternative allerdings zu einer Verkürzung der Bilanzsumme.

Beispiel (in enger Anlehnung an Coenenberg, 1997a, S. 188-189):

gezeichnetes Kapital	2 000 000 DM
eingefordertes Kapital	1 500 000 DM
eingezahltes Kapital	1 200 000 DM

■ erste Ausweisalternative (§ 272 (1), S. 2 HGB)

Aktiva	Passiva
Ausstehende Einlagen auf das gezeichnete Kapital 800 000 DM davon eingefordert: 300 000 DM : :	Eigenkapital **I. Gezeichnetes Kapital 2 000 000 DM** : :

Der Saldo aus dem gezeichneten Kapital und den darauf ausstehenden Einlagen ist 1 200 000 DM. Das entspricht gerade dem eingezahlten Kapital.

■ zweite Ausweisalternative (§ 272 (1), S. 3 HGB)

Aktiva	Passiva

:
:
 	
Umlaufvermögen
 	
II. Forderungen und sonstige
    Vermögensgegenstände
 	
eingefordertes, noch nicht eingezahltes Kapital   300 000 DM
 	
:
:
	Eigenkapital
	
	I. Gezeichnetes
	    Kapital 2 000 000 DM
	
	./. nicht eingefordertes
	    Kapital 500 000 DM
	
	= **eingefordertes**
	    Kapital 1 500 000 DM
	
	:
	:

Der Saldo aus dem eingeforderten Kapital und dem eingeforderten, aber noch nicht eingezahlten Kapital ist 1 200 000 DM. Das entspricht gerade dem eingezahlten Kapital.

2.3.3.1.3 Rücklagen

2.3.3.1.3.1 Wesen und Arten

Im Gegensatz zum gezeichneten Kapital handelt es sich bei den Rücklagen um variables Eigenkapital, weil die Rücklagen durch Zuführungen oder Auflösungen von Jahr zu Jahr Veränderungen unterliegen. Rücklagen dienen dazu

- die Widerstandsfähigkeit eines Unternehmens gegen Krisen zu verbessern, indem sie die Eigenkapitalbasis und die Unternehmensliquidität verstärken,

- auftretende Verluste aufzufangen, ohne dass das gezeichnete Kapital angegriffen werden muss.

Rücklagen lassen sich in offene und stille Rücklagen (= stille Reserven) unterteilen. Offene Rücklagen sind aus der Bilanz ersichtlich, stille nicht. Die offenen und die stillen Rücklagen lassen sich ihrerseits weiter unterscheiden:

Rücklagen				
offene Rücklagen		stille Rücklagen (= stille Reserven)		
Kapitalrücklage	Gewinnrücklagen	Zwangs-reserven	Ermessens-reserven	Willkür-reserven

Abb. 32: Systematik der Rücklagen

2.3.3.1.3.2 Offene Rücklagen

- **Kapitalrücklage**

  Die Kapitalrücklage umfasst Eigenkapitalbestandteile, die dem Unternehmen von den Anteilseignern neben dem gezeichneten Kapital von außen zugeführt werden. Welche Beträge in der Kapitalrücklage auszuweisen sind, regelt § 272 (2) HGB. Wenn z.B. bei der Gründung oder der Kapitalerhöhung einer Kapitalgesellschaft der Ausgabebetrag der Anteile über dem Nennwert der Anteile liegt, ist die als Agio (Aufgeld) bezeichnete Differenz in die Kapitalrücklage einzustellen.

  Beispiel:

  Eine Aktiengesellschaft führt eine ordentliche Kapitalerhöhung durch. Das Grundkapital wird um 1 000 000 DM aufgestockt. Dazu werden 20 000 Aktien à 50 DM ausgegeben. Der Ausgabekurs beträgt 120 DM/Aktie.

♦ Ermittlung der Zuführung zu der Kapitalrücklage

	Ausgabebetrag/Aktie		120 DM
./.	Nennwert/Aktie		50 DM
=	Agio/Aktie		70 DM
⇒	Zuführung zur Kapital-rücklage	70 DM/Aktie x 20 000 Aktien =	1 400 000 DM

♦ Buchungen

Bank	2 400 000 DM	an	Gezeichnetes Kapital	1 000 000 DM
			Kapitalrücklage	1 400 000 DM

Bei der Auflösung einer Kapitalrücklage sind vielfältige Vorschriften zu beachten, wie der folgende Fall beispielhaft verdeutlicht: Wenn bei einer Aktiengesellschaft die Summe aus einer Kapitalrücklage nach § 272 (2), Nr. 1-3 HGB und der gesetzlichen Rücklage (= Bestandteil der Gewinnrücklagen) größer ist „als der zehnte bzw. der durch die Satzung bestimmte höhere Teil des Grundkapitals, so kann der übersteigende Betrag unabhängig vom Bestehen anderer Gewinnrücklagen zum Ausgleich eines Jahresfehlbetrages bzw. Verlustvortrages verwandt werden. Eine solche Verwendung ist nicht zulässig, soweit der Jahresfehlbetrag durch einen Gewinnvortrag bzw. der Verlustvortrag durch einen Jahresüberschuss gedeckt ist oder wenn gleichzeitig Gewinnrücklagen zur Gewinnausschüttung aufgelöst werden." (Coenenberg, 1997a, S. 196-197, zu den Vorschriften im Einzelnen vgl. Coenenberg, 1997a, S. 198).

■ Gewinnrücklagen

Im Gegensatz zur Kapitalrücklage entstehen Gewinnrücklagen nicht durch die Zufuhr von Eigenkapital von außen, sondern durch die Einbehaltung von Unternehmensgewinnen. Unter der Position Gewinnrücklagen sind nach § 266 (3) HGB folgende Rücklagen auszuweisen:

♦ gesetzliche Rücklage,

♦ Rücklage für eigene Anteile,

♦ satzungsmäßige Rücklagen,

♦ andere Gewinnrücklagen.

Unter der gesetzlichen Rücklage versteht man den Teil der Gewinnrücklagen, der auf Grund gesetzlicher Vorschriften zu bilden ist. Solche gesetzlichen Vorschriften gibt es nur im Aktiengesetz. Diese Art der Rücklage gibt es demnach nur in Unternehmen, die dem Aktiengesetz unterliegen. Gemäß § 150 (2) AktG sind so lange 5% des Jahresüberschusses in die gesetzliche Rücklage einzustellen, bis diese zusammen mit den nach § 272 (2), Nr. 1-3 HGB in die Kapitalrücklage eingestellten Beträgen 10% des Grundkapitals oder einen von der Satzung bestimmten höheren Prozentsatz erreicht hat. Besteht ein Verlustvortrag, ist der Jahresüberschuss vorher entsprechend zu kürzen. Zuführungen zu der gesetzlichen Rücklage mindern den Gewinn, der an die Anteilseigner ausgeschüttet werden kann.

Beispiel:

Die XY AG hat im vergangenen Geschäftsjahr einen Jahresüberschuss in Höhe von 19 Mio. DM erwirtschaftet. Am letzten Bilanzstichtag betrug das Grundkapital 80 Mio. DM, die gesetzliche Rücklage 4 Mio. DM und die Kapitalrücklage 2 Mio. DM. Aus dem vergangenen Geschäftsjahr resultiert ein Verlustvortrag in Höhe von 1 Mio. DM.

♦ Ermittlung der Zuführung zu der gesetzlichen Rücklage

Σ	Kapitalrücklage und gesetzliche Rücklage	4 Mio. DM + 2 Mio. DM =	6 Mio. DM
10%	des Grundkapitals	80 Mio. DM x 10% =	8 Mio. DM
⇒	Zuführung zur gesetzlichen Rücklage: (Jahresüberschusses ./. Verlustvortrag) x 5%	(19 Mio. DM ./. 1 Mio. DM) x 5% =	0,9 Mio. DM
⇒	Ausschüttung	18 Mio. DM ./. 0,9 Mio. DM =	17,1 Mio. DM

♦ Buchungen

Jahresüberschuss	19 Mio. DM	an	Verlustvortrag	1 Mio. DM
			gesetzliche Rücklage	0,9 Mio. DM
			Bank	17,1 Mio. DM

Die Zuführung zu der gesetzlichen Rücklage hat den ausschüttbaren Gewinn um 0,9 Mio. DM vermindert. Anders ausgedrückt, werden durch die Zufuhr zur ge-

setzlichen Rücklage auf der Aktivseite 0,9 Mio. DM Vermögen „festgehalten"
(Ausschüttungssperrfunktion).

Die Auflösung der gesetzlichen Rücklage unterliegt den gleichen Vorschriften wie die
der Kapitalrücklage. Im Einzelnen bestimmen die Absätze 3 und 4 des § 150 AktG, unter
welchen Bedingungen und in welcher Höhe eine Auflösung der gesetzlichen Rücklage
möglich ist.

Wenn eine Kapitalgesellschaft eigene Anteile erwirbt, muss sie gemäß § 266 (3) HGB
eine Rücklage für eigene Anteile in der gleichen Höhe bilden. Durch die Bildung dieser
Rücklage soll verhindert werden, dass durch die Aktivierung eigener Anteile der entsprechende Gegenwert an die Anteilseigner ausgeschüttet wird. Die Rücklage für eigene
Anteile hat also eine Ausschüttungssperrfunktion und dient damit dem Gläubigerschutz
(vgl. dazu noch einmal S. 133f.).

Satzungsmäßige Rücklagen sind Gewinnrücklagen, zu deren Bildung sich eine Kapitalgesellschaft auf Grund ihres Gesellschaftsvertrages bzw. ihrer Satzung verpflichtet. Sie
können zweckfrei oder zweckgebunden sein. Ein Beispiel für eine zweckgebundene satzungsmäßige Rücklage ist eine Rücklage für Rationalisierungsarbeiten. Die Auflösung
der satzungsmäßigen Rücklagen bestimmt sich wie ihre Bildung nach den Vorschriften
der Satzung. Möglich ist auch, dass sich die satzungsmäßige Rücklage auf die gesetzliche
Rücklage nach § 150 AktG bezieht. In diesem Fall sind auch Beträge überhalb von 10%
des Grundkapitals Bestandteil der gesetzlichen Rücklage und zählen damit nicht zu den
satzungsmäßigen Rücklagen (vgl. Olfert/Körner/Langenbeck, 1998, S. 124).

Die „andere Gewinnrücklagen" umfassen alle Rücklagen, die aus dem Jahresüberschuss
gebildet werden, aber nach § 266 (3) HGB nicht gesondert auszuweisen sind. Sie resultieren aus dem Recht von Unternehmen, zumindest Teile des Jahresüberschusses nach
freiem Ermessen in die Rücklagen einstellen zu dürfen. Für Aktiengesellschaften regelt
der § 58 AktG explizit die Einstellung in die „anderen Gewinnrücklagen". Auch bei den
„anderen Gewinnrücklagen" unterscheidet man zweckfreie und zweckgebundene Rücklagen. Ein Beispiel für eine zweckgebundene andere Rücklage ist die Erneuerungs-
rücklage. Sofern keine Zweckbindung vorliegt, liegt die Auflösung der „anderen Gewinnrücklagen" im Ermessen des Unternehmens.

2.3.3.1.3.3 Stille Rücklagen

■ **Zwangsreserven**

Zwangsreserven resultieren aus der Beachtung gesetzlicher Vorschriften. So entsteht
z.B. immer dann eine Zwangsreserve, wenn der Marktwert eines Vermögensgegenstandes höher als seine Anschaffungs- bzw. Herstellungskosten ist. Denn nach
§ 253 (1) HGB darf der Vermögensgegenstand höchstens mit seinen Anschaffungs-
bzw. Herstellungskosten bewertet werden. Zwangsreserven aus der Unterbewertung
von Vermögensgegenständen lösen sich beim Verkauf der Vermögensgegenstände
auf.

Beispiel:

Ein Unternehmen hat in 01 ein Grundstück für 200 000 DM gekauft. In 03 beträgt der Marktwert 300 000 DM. Das Unternehmen entschließt sich, das Grundstück zu veräußern.

♦ Buchung in 01

Grundstücke und Gebäude	an	Bank	200 000 DM

♦ Buchung in 03

Bank	300 000 DM	an	Grundstücke und Gebäude	200 000 DM
			sonstiger betrieblicher Ertrag	100 000 DM

Durch die Erfassung eines sonstigen betrieblichen Ertrages wurde die stille Reserve in Höhe von 100 000 DM erfolgswirksam aufgelöst.

■ **Ermessensreserven**

Ermessensreserven entstehen zum einen durch Ungewissheiten bei Schätzungen, z.B. bei der Bestimmung der Nutzungsdauern beim abnutzbaren Anlagevermögen oder bei der Bewertung von Rückstellungen. Zum anderen resultieren sie aus Bilanzierungs- bzw. Bewertungswahlrechten. So können sie z.B. aus den verschiedenen zulässigen Bewertungsverfahren beim Vorratsvermögen (z.B. Durchschnittsmethode, Lifo-, Fifo-, Hifo-Verfahren) entstehen. Ermessensreserven werden bei der Auflösung von Rückstellungen und bei der Veräußerung von unterbewerteten Vermögensgegenständen sichtbar. Im abnutzbaren Anlagevermögen lösen sie sich auf, wenn der tatsächliche Wertverzehr größer als die bilanzielle Abschreibung ist.

Beispiel:

Ein Unternehmen schreibt eine Maschine mit Anschaffungskosten in Höhe von 90 000 DM linear über drei Jahre ab. Der Jahresabschreibung beträgt demnach 90 000 DM : 3 Jahre = 30 000 DM/Jahr. Tatsächlich verläuft der Wertverzehr der Maschine durch ihre Nutzung linear, allerdings über 4 Jahre. Der tatsächliche Wertverzehr eines Jahres beträgt demnach 90 000 DM : 4 Jahre = 22 500 DM/Jahr.

	1. Jahr	2. Jahr	3. Jahr	4. Jahr
bilanzielle Abschreibung	30 000 DM	30 000 DM	30 000 DM	
tatsächlicher Wertverzehr	22 500 DM	22 500 DM	22 500 DM	22 500 DM
Aufbau einer Ermessensreserve	7 500 DM	7 500 DM	7 500 DM	
Auflösung der Ermessensreserve				22 500 DM

Erläuterungen:

♦ Vom 1. bis zum 3. Jahr wird eine Ermessensreserve aufgebaut, weil durch die fehlerhafte Einschätzung der Nutzungsdauer die bilanzielle Abschreibung/Jahr höher als der tatsächliche Wertverzehr/Jahr ist.

♦ Im 4. Jahr wird die Ermessensreserve aufgelöst, weil der tatsächliche Wertverzehr in Höhe von 22 500 DM einer bilanziellen Abschreibung von 0 DM gegenübersteht: Der tatsächliche Wertverzehr übersteigt die bilanzielle Abschreibung.

■ **Willkürreserven**

Willkürreserven sind unzulässig (vgl. Coenenberg, 1997a, S. 211). Sie entstehen bei Verstößen gegen zwingende Bilanzierungsvorschriften, z.B. wenn die Aktivierung akivierungspflichtiger Vermögensgegenstände unterlassen wird.

Die vielfältigen Möglichkeiten des deutschen Rechts zur Bildung von stillen Rücklagen (= stille Reserven) werden kontrovers beurteilt (vgl. dazu z.B. Coenenberg, 1997a, S. 212). Für die Bildung stiller Reserven spricht z.B., dass sie einem Unternehmen Widerstandskraft in Krisen verleihen und der Substanzerhaltung dienen. Gegen die Bildung stiller Reserven spricht, dass sie die Aussagefähigkeit der Bilanz wesentlich beeinträchtigen:

■ Stille Reserven erschweren die Vergleichbarkeit von Jahresabschlüssen.

■ Stille Reserven erschweren die richtige Darstellung der Vermögenslage am Bilanzstichtag.

■ Stille Reserven können zur Gewinnglättung (income smoothing) verwendet werden. Durch ihre Auflösung können auch dann noch Gewinne ausgewiesen werden, wenn schon Verluste entstanden sind.

■ Die Auflösung stiller Reserven ist oft der Grund dafür, dass Unternehmenskrisen von externen Bilanzlesern nicht rechtzeitig erkannt werden und Insolvenzverfahren zu spät in Gang gesetzt werden.

Aus der Sicht von IAS und US-GAAP wiegen die Kritikpunkte besonders schwer, weil sie einer „fair presentation" der Unternehmen entgegenstehen (vgl. Haller, 1998, S. 27). Daher versuchen IAS und US-GAAP die Bildung stiller Reserven soweit wie möglich zu verhindern.

2.3.3.1.4 Gewinnvortrag/Verlustvortrag und Jahresüberschuss/Jahresfehlbetrag

§ 268 (1) HGB eröffnet drei unterschiedliche Möglichkeiten, das Unternehmensergebnis in der Bilanz auszuweisen:

- Ergebnisausweis vor jeglicher Gewinnverwendung,

- Ergebnisausweis nach teilweiser Gewinnverwendung,

- Ergebnisausweis nach vollständiger Gewinnverwendung.

- **zum Ergebnisausweis vor jeglicher Gewinnverwendung**

Dieser Ergebnisausweis ist in § 266 (3) vorgesehen. Er führt dazu, dass unter dem Eigenkapital die Positionen „Gewinnvortrag/Verlustvortrag" und Jahresüberschuss/Jahresfehlbetrag" gesondert auszuweisen sind. Der Gewinnvortrag ist ein Gewinn"rest" des Vorjahres. Er wird zur Regulierung der Gewinnverwendung dem Geschäftsjahr vorgetragen und dort dem Ergebnis des Geschäftsjahres hinzugerechnet. Umgekehrt ist ein Verlustvortrag ein Verlust des Vorjahres. Er wird dem Geschäftsjahr zwecks Abdeckung vorgetragen. Ist das Ergebnis des Geschäftsjahres positiv, wird er davon abgezogen. Ist das Ergebnis des Geschäftsjahres negativ, wird der Verlustvortrag addiert.

Das Ergebnis des Geschäftsjahres ist die Differenz zwischen den Erträgen und den Aufwendungen des Geschäftsjahres und wird als Jahresüberschuss bzw. Jahresfehlbetrag bezeichnet.

- **zum Ergebnisausweis nach teilweiser Gewinnverwendung**

Unter einer teilweisen Gewinnverwendungen versteht man Gewinnverwendungen auf Grund von gesetzlichen oder satzungsmäßigen bzw. gesellschaftsvertraglich verpflichtenden Bestimmungen. Beispiele für eine teilweise Gewinnverwendung sind die Dotierung von gesetzlichen Rücklagen oder die Bildung einer Rücklage für eigene Anteile. Wird die Bilanz unter Berücksichtigung teilweiser Gewinnverwendung erstellt, so tritt an die Stelle der Posten „Gewinn-/Verlustvortrag" und „Jahresüberschuss/Jahresfehlbetrag" die Position „Bilanzgewinn/Bilanzverlust". Für Aktiengesellschaften ist die Bilanzerstellung nach teilweiser Gewinnverwendung der übliche Fall, da zumeist gesetzliche bzw. satzungsmäßige Verpflichtungen zur Einstellung von Rücklagen bestehen. Über die weitere Verwendung des Bilanzgewinns entscheidet bei der Aktiengesellschaft die Hauptversammlung. Sie kann z.B. zusätzliche Rücklagendotierungen oder Ausschüttungen beschließen.

■ **zum Ergebnisausweis nach vollständiger Gewinnverwendung**

Bei diesem Ergebnisausweis enthält die Bilanz keine Gewinnposition mehr, weil die Gewinne den entsprechenden Bilanzpositionen bereits zugeordnet wurden. Dotierungen der Rücklagen werden unter den Rücklagenpositionen ausgewiesen. Geplante Gewinnausschüttungen stellen Verbindlichkeiten des Unternehmens dar und werden daher unter der Position „sonstige Verbindlichkeiten" ausgewiesen.

2.3.3.2 Sonderposten mit Rücklageanteil

Der Sonderposten mit Rücklageanteil umfasst zwei Komponenten:

■ steuerlich abzugsfähige Rücklagen,

■ Wertberichtigungen auf Grund steuerlicher Sonderabschreibungen und erhöhter Absetzung.

■ **zu den steuerlich abzugsfähigen Rücklagen**

Im allgemeinen werden Rücklagen aus bereits versteuertem Gewinn gebildet und stellen daher einen Bestandteil des Eigenkapitals dar. In einigen Fällen gestattet aber der Steuergesetzgeber die Bildung von Rücklagen, die vor der Ermittlung des zu versteuernden Gewinns gebildet werden und ihn somit mindern. Solche Rücklagen nennt man steuerlich abzugsfähige Rücklagen. Diese Rücklagen müssen jedoch alle innerhalb vorgegebener Fristen wieder aufgelöst werden. Durch die Auflösung wird der zu versteuernden Gewinn in späteren Jahren erhöht. Insofern wird die Ertragsteuerlast durch die Bildung dieser Rücklagen nicht aufgehoben, sondern nur für eine bestimmte Dauer hinausgeschoben. Die Unternehmen erreichen also keine Steuerersparnis, sondern nur eine Steuerstundung.

Ein Beispiel für ertragssteuerlich abzugsfähige Rücklagen ist die Rücklage für Ersatzbeschaffung (vgl. dazu im Einzelnen R 35 EStR, vgl. Arnold/Botta/Hoefener/Pech, 1998, S. 242-243):

Eine Maschine der XY AG wird am 30.09.01 durch Brand zerstört. Der Buchwert am 01.01.01 betrug 40 000 DM. Die jährliche Abschreibung beträgt 10 000 DM. Am 15.12.01 überweist die Versicherung eine Entschädigung in Höhe von 45 000 DM. Aus der Verschrottung wird noch ein Erlös in Höhe von 696 DM inclusive 16 % Umsatzsteuer erzielt. Am 20.7.02 erfolgt die Lieferung der Ersatzmaschine zu einem Rechnungsbetrag von 75 400 DM inclusive 16% Umsatzsteuer. Die Nutzungsdauer beträgt 10 Jahre. Die XY AG schreibt die Maschine linear ab.

◆ **Ermittlung der Rücklage für Ersatzbeschaffung**

Entschädigungssumme		45 000 DM
Buchwert am 01.01.01	40 000 DM	
./. AfA vom 01.01.01 – 30.09.01	7 500 DM	
	32 500 DM	32 500 DM
Entschädigungsgewinn		12 500 DM
+ Schrotterlös (netto)		600 DM
= **Rücklage für Ersatzbeschaffung**		**13 100 DM**

◆ **Buchungen in 01**

Abschreibungen	an	Maschinen	7 500 DM

Bank 45 000 DM	an	Maschinen	32 500 DM
		Sonderposten mit Rücklageanteil 12 500 DM	
		(Rücklage für Ersatzbeschaffung)	

Der Entschädigungsgewinn wird nicht erfolgserhöhend als Ertrag, sondern erfolgsneutral als Sonderposten mit Rücklageanteil gebucht. Dadurch mindert sich die Ertragssteuerlast in 01 um 12 500 DM multipliziert mit dem Steuersatz.

Bank 696 DM	an	Sonderposten mit Rücklageanteil 600 DM	
		(Rücklage für Ersatzbeschaffung)	
		Umsatzsteuer	96 DM

Ebenso wie der Entschädigungsgewinn wird auch der Schrotterlös (netto) nicht erfolgserhöhend als Ertrag, sondern erfolgsneutral als Sonderposten mit Rücklageanteil gebucht. Dadurch mindert sich die Ertragsteuerlast in 01 zusätzlich um 600 DM multipliziert mit dem Steuersatz.

♦ **Buchungen in 02**

Maschinen	65 000 DM	an	Verbindlichkeiten aus	75 400 DM
			Lieferungen und Leistungen	
Vorsteuer	10 400 DM			

Sonderposten mit Rücklageanteil		an	Maschinen	13 100 DM
(Rücklage für Ersatzbeschaffung)				

♦ **Ermittlung der AfA der neuen Maschine**

	Anschaffungskosten	65 000 DM
./.	Rücklage für Ersatzbeschaffung	13 100 DM
=	**Abschreibungssumme**	**51 900 DM**
⇒	**jährlicher Abschreibungsbetrag**	**5 190 DM**

Ohne die Rücklage für Ersatzbeschaffung wäre von den Anschaffungskosten in Höhe von 65 000 DM abgeschrieben worden, d.h. es hätte sich ein jährlicher Abschreibungsbedarf in Höhe von 6 500 DM ergeben. Über die Nutzungsdauer hinweg wird also pro Jahr 6 500 DM ./. 5190 DM = 1 310 DM weniger abgeschrieben. Dadurch erhöht sich der zu versteuernde Gewinn in jedem Jahr der Nutzung um 1 310 DM und insgesamt um 13 100 DM. Das entspricht genau Rücklage für Ersatzbeschaffung. Durch die Verlagerung des Veräußerungsgewinns und des Schrotterlöses in spätere Perioden hat das Unternehmen eine Steuerstundung erreicht.

■ **zu den Wertberichtigungen auf Grund steuerlicher Sonderabschreibungen und erhöhter Absetzung**

Nach § 254 HGB dürfen Abschreibungen auf Vermögensgegenstände über das handelsrechtlich gebotene Maß hinaus vorgenommen werden, wenn das nach steuerrechtlichen Vorschriften erlaubt ist. Dererlei Abschreibungen resultieren nicht wie die handelsrechtlichen Abschreibungen aus Wertminderungen von Vermögensgegenständen, sondern basieren auf anderen Überlegungen. Unternehmen sollen durch steuerliche Vergünstigungen in Form von Steuerstundungen zu einem volkswirtschaftlich erwünschten Handeln angeregt werden, z.B. zu Investitionen in den Umweltschutz oder in den neuen Bundesländern. Wenn ein Unternehmen dieses Wahlrecht in Anspruch nimmt, hat es neben einer direkten Abschreibung auch die Möglichkeit, die steuerlichen Abschreibungen indirekt vorzunehmen. Die indirekte Berücksichtigung – verbunden mit Angabepflichten im Anhang – verbessert den Einblick sowohl in die

Vermögens- als auch in die Ertragslage des Unternehmens, weil sie stille Reserven aufdeckt (vgl. Coenenberg, 1997a, S. 210). Im Falle einer indirekten Abschreibung wird der Unterschiedsbetrag zwischen der handelsrechtlich und der steuerlich zulässigen Abschreibung als „sonstiger betrieblicher Aufwand" gebucht und in der Bilanz auf der Passivseite eine Wertberichtigung in derselben Höhe aufgebaut. Solche Wertberichtigungen werden unter der Bilanzposition „Sonderposten mit Rücklageanteil" ausgewiesen. Die Wertberichtigung bzw. der Sonderposten mit Rücklageanteil muss in den Folgejahren wieder aufgelöst werden, weil das Ziel der steuerlichen Abschreibungen keine Steuerersparnis, sondern lediglich eine Steuerstundung ist. Dies geschieht jeweils in der Höhe, in der die handelsrechtlich gebotenen Abschreibungen die steuerlichen Abschreibungen übersteigen (vgl. Coenenberg, 1997a, S. 210). Die Auflösungsbeträge sind erfolgswirksam unter den „sonstige betrieblichen Erträgen" zu erfassen (vgl. Coenenberg, 1997a, S. 210).

Beispiel (in enger Anlehnung an Coenenberg, 1994, S. 39-40):

Die XY AG erwirbt eine Filteranlage, die einen wesentlichen Beitrag zum Umweltschutz leistet und daher steuerlich gefördert wird. Die Anlage besitzt eine betriebsgewöhnliche Nutzungsdauer von sechs Jahren und einen linearen Entwertungsverlauf. Im Jahr der Anschaffung sollen entsprechend der steuerlichen Abschreibungsmöglichkeiten 50% abgeschrieben werden. Der Restbetrag wird über die Nutzungsdauer verteilt.

♦ Ermittlung der Einstellung in den Sonderpostens mit Rücklageanteil

Steuerlich zulässige Abschreibung	120 000 DM x 50 % =	60 000 DM
./. handelsrechtliche Abschreibung/Jahr	120 000 DM : 6 =	20 000 DM
= Einstellung in den Sonderposten mit Rücklageanteil		**40 000 DM**

♦ Buchungen in 01

Technische Anlagen	an	Kasse bzw. Bank	120 000 DM

Abschreibungen auf Sachanlagen	an	Technische Anlagen	20 000 DM

sonstiger betrieblicher Aufwand	an	Sonderposten mit Rücklageanteil	40 000 DM

Durch die Einstellung des Unterschiedsbetrages zwischen steuerlich zulässiger und handelsrechtlich erlaubter Abschreibung hat sich der zu versteuernde Gewinn um 40 000 DM reduziert.

♦ Buchungen in 02

Von diesem Jahr an bemessen sich die Abschreibungen nach dem Restbuchwert (60 000 DM) und der Restnutzungsdauer (5 Jahre) der Anlage. Die steuerrechtliche Abschreibung beträgt somit 60 000 DM : 5 Jahre = 12 000 DM/Jahr. Im Vergleich dazu beträgt die (lineare) handelsrechtliche Abschreibung weiterhin 20 000 DM/Jahr. Die handelsrechtliche Abschreibung übersteigt demnach die steuerliche Abschreibung in Höhe von 20 000 DM/Jahr ./. 12 000 DM/Jahr = 8 000 DM/Jahr. Infolgedessen ist der Sonderposten mit Rücklageanteil in jedem Jahr mit 8 000 DM aufzulösen.

Abschreibungen auf Sachanlagen	an	Technische Anlagen	20 000 DM

Sonderposten mit Rücklageanteil	an	sonstige betriebliche Erträge	8 000 DM

In jedem der verbleibenden fünf Abschreibungsjahre wird also per Saldo nicht 20 000 DM, sondern nur 20 000 DM ./. 8 000 DM = 12 000 DM abgeschrieben. Dadurch erhöht sich der zu versteuernde Gewinn in jedem Jahr um 8 000 DM. Nach Ablauf der fünf Abschreibungsjahre ist der Sonderposten mit Rücklageanteil vollständig aufgelöst, weil 5 Jahre x 8 000 DM/Jahr = 40 000 DM gegengebucht wurden. Die Steuerersparnis in 01 wird durch die Steuererhöhungen in späteren Jahren kompensiert. Es hat eine Steuerstundung stattgefunden.

Sowohl die steuerlich abzugsfähigen Rücklagen als auch die steuerlichen Abschreibungen haben einen Zwittercharakter, weil sie einen Eigenkapital- und einen Fremdkapitalanteil aufweisen (vgl. Coenenberg, 1997a, S. 210). Der Fremdkapitalanteil besteht in der Steuerschuld, die sich bei Auflösung der steuerlich abzugsfähigen Rücklagen bzw. der steuerlichen Abschreibungen ergibt. Der Eigenkapitalanteil ist die Differenz zwischen der Rücklage bzw. der steuerlichen Abschreibung und der darauf entfallenden künftigen Steuerbelastung. Auf Grund dieses Zwittercharakters wird der Sonderposten mit Rücklageanteil unmittelbar nach dem Eigenkapital und vor dem Fremdkapital (= Rückstellungen + Verbindlichkeiten + passiven Rechnungsabgrenzungsposten) ausgewiesen.

Weder nach IAS noch nach US-GAAP existiert eine der deutschen Regelung bzw. dem Bilanzposten entsprechende Normierung (vgl. Selchert/Erhardt, 1998, S. 159).

2.3.3.3 Rückstellungen

2.3.3.3.1 Wesen und Arten

Rückstellungen haben die Aufgabe,

- Verpflichtungen gegenüber Dritten **oder** Aufwendungen,

- die dem Geschäftsjahr oder früheren Geschäftsjahren zuzurechnen sind,

- deren zugehörige Vermögensminderung (z.B. eine Auszahlung) am Bilanzstichtag der Entstehung und/oder der Höhe nach noch nicht völlig sicher ist, aber ausreichend sicher erwartet wird,

- erfolgswirksam im Geschäftsjahr zu erfassen.

Die erfolgswirksame Erfassung im Geschäftsjahr wird durch die Buchung

Aufwand	an	Rückstellungen

gewährleistet. Welches Aufwandskonto und welche Rückstellungsposition im Einzelnen angesprochen wird, hängt von der Rückstellungsart ab. Man unterscheidet folgende Rückstellungsarten:

Rückstellungsarten		
Rückstellungen für ungewisse Verbindlichkeiten (= Rückstellungen, die auf einer Verpflichtung gegenüber Dritten beruhen)		Rückstellungen für Aufwendungen (= Rückstellungen ohne Verpflichtung gegenüber Dritten)
rechtliche Verpflichtung z.B.	wirtschaftliche Verpflichtung	z.B.
■ Pensionsrückstellungen ■ Steuerrückstellungen ■ Prozessrückstellungen ■ Garantierückstellungen ■ Rückstellungen für drohende Verluste	Kulanzrückstellungen	■ Rückstellungen für unterlassene Aufwendungen für Instandhaltung ■ Rückstellungen für Eigenartsaufwendungen

Abb. 33: Rückstellungsarten

Die Notwendigkeit zur Bildung von Rückstellungen für ungewisse Verbindlichkeiten ergibt sich aus dem Imparitätsprinzip (vgl. Coenenberg, 1997a, S. 236). Im Hinblick auf den Gläubigerschutz verlangt es die Bilanzierung absehbarer, am Bilanzstichtag aber noch nicht eingetretener Schulden. Folglich besteht bei Rückstellungen für ungewisse Verbindlichkeiten grundsätzlich eine Passivierungspflicht. Dagegen basieren Aufwandsrückstellungen auf dem Grundsatz der Periodenabgrenzung (vgl. Coenenberg, 1997a, S. 236). Sie sollen nämlich später anfallenden und der Höhe bzw. dem Eintritt nach noch nicht feststehenden Aufwand der Periode zurechnen, die ihn wirtschaftlich verursacht hat. Anders ausgedrückt liegt der Grund für Aufwandsrückstellungen also nicht in einer wahrscheinlich eintretenden Schuld, sondern in der „richtigen" Aufwandszurechnung zur Ermittlung eines periodengerechten Gewinns. Bei den Aufwandsrückstellungen gibt es Passivierungspflichten und -wahlrechte.

Eine vollständige Auflistung der handelsrechtlich zulässigen Rückstellungen findet sich im § 249 (HGB). Für andere als die in diesem Paragraphen genannten Zwecke dürfen keine Rückstellungen gebildet werden.

Eine Rückstellung bzw. der ihr zugehörige Aufwand ist in Höhe des Betrages anzusetzen, der nach vernünftiger kaufmännischer Beurteilung notwendig ist (§253 (1) S. 2 HGB). Das ist der Betrag, mit dem das Unternehmen wahrscheinlich in Anspruch genommen wird. Wenn annähernd sichere Werte ermittelt werden können, sind diese anzusetzen (vgl. Coenenberg, 1997a, S. 254). Das ist z.B. bei Steuerrückstellungen der Fall, die auf Grund der steuerlichen Vorschriften eindeutig berechnet werden können. Die Unsicherheit hinsichtlich der tatsächlichen Steuerschuld besteht nur darin, dass das Finanzamt Zweifelsfälle anders als das Unternehmen behandelt. Wenn keine annähernd sicheren Werte vorliegen, ist zu prüfen, ob auf Grund von Erfahrungen und Daten statistische Wahrscheinlichkeiten ermittelt werden können (vgl. Coenenberg, 1997a, S. 254). Wenn ja, sind die daraus resultierenden Erwartungswerte anzusetzen. Das ist z.B. bei Pensionsrückstellungen der Fall. Wenn weder annähernd sichere noch statistische Werte bestimmt werden können, muss nach den individuellen Gegebenheiten des Einzelfalls die zukünftige Inanspruchnahme möglichst genau geschätzt werden (vgl. Coenenberg, 1997a, S. 254). Das ist z.B. bei Garantierückstellungen für neue Produkte der Fall.

Durch die Bildung einer Rückstellung wird der ausschüttungsfähige Gewinn um den Betrag der Rückstellung vermindert. Das hat zur Folge, dass auf der Aktivseite der Bilanz Vermögen in Höhe der gebildeten Rückstellung „festgehalten" wird. Dieses „ausschüttungsgesperrte" Vermögen stellt die Vorsorge für die der Rückstellung zugehörige zukünftige Vermögensminderung (z.B. eine Auszahlungen) dar.

Rückstellungen müssen aufgelöst werden, wenn der Grund für ihre Bildung entfallen ist. Bei der Auflösung der Rückstellungen sind vier Fälle zu unterscheiden:

■ Das Unternehmen wird in Höhe der Rückstellung in Anspruch genommen. In diesem Fall wird die Auflösung erfolgsneutral gebucht.

Beispiel:

Für eine erwartete Steuernachzahlung wurde eine Rückstellung in Höhe von 20 000 DM gebildet. Die tatsächliche Steuernachzahlung beträgt 20 000 DM.

◆ Bildung der Rückstellung

Steuern vom Einkommen und Ertrag (Steueraufwand)	an	Steuerrückstellungen	20 000 DM

◆ Auflösung der Rückstellung

Steuerrückstellungen	an	Bank	20 000 DM

■ Die Rückstellung wird gar nicht benötigt. In diesem Fall ist der gesamte zurückgestellte Betrag erfolgswirksam als Ertrag zu erfassen.

Beispiel:

Ein Unternehmen rechnet am Bilanzstichtag mit einer Belastung von 30 000 DM aus einem laufenden Prozess. Wider Erwarten wird der Prozess im folgenden Geschäftsjahr gewonnen.

◆ Bildung der Rückstellung

sonstiger betrieblicher Aufwand	an	sonstige Rückstellungen	30 000 DM

◆ Auflösung der Rückstellung

sonstige Rückstellungen	an	sonstiger betrieblicher Ertrag	30 000 DM

■ Die Rückstellung wurde zu hoch gebildet. In diesem Fall ist die Differenz zwischen dem Rückstellungsbetrag und der tatsächlichen Zahlung erfolgswirksam als Ertrag zu erfassen.

Beispiel:

Für eine erwartete Steuernachzahlung wurde eine Rückstellung in Höhe von 20 000 DM gebildet. Die tatsächliche Steuernachzahlung beträgt aber nur 19 000 DM.

♦ Bildung der Rückstellung

Steuern vom Einkommen und Ertrag (Steueraufwand)	an	Steuerrückstellungen	20 000 DM

♦ Auflösung der Rückstellung

Steuerrückstellungen 20 000 DM	an	Bank 19 000 DM
		Steuern vom Einkommen und Ertrag 1 000 DM (Steuerertrag)

■ Die Rückstellung wurde zu niedrig gebildet. In diesem Fall ist die Differenz zwischen der tatsächlichen Zahlung und dem Rückstellungsbetrag erfolgswirksam als Aufwand zu erfassen.

Beispiel:

Für eine erwartete Steuernachzahlung wurde eine Rückstellung in Höhe von 18 000 DM gebildet. Die tatsächliche Steuernachzahlung beträgt aber nur 19 000 DM.

♦ Bildung der Rückstellung

Steuern vom Einkommen und Ertrag (Steueraufwand)	an	Steuerrückstellungen	18 000 DM

♦ Auflösung der Rückstellung

Steuerrückstellungen 18 000 DM	an	Bank 19 000 DM
Steuern vom Einkommen und Ertrag (Steueraufwand) 1 000 DM		

Nach § 266 (1), S. 2 HGB umfassen die Rückstellungen in der Bilanz drei Positionen:

- Pensionsrückstellungen,

- Steuerrückstellungen,

- sonstige Rückstellungen.

Pensions- und Steuerrückstellungen sind jeweils Rückstellungen für ungewisse Verbindlichkeiten. Alle anderen Rückstellungsarten werden unter der Position „sonstige Rückstellungen" zusammengefasst. Daher kann diese Position sowohl Rückstellungen für ungewisse Verbindlichkeiten als auch Aufwandsrückstellungen umfassen. Die Position „sonstige Rückstellungen" ist im Anhang näher zu erläutern, wenn sie einen nicht unerheblichen Umfang hat.

Im Unterschied zum HGB werden Rückstellungen in IAS und US-GAAP nicht getrennt von den Verbindlichkeiten ausgewiesen. Vielmehr erfolgt ein gemeinsamer Ausweis unter den liabilities (vgl. Coenenberg, 1997a, S. 236, KPMG, 1999b, S. 117). Dabei ist zu beachten, dass liabilities grundsätzlich eine Verpflichtung einem Dritten gegenüber voraussetzen. Im Gegensatz zum HGB dürfen also nach IAS und US-GAAP keine Aufwandsrückstellungen gebildet werden (vgl. Coenenberg, 1997a, S. 254, KPMG, 1999b, S. 118).

2.3.3.3.2 Pensionsrückstellungen

Unternehmen haben verschiedene Möglichkeiten, Vorsorge für das Alter ihrer Arbeitnehmer zu treffen (vgl. Coenenberg, 1997a, S. 242-243):

- **Abschluss einer Direktversicherung**

  Die Unternehmen versichern ihre Arbeitnehmer bei betriebsfremden Versicherungsgesellschaften. In diesem Fall sind die in einem Geschäftsjahr gezahlten Versicherungsprämien Aufwand des Geschäftsjahres, dem ein Abgang von liquiden Mitteln (Bank, Kasse) oder eine Verbindlichkeit in gleicher Höhe gegenübersteht. Träger der Versorgungsleistungen sind die Versicherungsgesellschaften. Folglich zahlen im Versorgungsfall nicht die Unternehmen, sondern die Versicherungsgesellschaften. Aus diesem Grund ist bei den Unternehmen keine Vorsorge für den Versorgungsfall zu treffen, d.h. es sind keine Pensionsrückstellungen zu bilden.

- **Zuweisungen zu einer Unterstützungskasse**

  Unternehmen können rechtlich selbständige Unterstützungskassen gründen oder sich an ihnen beteiligen. In diesem Fall unterstützen sie die Kassen durch Zahlungen, die von der Zahl und Höhe der mit den Arbeitnehmern abgeschlossenen Versorgungsverträge abhängen. Die in einem Geschäftsjahr geleisteten Zahlungen an die Kassen stellen Aufwand des Geschäftsjahres dar, dem ein Abgang von liquiden Mitteln (Bank, Kasse) oder eine Verbindlichkeit in gleicher Höhe gegenübersteht. Träger der Versorgungsleistung sind die Unterstützungskassen. Folglich zahlen im Versorgungsfall nicht die Unternehmen, sondern die Kassen. Aus diesem Grund ist bei den Unternehmen grundsätzlich keine Vorsorge für den Versorgungsfall zu treffen, d.h. es sind keine Pensionsrückstellungen zu bilden. Davon gibt es allerdings eine Ausnahme. Wenn das Vermögen der Kassen nicht zur Deckung der Pensionsverpflichtungen ausreicht, haben die Unternehmen als Träger der Kassen für deren Verbindlichkeiten einzustehen. Ist mit großer Wahrscheinlichkeit mit der Inanspruchnahme der Unternehmen zu rechnen, müssen sie dafür Rückstellungen bilden.

■ Unmittelbare Versorgungszusagen

Gibt ein Unternehmen selbst Versorgungszusagen, verpflichtet es sich rechtlich zur Zahlung im Versorgungsfall. Da die in der Zukunft liegenden Zahlungen bezüglich ihrer Fälligkeit und Höhe ungewiss sind, muss für sie nach § 249 (1) HGB Vorsorge in Form von Pensionsrückstellungen getroffen werden. Pensionsrückstellungen werden wie folgt gebildet:

Personalaufwand (soziale Abgaben und Aufwendungen für Altersversorgung und für Unterstützung)	an	Rückstellungen für Pensionen und ähnliche Verpflichtungen

Die Passivierungspflicht gilt allerdings nur für Versorgungsverträge, die nach dem 31.12.1986 abgeschlossen wurden. Für Verträge mit einem Abschlussdatum vor dem 1.1.1987 gilt dagegen ein Passivierungswahlrecht. In diesem Zusammenhang ist außerdem auf eine Besonderheit des deutschen Steuerrechts hinzuweisen. Nach § 6a (2) EStG dürfen vor dem Eintritt des Versorgungsfalls Pensionsrückstellungen nur für solche Pensionsberechtigte gebildet werden, die mindestens 31 Jahre alt sind. Pensionsrückstellungen werden aufgelöst, wenn der Versorgungsfall eingetreten ist.

Aus der Sicht von IAS und US-GAAP stellt das deutsche Passivierungswahlrecht für unmittelbare Pensionszusagen vor dem 1.1.1987 ein Problem dar, weil die Risikoposition eines Unternehmens bei Verzicht auf die Passivierung zu niedrig dargestellt wird. IAS und US-GAAP kennen kein Passivierungswahlrecht bei Pensionsverpflichtungen. Die Verpflichtungen sind ausnahmslos in Bilanz sowie Gewinn- und Verlustrechnung zu berücksichtigen (vgl. Born, 1999a, S. 39). Genausowenig gelten nach IAS und US-GAAP die Regelungen des deutschen Steuerrechts hinsichtlich der Passivierung von Pensionsverpflichtungen bei Berechtigten unter und über 31 Jahren. Nach IAS und US-GAAP gibt es keine altersmäßigen Untergrenzen bei der Ermittlung von Pensionsverpflichtungen (vgl. KPMG, 1999a, S. 136, Selchert/Erhardt, 1998, S. 174).

Auch nach IAS und US-GAAP haben Unternehmen verschiedene Möglichkeiten, Vorsorge für das Alter ihrer Arbeitnehmer zu treffen. Man unterscheidet (vgl. z.B. Coenenberg, 1997a, S. 257-258, Born, 1999b, S. 365-366):

■ **Defined contribution plans (beitragsorientierte Versorgung)**

Beitragsorientiert bedeutet, dass die Unternehmen sich lediglich zur Zahlung von Beiträgen an einen Pensionsfonds verpflichten. Die Pensionsleistungen werden von den Pensionsfonds erbracht und richten sich nach den von den Unternehmen gezahlten Beiträgen und den durch den Fonds erwirtschafteten Gewinnen. Die Zahlungen an den Pensionsfonds stellen Aufwand des Geschäftsjahres dar, dem ein Abgang von liquiden Mitteln (Bank, Kasse) oder eine Verbindlichkeit in gleicher Höhe gegenübersteht. Da die Unternehmen nicht für die Versorgungsleistungen eintreten, sind auch keine Pensionsrückstellungen zu bilden. Diese Form der betrieblichen Altersversorgung entspricht im Wesentlichen dem Abschluss einer Direktversicherung in Deutschland.

■ **Defined benefit plans (leistungsorientierte Versorgung)**

Leistungsorientiert bedeutet, dass die Unternehmen für die Versorgungsleistungen einstehen. Bei dieser Form der Versorgung wird die Altersvorsorge durch die Ansammlung eines Fondsvermögens innerhalb oder außerhalb des Unternehmens betrieben.

♦ **Ansammlung von Fondsvermögen innerhalb des Unternehmens**

Die Ansammlung des Fondsvermögens vollzieht sich durch die Bildung von Pensionsrückstellungen. Durch die Rückstellungsbildung vermindert sich der ausschüttungsfähigen Gewinn. Infolgedessen gelangt Vermögen in Höhe des Rückstellungsbetrages nicht zur Ausschüttung, sondern wird einbehalten. Diese Form der Altersvorsorge entspricht den unmittelbaren Versorgungszusagen in Deutschland. Außerhalb Deutschlands ist sie allerdings wenig gebräuchlich. So trifft man sie z.B. in den USA nur sehr selten an.

♦ **Ansammlung von Fondsvermögen außerhalb des Unternehmens**

Die Ansammlung von Fondsvermögen erfolgt über die Zahlungen der Unternehmen an selbständige Versorgungsträger (Pensionsfonds oder Versicherungsunternehmen). Die in einem Geschäftsjahr geleisteten Zahlungen an die Kassen stellen Aufwand des Geschäftsjahres dar, dem ein Abgang von liquiden Mitteln (Bank, Kasse) oder eine Verbindlichkeit in gleicher Höhe gegenübersteht. Wenn der Barwert der Pensionsverpflichtungen eines Unternehmens größer als der Zeitwert des angesammelten Fondsvermögens ist, muss das Unternehmen eine Rückstellung in Höhe der Differenz bilden (unfunded accumulated benefit obligation) (vgl. Kupsch, 1998, S. 126). Der Barwert der Pensionsverpflichtung ist der Betrag, der zuzüglich Zinsen und Zinseszinsen unter Berücksichtigung der Sterbewahrscheinlichkeiten den zukünftig erwarteten Pensionszahlungen entspricht. Er ergibt sich, indem man die zukünftig erwarteten Pensionszahlungen mit einem Diskontierungssatz auf den Bilanzstichtag abzinst. Der Zeitwert des angesammelten Fondsvermögen ist der Wert des Vermögens am Bilanzstichtag. Im vorliegenden Fall ist die Rückstellung erforderlich, weil das angesammelte Fondsvermögen zuzüglich Zinsen und Zinseszinsen bis zum Versorgungsfall kleiner als die erwarteten Pensionsverpflichtungen ist. Ist umgekehrt der Zeitwert des angesammelten Fondsvermögen größer als der Barwert der Pensionsverpflichtung, ist ein Aktivposten „prepaid pension costs" auszuweisen (vgl. Born, 1999b, S. 367). Diese Form der Altersvorsorge ähnelt den Zuweisungen zu einer Unterstützungskasse in Deutschland.

Bei der Bewertung der Pensionsrückstellungen sind nach deutschem Recht zwei Fälle zu unterscheiden (vgl. Coenenberg, 1997a, S. 255-257):

■ **Der Versorgungsfall ist bereits eingetreten (= bereits laufende Rente).**

In diesem Fall muss die Rückstellung nach § 253 (1), S. 2 mit dem Barwert der erwarteten Pensionsleistungen bilanziert werden. Zur Barwertermittlung ist handelsrechtlich ein Diskontierungszinssatz zwischen 3% und 6% zu verwenden. Steuerrechtlich ist ein Zinssatz von 6% vorgeschrieben.

■ **Der Versorgungsfall ist noch nicht eingetreten (= Rentenanwartschaft)**

In diesem Fall müssen die Rückstellungen zuzüglich der Zinsen und Zinseszinsen zum Zeitpunkt des Rentenbeginns den erwarteten Pensionsleistungen entsprechen. Zur Ermittlung des Rückstellungsbetrages bzw. der Zuführungen zu den Pensionsrückstellungen gibt es zwei Verfahren – die Gegenwartswert- und die Teilwertmethode. Sie weisen u.a. folgende Gemeinsamkeiten und Unterschiede auf:

♦ Beide Methoden verteilen den Barwert der zukünftig erwarteten Pensionsleistungen durch entsprechende Aufwandsbuchungen auf die Perioden vor dem Eintritt des Versorgungsfalls.

♦ Die Gegenwartswertmethode unterstellt, dass die Pensionsberechtigten ihren Pensionsanspruch ab dem Zeitpunkt der Pensionszusage verdienen. Dahinter steht die Argumentation, dass vor dem Zeitpunkt der Zusage keinerlei Pensionsansprüche bestehen. Dagegen unterstellt die Teilwertmethode, dass die Pensionsberechtigten ihre Ansprüche bereits ab dem Zeitpunkt des Diensteintritts verdienen. Diese Annahme stützt sich auf das Argument, dass Pensionszusagen auch eine „Belohnung" für die Tätigkeit von Arbeitnehmern vor der Pensionszusage darstellen (vgl. Coenenberg, 1997a, S. 256). Gegenwartswert- und Teilwertmethode unterscheiden sich also darin, dass sie von unterschiedlichen Zeiträumen bei der Verteilung des Barwerts der zukünftigen Pensionsleistungen ausgehen. Fallen Diensteintritt und Pensionszusage zusammen, stimmen die Methoden überein. Liegt die Pensionszusage zeitlich später, so sind beim Teilwertverfahren die laufenden Zuführungen zu den Pensionsrückstellungen wegen der längeren Berechnungsdauer geringer als beim Gegenwartswertverfahren. Allerdings entsteht beim Teilwertverfahren zwangsläufig eine „Einmalrückstellung". Sie ist erforderlich, weil auch beim Teilwertverfahren erst ab dem Zeitpunkt der Pensionszusage Rückstellungen gebildet werden. Damit die Annahme des Pensionsanspruchs ab dem

Zeitpunkt des Diensteintritts erfüllt wird, holt die Einmalrückstellung die Zuführungen zu den Pensionsrückstellungen für den Zeitraum vom Diensteintritt bis zur Pensionszusage „auf einmal" nach.

♦ Handelsrechtlich sind beide Verfahren zulässig. Wie im Fall der bereits laufenden Rente ist als Diskontierungssatz für die Barwertbildung in der Handelsbilanz ein Zinssatz von mindestens 3% und höchstens 6% zu Grunde zulegen. Steuerlich ist ausschließlich das Teilwertverfahren erlaubt (vgl. § 6a EStG). Der Diskontierungssatz in der Steuerbilanz ist – wie im Fall der bereits laufenden Rente – auf 6% festgelegt (vgl. § 6a (3), S. 3 EStG).

♦ Da nach deutschem Recht bei der Bilanzierung das Stichtagsprinzip gilt, dürfen weder im Gegenwartswertverfahren noch im Teilwertverfahren zukünftige Lohn-, Gehalts- und Rentensteigerungen sowie inflationsbedingte Steigerungen bei der Ermittlung der Pensionsrückstellungen berücksichtigt werden.

Nach IAS und US-GAAP ist bei defined benefit plans die projected unit credit method (Anwartschaftsbarwertverfahren) die einzig zulässige Methode zur Ermittlung der Pensionsverpflichtungen (vgl. Born, 1999b, S. 366, vgl. KPMG, 1999a, S. 134). Die projected unit credit method weist u.a. folgende Gemeinsamkeiten bzw. Unterschiede zum Gegenwartswertverfahren bzw. Teilwertverfahren auf:

■ Die projected unit benefit method geht wie das deutsche Gegenwartswertverfahren davon aus, dass Pensionsansprüche nicht ab dem Zeitpunkt des Diensteintritts, sondern erst ab dem Zeitpunkt der Zusage ansteigen (vgl. Ballwieser, 1998, S. 339).

■ Die Gegenwartswertmethode und die Teilwertmethode gehen bei der Bewertung der erworbenen Pensionsansprüche von der am Bilanzstichtag abgeleisteten **und** zukünftig noch abzuleistenden Dienstzeit aus (vgl. Selchert/Erhardt, 1998, S. 164). Dagegen geht die projected unit benefit method nur von der zum Bilanzierungsstichtag abgeleisteten Dienstzeit aus (vgl. Selchert/Erhardt, 1998, S. 164).

■ Im Unterschied zur Gegenwartswertmethode und Teilwertmethode müssen bei der projected unit credit method längerfristige Trendannahmen über zukünftige Lohn-, Gehalts- und Rentensteigerungen sowie inflationsbedingte Steigerungen bei der Ermittlung der Pensionsrückstellungen berücksichtigt werden (vgl. Born, 1999a, S. 39).

■ Im Gegensatz zu den im Handelsrecht mit 3% - 6% bzw. im Steuerrecht mit 6% vorgeschriebenen Diskontierungssätzen wird bei Anwendung der projected unit credit method als Diskontierungsprozentsatz der stichtagsbezogene Kapitalmarktzins bzw. der stichtagsbezogene Zins für Industrieanleihen verwendet (vgl. Born, 1999a, S. 39).

Die Unterschiede zwischen der Gegenwartswertmethode und der Teilwertmethode auf der einen Seite und der projected unit credit method auf der anderen Seite können zu erheblichen Abweichungen bei der Ermittlung der erwarteten Pensionsverpflichtungen nach deutschem Recht und nach IAS bzw. US-GAAP führen. Dabei sind die Pensions-rückstellungen nach deutschem Recht aus Sicht von IAS und US-GAAP tendenziell unterbewertet (vgl. Born, 1999b, S. 549, S. 590). Das zeigt sich anschaulich am Beispiel von Daimler Benz (vgl. dazu Ballwieser, 1998, S. 343-344, S. 346). Für die Jahre 1990 bis 1995 wurden bei den Pensionsverpflichtungen und Krankheitskosten für Pensionäre folgende Unterschiede nach deutschem Recht und US-GAAP ermittelt:

Pensionsverpflichtungen und Krankheitskosten für Pensionäre					
1990	1991	1992	1993	1994	1995
+ 153	+ 66	./. 96	+ 624	+ 432	+ 219

Erläuterungen:

■ Alle Beträge sind in Millionen DM angegeben.

■ Positive Vorzeichen geben an, dass nach US-GAAP höhere Pensionsverpflichtungen als nach deutschem Recht bestehen. Negative Vorzeichen geben an, dass nach US-GAAP geringere Pensionsverpflichtungen als nach deutschem Recht bestehen.

■ Lässt man die Krankheitskosten außer Acht, gehen die höheren Pensionsverpflichtun-gen nach US-GAAP auf folgende Aspekte zurück: Nach US-GAAP werden die Pensionsverpflichtungen für Altersversorgung unter Berücksichtigung erwarteter Lohn-, Gehalts- und Rentensteigerungen und der erwarteten Inflation ermittelt. Die damit verbundenen Erhöhungseffekte überkompensieren die gegenläufigen Effekte, die sich aus der Verwendung eines Diskontierungssatzes über 6% und dem Zugrun-delegen einer kürzeren Dienstzeit bei der Bewertung der Pensionsansprüche ergeben.

2.3.3.3.3 Steuerrückstellungen

In der Handelsbilanz müssen Steuerrückstellungen für solche Steuern und Abgaben ge-bildet werden, die

■ bis zum Ende des Geschäftsjahres wirtschaftlich entstanden sind,

■ deren Höhe aber noch nicht feststeht (z.B. wegen eines fehlenden Gewinnverwen-dungsbeschlusses bei einer AG).

In der Steuerbilanz sind Rückstellungen nur für solche Steuerarten zulässig, die als Be-triebsausgaben abzugsfähig sind. Dazu gehören z.B. die Gewerbesteuer und die zahl-reichen Verbrauchssteuern (Mineralölsteuer etc.). Der Rückstellungsbetrag ergibt sich auf Grund der steuerlichen Vorschriften, z.B. über die Steuersätze.

Eine besondere Form der Steuerrückstellung ist die Rückstellung für latente Steuern (vgl. dazu noch einmal 2.3.2.5 Latente Steuern). Passive latente Steuern entstehen,

■ wenn der handelsrechtliche Jahresüberschuss vor Ertragsteuern (einschließlich Gewinnsteuern) den steuerlichen Gewinn überschreitet

■ und die Überschreitung nicht permanent, sondern nur zeitlich ist.

Eine solche Überschreitung ergibt sich z.B., wenn handelsrechtlich Ingangsetzungs- und
Erweiterungsaufwendungen aktiviert werden, was nach dem Steuerrecht verboten ist. Die
daraus resultierende Differenz zwischen den Ergebnissen der Handelsbilanz und der
Steuerbilanz ist nur zeitlich, weil aktivierte Ingangsetzungs- und Erweiterungsaufwendungen in den Folgejahren jeweils zumindest mit einem Viertel abgeschrieben werden
müssen (vgl. § 282 HGB). Für passive latente Steuern besteht eine Pflicht zur Bildung
einer Rückstellung. Rückstellungen für latente Steuern sind entweder unter den Steuerrückstellungen in der Bilanz gesondert anzugeben oder im Anhang zu erläutern.

Beispiel:

Bei der XY AG besteht der einzige Unterschied zwischen der Handels- und Steuerbilanz
darin, dass in der Handelsbilanz 01 – nicht aber in der Steuerbilanz – Aufwendungen für
Ingangsetzung und Erweiterung des Geschäftsbetriebes in Höhe von 200 000 DM aktiviert wurden. Die aktivierten Aufwendungen sollen in den Jahren 02 bis 05 mit jeweils
einem Viertel abgeschrieben werden. Ansonsten beträgt das Ergebnis sowohl in der Han-
dels- als auch in der Steuerbilanz 1 000 000 DM. Der Ertragsteuersatz beträgt 50%.

	01	02	....
Ergebnis Handelsbilanz	1 200 000 DM		
Ergebnis Steuerbilanz	1 000 000 DM		
zeitliche Differenz	200 000 DM		
tatsächlicher Steueraufwand	1 000 000 DM x 50% = 500 000 DM		
fiktiver Steueraufwand	1 200 000 DM x 50% = 600 000 DM		
passive latente Steuern	600 000 DM ./. 500 000 DM = **100 000 DM**		
latenter Steueraufwand an Rückstellung für pas-sive latente Steuern	**100 000 DM**		

Erläuterungen:

Gemessen am handelsrechtlichen Ergebnis ist die tatsächliche Steuerschuld um 100 000 DM zu niedrig. Durch die Bildung einer Rückstellung für latente Steuern in Höhe dieser Differenz wird diese Diskrepanz

- in der Gewinn- und Verlustrechnung beseitigt, indem zusätzlich zu dem zu niedrigen Steueraufwand ein latenter Steueraufwand gebucht wird,

- in der Bilanz beseitigt, indem der zu niedrige Kassen- bzw. Bankabgang bei Begleichung der Steuerschuld durch den Aufbau eines Passivpostens „latente Steuern" ergänzt wird.

Da die Differenz zwischen den Ergebnissen der Handels- und der Steuerbilanz nur zeitlich sind, ist die Rückstellung für latente Steuern im Zeitablauf wieder aufzulösen.

Beispiel:

In den Jahren 02 bis 05 besteht bei XY AG der einzige Unterschied zwischen der Handels- und Steuerbilanz darin, dass in den Handelsbilanzen – nicht aber in den Steuerbilanzen – die in 01 aktivierten Aufwendungen für Ingangsetzung und Erweiterung des Geschäftsbetriebes in Höhe von 200 000 DM zu jeweils einem Viertel abgeschrieben werden. Die Jahresabschreibung beträgt demnach 200 000 DM : 4 Jahre = 50 000 DM/Jahr. Ansonsten beträgt das Ergebnis sowohl in der Handels- als auch in der Steuerbilanz 1 000 000 DM/Jahr. Der Ertragsteuersatz beträgt wiederum 50%.

	02	**03**	**04**	**05**
Ergebnis Steuer-bilanz	1 000 000 DM	1 000 000 DM	1 000 000 DM	1 000 000 DM
Ergebnis Han-delsbilanz	950 000 DM	950 000 DM	950 000 DM	950 000 DM
zeitliche Diffe-renz	50 000 DM	50 000 DM	50 000 DM	50 000 DM
tatsächlicher Steueraufwand	1 000 000 DM x 50% = 500 000 DM	1 000 000 DM x 50% = 500 000 DM	1 000 000 DM x 50% = 500 000 DM	1 000 000 DM x 50% = 500 000 DM
fiktiver Steuer-aufwand	950 000 DM x 50% = 475 000 DM	950 000 DM x 50% = 475 000 DM	950 000 DM x 50% = 475 000 DM	950 000 DM x 50% = 475 000 DM
Auflösung der Rückstellung für latente Steuern	500 000 DM ./. 475 000 DM = **25 000 DM**	500 000 DM ./. 475 000 DM = **25 000 DM**	500 000 DM ./. 475 000 DM = **25 000 DM**	500 000 DM ./. 475 000 DM = **25 000 DM**

Erläuterungen:

Der Rückstellungsbetrag des Jahres 01 in Höhe von 100 000 DM wird in den vier Folgejahren mit jeweils 25 000 DM wie folgt aufgelöst:

Rückstellung für latente Steuern	an	latenter Steuerer-trag	4 x 25 000 DM =	**100 000 DM**

Da nach IAS und US-GAAP nicht zwischen Rückstellungen und Verbindlichkeiten unterschieden wird, werden Steuerrückstellungen und Steuerverbindlichkeiten gemeinsam unter den „tax liabilities" ausgewiesen (vgl. Selchert/Erhardt, 1998, S. 181, S. 185). Wie nach dem HGB sind auch nach IAS und US-GAAP passive latente Steuern passivierungspflichtig (vgl. Selchert/Erhardt, 1998, S. 248, S 251). Im Gegensatz zum HGB dürfen sie aber nach US-GAAP nicht bzw. nach IAS nur sehr eingeschränkt mit etwaigen aktiven latenten Steuern saldiert werden. Die Angabepflichten für Steuerrückstellungen gehen sowohl nach IAS als auch nach US-GAAP über die handelsrechtlich geforderten Anhangangaben hinaus (vgl. Selchert/Erhardt, 1998, S. 183, S. 185, S. 248, S. 251).

2.3.3.3.4 Sonstige Rückstellungen

2.3.3.3.4.1 Rückstellungen für ungewisse Verbindlichkeiten

Beispiele für ungewisse Verbindlichkeiten in der Bilanzposition „Sonstige Rückstellungen" sind:

■ **Prozessrückstellungen**

In der Handelsbilanz sind Prozessrückstellungen schon dann zu bilden, wenn ein Prozess lediglich erwartet wird bzw. schwebt. Dagegen dürfen in der Steuerbilanz Prozessrückstellungen erst dann gebildet werden, wenn ein Prozess tatsächlich anhängig ist (vgl. Coenenberg, 1997a, S. 250). Zurückzustellen ist der Betrag, mit dem das Unternehmen wahrscheinlich in Anspruch genommen wird.

■ **Garantierückstellungen**

Unternehmen können sich vertraglich verpflichten, innerhalb einer bestimmten Zeit auftretende Schäden an verkauften Erzeugnissen auf eigene Kosten zu beheben. Ist das der Fall, muss durch die Bildung einer Rückstellung Vorsorge für die ungewissen Garantieverpflichtungen getroffen werden. Das gilt sowohl für die Handels- als auch für die Steuerbilanz. Der Rückstellungsbetrag richtet sich nach den voraussichtlich zu erbringenden Garantieleistungen. I. d. R. wird er pauschal ermittelt, indem die durchschnittlichen Garantieleistungen der Vergangenheit – gemessen in % vom Umsatz – auf den Umsatz des Geschäftsjahres gerechnet werden.

Beispiel (vgl. Arnold/Botta/Hoefener/Pech, 1998, S. 238):

Aus den Daten der Vergangenheit ergibt sich, dass die XY AG durchschnittlich 2% des Umsatzes als Garantieleistungen erbracht hat. Die bestehenden Garantierückstellungen betragen 320 000 DM. Am Bilanzstichtag wird ein garantiebelasteter Umsatz in Höhe von 18 000 000 DM festgestellt.

♦ Ermittlung der erforderlichen Zuführung zu den Garantierückstellungen

benötigte Garantierückstellungen	18 000 000 DM x 2% =	360 000 DM
bestehende Garantierückstellungen		320 000 DM
erforderliche Zuführung zu den Garantierückstellungen	360 000 DM ./. 320 000 DM =	40 000 DM

◆ Buchung der Zuführung zu den Garantierückstellungen

sonstiger betrieblicher Aufwand	an	sonstige Rückstellungen	40 000 DM

■ **Rückstellungen für drohende Verluste aus schwebenden Geschäften**

Schwebende Geschäfte sind zweiseitig verpflichtende Verträge, bei denen die Leistung und Gegenleistung noch aussteht. Wenn konkrete Anzeichen für drohende Verluste aus solchen Geschäften vorliegen, muss in der Handelsbilanz eine Rückstellung gebildet werden. Die Höhe der Rückstellung ergibt sich aus der Differenz zwischen dem Wert der eigenen Leistung des Unternehmens und dem Wert der Gegenleistung.

Beispiel:

Die XY AG schließt am 20.10.01 mit dem Produzenten P einen Kaufvertrag über die Lieferung von insgesamt 3 000 t einer bestimmten Sorte Eisenträger zum Festpreis von 800 DM/t ab. Im November bezieht die XY AG auf Grund des Kaufvertrages eine Teillieferung von 1 000 t, von denen sich laut Inventur am Bilanzstichtag (31.12.01) noch 200 t auf Lager befinden. Ende Dezember sinken die Preise für die Eisenträger auf 750 DM/t.

◆ Ermittlung der Wertminderung

historische Anschaffungskosten		800 DM/t
Wert am Bilanzstichtag		750 DM/t
Wertminderung	800 DM/t ./. 750 DM/t =	50 DM/t

◆ Bewertung des Lagerbestandes

Auf Grund des strengen Niederstwertprinzips ist der Lagerbestand an Vorräten mit dem niedrigeren Wert zu bilanzieren.

Wert der Vorräte am Bilanzstichtag	200 t x 750 DM/t =	150 000 DM

◆ Ermittlung des drohenden Verlustes aus dem schwebenden Geschäft

Das schwebende Geschäft dieses Vertrages besteht darin, dass P noch 2 000 t Eisenträger liefern und die XY AG noch 2 000 t bezahlen muss. Demnach ergibt sich folgender Drohverlust:

Wert der eigenen Leistung des Unternehmens (= vertraglich vereinbarter Zahlungsbetrag)	2 000 t x 800 DM/t =	1 600 000 DM
Wert der Gegenleistung am Bilanzstichtag	2 000 t x 750 DM/t =	1 500 000 DM
⇒ drohender Verlust aus schwebendem Geschäft	1 600 000 DM ./. 1 500 000 DM = bzw. 2 000 t x 50 DM/t =	100 000 DM

♦ Buchung der Rückstellung für drohende Verluste

Materialaufwand	an	sonstige Rückstellungen	100 000 DM

In der Steuerbilanz dürfen für drohende Verluste aus schwebenden Geschäften keine Rückstellungen gebildet werden (§ 5 (4a) EStG).

■ Kulanzverpflichtungen

Im Gegensatz zu den Prozessrückstellungen, Garantierückstellungen und den Rückstellungen für drohende Verluste handelt es sich bei Kulanzverpflichtungen nicht um rechtliche, sondern um wirtschaftliche Verpflichtungen. Sie erwachsen aus dem Wettbewerbsdruck am Absatzmarkt. Wenn in der Zukunft mit der Bewilligung von Kulanzleistungen gerechnet werden muss, ist dafür eine Rückstellung zu bilden. Das gilt gleichermaßen für die Handels-, wie für die Steuerbilanz (vgl. Coenenberg, 1997a, S. 247). Vergleichbar mit den Garantierückstellungen wird auch bei den Kulanzrückstellungen der Rückstellungsbetrag i.d.R. pauschal auf der Grundlage der Erfahrungen der Vergangenheit ermittelt.

Beispiel (vgl. Coenenberg, 1997b, S. 105):

Bei der XY AG verursachen die aus dem abgelaufenen Geschäftsjahr resultierenden Garantieverpflichtungen erfahrungsgemäß noch Kosten in Höhe von 150 000 DM. Auf Grund des Konkurrenzdrucks sieht sich die XY AG wie in der Vergangenheit auch weiterhin gezwungen, neben den Garantieleistungen noch Kulanzleistungen zu erbringen. Nach den Erfahrungen der Vergangenheit wird die Höhe der Kulanzleistungen auf 10% der Kosten für Garantieleistungen geschätzt.

♦ Ermittlung der Rückstellung für Kulanzleistungen

150 000 DM x 10% =	15 000 DM

♦ Buchung der Rückstellung für Kulanzleistungen

sonstiger betrieblicher Aufwand	an	sonstige Rückstellungen	15 000 DM

Da nach IAS und US-GAAP Rückstellungen für Aufwendungen verboten sind, bestehen die sonstigen Rückstellungen allein aus den Rückstellungen für ungewisse Verbindlichkeiten. Sie werden zusammen mit den sonstigen Verbindlichkeiten unter den „other liabilities" ausgewiesen (vgl. Coenenberg, 1997a, S. 241, KPMG, 1999b, S. 117). Im Vergleich zum HGB ist die Bildung von Rückstellungen für ungewisse Verbindlichkeiten nach IAS und US-GAAP stärker eingeschränkt. Sie sind nur dann zu passivieren, wenn am Bilanzstichtag zwei Bedingungen erfüllt sind (vgl. Coenenberg, 1997a, S. 241, KPMG, 1999b, S. 118):

■ Die Verpflichtung muss mit erheblicher Wahrscheinlichkeit eintreten.

■ Die Höhe der Verpflichtung kann zuverlässig geschätzt werden.

Ist eine der Bedingungen nicht erfüllt, ist über die ungewisse Verbindlichkeit nur im Anhang zu berichten (vgl. Coenenberg, 1997a, S. 241, Selchert/Erhardt, 1998, S. 189). Das ist z.B. der Fall, wenn die Verpflichtung nur möglicherweise eintritt (= nicht unwahrscheinlich, aber weniger als wahrscheinlich). Wenn dagegen die Verpflichtung als sehr unwahrscheinlich anzusehen ist, unterbleibt auch die Angabe im Anhang. Die Verpflichtung wird bei der Bilanzierung nicht berücksichtigt (vgl. Coenenberg, 1997a, S. 241, Selchert/Erhardt, 1998, S. 189).

2.3.3.3.4.2 Rückstellungen für Aufwendungen

Beispiele für Aufwandsrücsstellungen in der HGB-Position „Sonstige Rückstellungen" sind:

■ Rückstellungen für unterlassene Aufwendungen zur Instandhaltung

Technische Anlagen und Maschinen müssen während ihrer Nutzungsdauer gewartet und gegebenenfalls auch repariert werden. Dabei lassen sich zwei Fälle unterscheiden:

♦ Die Wartung bzw. Reparatur erfolgt in der Periode, in der sie auf Grund des Wartungsplanes bzw. des Defektes erforderlich war. In diesem Fall wird die Wartung bzw. Reparatur erfolgswirksam als Aufwand des Geschäftsjahres erfasst.

♦ Eine fällige Wartung bzw. Reparatur wird – aus welchen Gründen auch immer – in ein folgendes Geschäftsjahr verschoben, obwohl sie unter normalen Umständen im Geschäftsjahr notwendig gewesen wäre. In diesem Fall ist zwar ein Aufwand durch das betrachtete Geschäftsjahr verursacht worden, die zugehörige Auszahlung erfolgt aber erst in einem kommenden Jahr. In solchen Fällen kommt eine Rückstellung für unterlassene Instandhaltung in Betracht, um den Aufwand periodengerecht zu erfassen.

Nach § 249 (1), S. 2 HGB besteht für unterlassene Aufwendungen für Instandhaltung eine Passivierungspflicht, wenn die Instandhaltung innerhalb der ersten drei Monate des folgenden Geschäftsjahres nachgeholt werden soll. Nach herrschender Meinung gilt das Gleiche für die Steuerbilanz (vgl. Coenenberg, 1997a, S. 251). Dagegen besteht handelsrechtlich ein Passivierungswahlrecht, wenn die Instandhaltung nach den ersten drei Monaten des neuen Geschäftsjahres, aber noch innerhalb des folgenden Geschäftsjahres geplant ist (vgl. § 249 (1), S. 3 HGB). In der Steuerbilanz besteht für diesen Fall ein Passivierungsverbot. Ist die Instandhaltung erst für einen noch späteren Zeitpunkt vorgesehen, gilt handels- und steuerrechtlich ein Passivierungsverbot.

Wird eine Rückstellung für unterlassene Instandhaltung gebildet, so ergibt sich der Rückstellungsbetrag durch Schätzung auf der Grundlage von Erfahrungswerten (vgl. Coenenberg, 1997a, S. 260).

■ Eigenartsrückstellungen

Nach § 249 (2) HGB dürfen Rückstellungen „außerdem für ihrer Eigenart nach genau umschriebene, dem Geschäftsjahr oder einem früheren Geschäftsjahr zuzuordnende Aufwendungen gebildet werden, die am Abschlussstichtag wahrscheinlich oder sicher, aber hinsichtlich ihrer Höhe oder des Zeitpunkts ihres Eintritts unbestimmt sind." Für diese Rückstellungen gilt demnach ein Passivierungswahlrecht. Steuerrechtlich dürfen Rückstellungen nach § 249 (2) HGB nicht gebildet werden (vgl. Coenenberg, 1997a, S. 253).

Nach dem Grundsatz der Periodenabgrenzung ergibt sich allerdings ein Problem, wenn handelsrechtlich Rückstellungen für Aufwendungen früherer Geschäftsjahre gebildet werden. Denn eine erfolgswirksame Verrechnung des Aufwandes früherer Perioden in einem betrachteten Geschäftsjahr ist mit einer periodengerechten Gewinnermittlung nicht vereinbar (vgl. Coenenberg, 1997a, S. 253).

Wie bei den Rückstellungen für unterlassene Instandhaltung ergibt sich auch bei Eigenartsrückstellungen der Rückstellungsbetrag auf der Basis von Schätzungen (vgl. Coenenberg, 1997a, S. 260).

Beispiel (in Anlehnung an Coenenberg, 1997b, S. 105, 108):

Eine auf dem Betriebsgelände der XY AG stehende Gleisanlage muss in absehbarer Zeit repariert werden. Am Bilanzstichtag liegt die letzte Reparatur zwei Jahre zurück. Die durch Transporte entstehenden Schäden werden auf 100 000 DM im Jahr geschätzt. Die Reparatur wird voraussichtlich in zwei Jahren erfolgen und entsprechend der Schätzung zu Kosten in Höhe von 400 000 DM führen.

♦ Prüfung der Rückstellungsart

Es kann sich nicht um eine Rückstellung für unterlassene Instandhaltung nach § 249 (1), S. 2 oder S. 3 HGB handeln, weil die Reparatur nicht im folgenden Geschäftsjahr geplant ist. Wohl aber handelt es sich um Aufwendungen, die ihrer Eigenart nach genau umschrieben sind. Für diese darf eine Rückstellung nach

§ 249 (2) HGB gebildet werden, sofern sie durch das Geschäftsjahr bzw. frühere Geschäftsjahre verursacht wurden.

♦ Ermittlung des Rückstellungsbetrages

Durch das abgelaufene Geschäftsjahr sowie das davor liegende Geschäftsjahr wurden insgesamt 2 Jahre x 100 000 DM/Jahr = 200 000 DM Aufwand verursacht.

♦ Buchung der Rückstellung

sonstiger betrieblicher Aufwand	an	sonstige Rückstellungen	200 000 DM

♦ Zuführung zur Rückstellung im kommenden Geschäftsjahr

sonstiger betrieblicher Aufwand	an	sonstige Rückstellungen	100 000 DM

♦ Auflösung der Rückstellung im Jahr der Reparatur

Unter der Annahme, dass die Kosten der Reparatur den geschätzen Kosten entsprechen, ist die Reparatur wie folgt in den Büchern zu berücksichtigen:

sonstige Rückstellungen	300 000 DM	an	Bank	400 000 DM
sonstiger betrieblicher Aufwand	100 000 DM			

Das Jahr der Reparatur wird erfolgswirksam nur mit dem von ihm verursachten Aufwand in Höhe von 100 000 DM belastet. Für die restlichen 300 000 DM Reparaturkosten wurde in den vergangenen Jahren Vorsorge in Form einer Rückstellung getroffen. Die Rückstellung wird erfolgsneutral aufgelöst.

2.3.3.4 Verbindlichkeiten

2.3.3.4.1 Wesen und Arten

Verbindlichkeiten sind Verpflichtungen eines Unternehmens, die am Bilanzstichtag ihrer Höhe und ihrer Fälligkeit nach feststehen. Nach § 266 (3) HGB sind Verbindlichkeiten nach der Art der Gläubiger wie folgt zu untergliedern:

- Anleihen,

- Verbindlichkeiten gegenüber Kreditinstituten,

- erhaltene Anzahlungen auf Bestellungen,

- Verbindlichkeiten aus Lieferungen und Leistungen,

- Verbindlichkeiten aus der Annahme gezogener Wechsel und der Ausstellung eigener Wechsel,

- Verbindlichkeiten gegenüber verbundenen Unternehmen,

- Verbindlichkeiten gegenüber Unternehmen, mit denen ein Beteiligungsverhältnis besteht,

- sonstige Verbindlichkeiten.

Um dem Grundsatz der Klarheit Genüge zu tun, dürfen Verbindlichkeiten nach § 246 (2) HGB nicht mit Forderungen saldiert werden. Es gilt grundsätzlich Passivierungspflicht. Kapitalgesellschaften müssen zu ihren Verbindlichkeiten im Anhang zusätzliche Angaben machen. So verpflichtet z.B. der § 285 (1) HGB dazu, den Gesamtbetrag der Verbindlichkeiten mit einer Restlaufzeit von mehr als fünf Jahren im Anhang anzugeben.

Über die bilanzierten Verbindlichkeiten hinaus sind nach § 251 HGB bestehende Haftungsverhältnisse im Jahresabschluss anzugeben. Bestehende Haftungsverhältnisse werden auch als Eventualverbindlichkeiten bezeichnet. Sie unterscheiden sich von den passivierten Verbindlichkeiten bzw. Rückstellungen dadurch, dass eine Inanspruchnahme des Unternehmens lediglich möglich, aber nicht sicher bzw. wahrscheinlich ist. Anders ausgedrückt wird mit ihrem Eintritt nicht gerechnet. Beispiele für Eventualverbindlichkeiten sind Risiken aus der Übernahme von Bürgschaften oder aus der Begebung und Übertragung von Wechseln. Nach dem HGB sind Eventualverbindlichkeiten nicht in die Bilanz aufzunehmen, sondern „unter der Bilanz" bzw. im Anhang aufzuführen (vgl. § 251 HGB). Durch die Offenlegung der Eventualverbindlichkeiten soll über mögliche Risiken informiert werden, die auf das Unternehmen zukommen können. Sobald mit einer Inanspruchnahme aus einer Eventualverbindlichkeit gerechnet wird, muss eine Rückstellung gebildet werden. Ist die Inanspruchnahme sicher, ist eine Verbindlichkeit zu bilden. Neben den Eventualverbindlichkeiten sind außerdem alle weiteren möglichen finanziellen Verpflichtungen eines Unternehmens im Anhang anzugeben, die nicht in der Bilanz ausgewiesen werden dürfen. Dazu gehören insbesondere Verpflichtungen aus schwebenden Rechtsgeschäften. Schwebende Rechtsgeschäfte dürfen nicht in der Bilanz erfasst werden, solange von einem Ausgleich der Leistung und Gegenleistung auszugehen ist. Nur wenn aus den schwebenden Geschäften ein Verlust droht, werden sie in Form einer Rückstellung in der Bilanz berücksichtigt. Die Angabe finanzieller Verpflichtungen aus schwebenden Geschäften soll über zukünftige Belastungen des Unternehmens informieren.

Nach § 253 (1), S. 2 HGB sind Verbindlichkeiten grundsätzlich mit ihrem Rückzahlungsbetrag zu bewerten. Der Rückzahlungsbetrag ist der Betrag, den ein Unternehmen zur Erfüllung seiner Verpflichtung aufbringen muss. Stehen zwei alternative Werte zur Wahl, ist das Imparitätsprinzip zu beachten. Während aus dem Imparitätsprinzip auf der Aktivseite das Niederstwertprinzip abgeleitet ist, führt es bei den Verbindlichkeiten zum Höchstwertprinzip. Das Höchstwertprinzip besagt, dass bei zwei alternativen Wertansätzen einer Verbindlichkeit am Bilanzstichtag stets mit dem höheren Wert zu bilanzieren ist. Der höhere Wert dient dem Gläubigerschutz, weil sich ein Unternehmen bei der Bilanzierung zum niedrigeren Wert „reich rechnen" würde.

Beispiel:

Am 20.11.01 bezieht die XY AG von einem US-amerikanischen Lieferanten Maschinen. Der Rechnungsbetrag beläuft sich auf 40 000 $. Der $ wird an diesem Tag mit 1,97DM/$ notiert. Am Bilanzstichtag beträgt der Wechselkurs 2,00 DM/$.

■ Ermittlung der Höhe der Verbindlichkeit am 20.11.01

40 000 $ x 1,97 DM/$ =	78 800 DM

■ Einbuchung der Verbindlichkeit

Technische Anlagen und Maschinen	an	Verbindlichkeiten aus Lieferungen und Leistungen	78 800 DM

■ Bilanzstichtag

Wert der Verbindlichkeit	40 000 $ x 2,00 DM/$ =	80 000 DM
Differenz zum Buchwert	80 000 DM ./. 78 800 DM =	1 200 DM

■ Bilanzierung mit dem höheren Wert

Damit die Verbindlichkeit gemäß Höchstwertprinzip mit dem höheren Wert bilanziert werden kann, muss der Buchwert der Verbindlichkeit um die Kursdifferenz erhöht werden:

Sonstiger betrieblicher Aufwand	an	Verbindlichkeiten aus Lieferungen und Leistungen	1 200 DM

Wie schon bei den Forderungen in Fremdwährungen wird in der Literatur verbreitet die Auffassung vertreten, dass bei der Bewertung von kurzfristige Verbindlichkeiten in Fremdwährungen eine weite Auslegung des Höchstwertprinzips möglich ist (vgl. z.B. Adler/Düring/Schmaltz, 1995, § 253, Tz. 92). In diesem Fall werden die kurzfristigen Verbindlichkeiten in Fremdwährungen generell mit dem Kurs am Bilanzstichtag bewertet.

Anders als die un- bzw. niederverzinslichen Forderungen, dürfen un- bzw. niederverzinsliche Verbindlichkeiten nicht mit ihrem Barwert bilanziert werden. Eine Abzinsung verbietet sich auf Grund des § 253 (1) S. 2 HGB, wonach Verbindlichkeiten mit ihrem Rückzahlungsbetrag anzusetzen sind.

Im Unterschied zum HGB werden nach IAS und US-GAAP Verbindlichkeiten nicht gesondert, sondern gemeinsam mit den Rückstellungen unter den „liabilities" ausgewiesen (vgl. Selchert/Erhardt, 1998, S. 195, S. 197). Entgegen der im HGB vorgeschriebenen Gliederung der Verbindlichkeiten nach der Art der Gläubiger, werden die Verbindlichkeiten (und Rückstellungen) nach IAS und US-GAAP i.d.R. getrennt als kurzfristige und langfristige „liabilities" ausgewiesen (vgl. KPMG, 1999a, S. 153, KPMG, 1999b, S. 103, S. 105). „Liabilities" gelten als kurzfristig, wenn sie auf Abruf oder innerhalb eines Jahres beglichen werden (vgl. KPMG, 1999a, S. 153, KPMG 1999b, S. 105). Typische Beispiele für kurzfristige „liabilities" sind Zahlungsverpflichtungen aus Lieferungen und Leistungen und Überziehungskredite. Ein Beispiel für langfristige „liabilities" sind Darlehen.

Die Bewertung der liabilities erfolgt sowohl nach IAS als auch nach US-GAAP

■ entweder zum Rückzahlungsbetrag (settlement value),

■ oder zum Barwert (present value)

(vgl. Erhardt/Selchert, 1998, S. 194, KPMG, 1999b, S. 104). Dadurch können sich Unterschiede zur Bewertung der Verbindlichkeiten nach dem HGB ergeben. So werden z.B. nach US-GAAP langfristige Verbindlichkeiten mit ihrem Barwert bilanziert (vgl. Selchert/Erhardt, 1998, S. 196-197). Die Begründung entspricht der des deutschen Rechts bei der Bilanzierung von un- bzw. niederverzinslichen Forderungen. Danach stellt die Bilanzierung langfristiger Verbindlichkeiten zum Rückzahlungsbetrag eine Überbewertung der Verbindlichkeit dar. Denn zur Begleichung der Verbindlichkeit bei Fälligkeit ist nur der Betrag erforderlich, der bei einer Anlage am Kapitalmarkt im Zeitpunkt der Bilanzierung zuzüglich Zinsen und Zinseszinsen dem Rückzahlungsbetrag der Verbindlichkeit entspricht. Dagegen werden die kurzfristigen Verbindlichkeiten nach US-GAAP meist mit ihrem Rückzahlungsbetrag bilanziert, weil die damit verbundene Überbewertung als unwesentlich erachtet wird (vgl. KPMG, 1999b, S. 104).

Im Unterschied zum HGB werden Verbindlichkeiten in Fremdwährungen nach IAS und US-GAAP grundsätzlich zum Kurs am Bilanzstichtag umgerechnet (vgl. KPMG, 1999a, S. 56, Selchert/Erhardt, 1998, S. 240). Wertänderungen werden erfolgswirksam erfasst. Dadurch kommt es bei einem Kursverfall zum Ausweis nicht realisierter Währungsgewinne.

2.3.3.4.2 Verbindlichkeiten nach § 266 (3) HGB

■ **Anleihen**

Anleihen sind langfristige, meist festverzinsliche Geldaufnahmen am Kapitalmarkt. Diese Art der Fremdkapitalbeschaffung steht nur Aktiengesellschaften oder großen Gesellschaften anderer Rechtsform offen. Beispiele für Anleihen sind Teilschuldverschreibungen und Optionsanleihen. Bei Teilschuldverschreibungen wird der Gesamtbetrag der Anleihe gestückelt, damit er durch mehrere Gläubiger aufgebracht werden kann. Die einzelnen Stücke werden Teilschuldverschreibungen genannt. Bei einer Optionsanleihe wird der Anleihe ein Optionsschein (warrant) beigelegt, der zum Kauf einer festgelegten Anzahl von Aktien in einem bestimmten Zeitraum berechtigt. Die Ausübung des Optionsrechts führt nicht zur Einziehung der Anleihe. Optionsschein und Anleihe sind getrennt handelbar.

■ **Verbindlichkeiten gegenüber Kreditinstituten**

Bankkredite sind nur in Höhe des tatsächlich in Anspruch genommenen Betrages auszuweisen. D. h., lediglich zugesagte Darlehen oder nicht ausgenutzte Limits dürfen nicht passiviert werden. Ist bei einem Darlehen der Rückzahlungsbetrag größer als der Ausgabebetrag, entsteht ein Disagio. Das Disagio hat Zinsaufwandscharakter und darf nach dem HGB entweder in voller Höhe als Aufwand verbucht, oder in den aktiven Rechnungsabgrenzungsposten eingestellt werden. Im letzten Fall muss es über die Laufzeit des Darlehens abgeschrieben werden (zur Behandlung des Disagios nach HGB sowie IAS bzw. US-GAAP vgl. S. 142f.).

■ **Erhaltene Anzahlungen auf Bestellungen**

Erhaltene Anzahlungen auf Bestellungen haben Verbindlichkeitscharakter. Das Unternehmen schuldet sie nämlich solange, wie es die zugehörige Leistung noch nicht erbracht hat. Gelegentlich beziehen sich Anzahlungen auf bestimmte Vorräte. Das ist z.B. der Fall, wenn ein Unternehmen Rohstoffe auf Lager hat, die es zur Erledigung eines angezahlten Auftrages benötigt. In diesem Fall müssen die Anzahlungen nicht passiviert werden, sondern dürfen statt dessen auf der Aktivseite offen von den Vorräten abgesetzt werden (vgl. § 268 (5), S. 2 HGB). Darin wird kein Verstoß gegen das Saldierungsverbot, sondern eine zusätzliche Information gesehen. Durch das offene Absetzen von den Vorräten wird nämlich deutlich, welche Vorräte faktisch nicht mehr dem Unternehmen, sondern seinen Kunden zuzurechnen sind.

■ **Verbindlichkeiten aus Lieferungen und Leistungen**

Diese Verbindlichkeiten resultieren daraus, dass ein Unternehmen Lieferungen oder Leistungen jedweder Art erhalten bzw. in Anspruch genommen hat und die Gegenleistung dafür noch nicht erbracht hat. Da Verbindlichkeiten mit ihrem Rückzahlungsbetrag zu bilanzieren sind, müssen Verbindlichkeiten aus Lieferungen und Leistungen einschließlich Umsatzsteuer bilanziert werden.

■ **Verbindlichkeiten aus der Annahme gezogener Wechsel und der Ausstellung eigener Wechsel**

Die Position umfasst

♦ die auf ein Unternehmen gezogenen und von ihm akzeptierten Wechsel,

♦ die vom Unternehmen auf sich selbst ausgestellten Wechsel (Solawechsel).

Gezogene Wechsel sind Papiere, mit denen der Aussteller eines Wechsels den Bezogenen des Wechsels zur Zahlung einer bestimmten Geldsumme an einem bestimmten Tag und Ort anweist. Wenn ein Unternehmen z.B. auf Grund einer erhaltenen Rohstofflieferung einen auf es gezogenen Wechsel akzeptiert, so entsteht eine Wechselverbindlichkeit. Hat das Unternehmen einen auf es gezogenen Wechsel noch nicht akzeptiert, so wird die Schuld nicht als Wechselverbindlichkeit ausgewiesen. Sie erscheint statt dessen unter einer entsprechenden anderen Verbindlichkeitsposition, z.B. Verbindlichkeiten aus Lieferungen und Leistungen (vgl. Coenenberg, 1997a, S. 230).

Wenn ein Unternehmen einen Wechsel auf sich selbst ausstellt, verpflichtet es sich damit zur Zahlung einer bestimmten Geldsumme an einem bestimmten Tag und Ort. Solchen Wechseln liegen Finanzierungsgeschäfte zu Grunde. Die Wechsel dienen den Gläubigern als Sicherheit für die Geldsummen, die sie dem Unternehmen zeitweise überlassen haben.

■ **Verbindlichkeiten gegenüber verbundenen Unternehmen**

Unabhängig von der Art der Verbindlichkeit, sind sämtliche Verbindlichkeiten gegenüber verbundenen Unternehmen gesondert zu zeigen. Die Position enthält also nicht nur Verbindlichkeiten aus dem Geschäftsverkehr, sondern auch Finanzierungsschulden. Der Ausweis unter „Verbindlichkeiten gegenüber verbundenen Unternehmen" geht dem Ausweis unter anderen Bilanzpositionen vor, um die wirtschaftlichen Verflechtungen eines Unternehmens offenzulegen.

■ **Verbindlichkeiten gegenüber Unternehmen, mit denen ein Beteiligungsverhält-nis besteht**

Ebenfalls unabhängig von der Art der Verbindlichkeit sind in dieser Position Ver-bindlichkeiten gegen Unternehmen auszuweisen

♦ an denen das bilanzierende Unternehmen eine Beteiligung hält,

♦ die an dem bilanzierenden Unternehmen beteiligt sind

(vgl. Coenenberg, 1997a, S. 231). Auch dieser Ausweis dient der Offenlegung der fi-nanziellen Verflechtungen eines Unternehmens.

■ **Sonstige Verbindlichkeiten**

Hierbei handelt es sich um eine Sammelposition. Sie nimmt alle Verbindlichkeiten auf, die nicht unter den anderen Verbindlichkeitspositionen ausgewiesen werden. Beispiele für sonstige Verbindlichkeiten sind die Steuerschulden eines Unternehmens und die antizipativen passiven Rechnungsabgrenzungsposten. Antizipative passive Rechnungsabgrenzungsposten sind zu bilden, wenn im Zuge eines streng zeitraumbe-zogenen Geschäftsvorfalls Aufwand im Geschäftsjahr entsteht und die zugehörige Schuld erst im nächsten Geschäftsjahr beglichen wird. Das ist z.B. der Fall, wenn ei-nem Unternehmen am Bilanzstichtag von einer Bank für das letzte Quartal eines Geschäftsjahres noch keine Zinsen in Rechnung gestellt wurden. Der Zinsaufwand gehört in das abgelaufene Geschäftsjahr. Die zugehörige Auszahlung erfolgt aber erst im nächsten Geschäftsjahr, d.h. sie stellt am Bilanzstichtag eine Verbindlichkeit dar (zu ausführlichen Erläuterungen der Rechnungsabgrenzungsposten vgl. S. 126ff.).

2.3.3.5 Passive Rechnungsabgrenzungsposten

Die Bilanzposition ist in § 250 (2) HGB geregelt und umfasst die passiven transitori-schen Rechnungsabgrenzungsposten. Sie sind dadurch gekennzeichnet, dass ein Unter-nehmen im Zuge eines streng zeitraumbezogenen Vorgangs Zahlungen vor dem Bilanz-stichtag erhalten hat, deren zugehöriger Ertrag ganz oder teilweise dem nächsten Ge-schäftsjahr zuzurechnen sind. Das ist z.B. der Fall, wenn ein Unternehmen am 1.10. eines Geschäftsjahres mit Bilanzstichtag am 31.12. eine Bürgschaft mit einer Laufzeit von ei-nem Jahr übernommen hat und die volle Bürgschaftsprovision noch im laufenden Geschäftsjahr erhält. Dreiviertel der Bürgschaftsprovision ist als Ertrag dem kommenden Geschäftsjahr zuzuordnen. Der Rechnungsabgrenzungsposten sorgt für diese Zuordnung (zu ausführlichen Erklärungen der Rechnungsabgrenzungsposten vgl. S. 126ff.).

2.4 Gewinn- und Verlustrechnung

2.4.1 Rechengrößen

Die Bilanz ist eine Zeitpunktrechnung, weil sie das Vermögen und Kapital eines Unternehmens am Bilanzstichtag darstellt. Innerhalb des Kapitals wird der Jahresüberschuss bzw. der Jahresfehlbetrag nur als Summe ausgewiesen. Es wird also nicht ersichtlich, wie er sich zusammensetzt. Dagegen ist die Gewinn- und Verlustrechnung eine Zeitraumrechnung. Sie stellt die Erträge und Aufwendungen eines Geschäftsjahres einander gegenüber und erklärt damit Art, Höhe und Quellen des Jahresüberschusses bzw. Jahresfehlbetrages.

Erträge sind die Vermögensmehrungen einer Periode. Aufwendungen sind die Vermögensminderungen einer Periode. Erträge und Aufwendungen können unterschiedliche Ursachen haben. Dementsprechend unterscheidet man:

- Betriebliche Erträge und Aufwendungen

  Erträge und Aufwendungen sind betrieblich, wenn sie aus dem Prozess der betrieblichen Leistungserstellung und -verwertung stammen. Ein Beispiel für betriebliche Erträge sind Umsatzerlöse. Ein Beispiel für betriebliche Aufwendungen sind Löhne und Gehälter.

- Neutrale Erträge und Aufwendungen

  Neutrale Erträge und Aufwendungen sind solche, denen in der Kosten- und Leistungsrechnung ex definitione keine (wertmäßigen) Leistungen und Kosten gegenüberstehen. Folglich müssen sie bei einer Übernahme der Daten aus der Finanzbuchhaltung in die Kosten- und Leistungsrechnung herausgerechnet – d.h. neutralisiert – werden. Man unterscheidet:

  - Periodenfremde Erträge und Aufwendungen

    Periodenfremde Erträge und Aufwendungen sind betriebliche Erträge oder Aufwendungen, die früheren Perioden zuzurechnen sind, aber erst in der betrachteten Periode anfallen. Ein Beispiel für periodenfremde Erträge sind Steuererstattungen. Ein Beispiel für periodenfremde Aufwendungen sind Steuernachzahlungen.

  - Betriebsfremde Erträge und Aufwendungen

    Betriebsfremde Erträge und Aufwendungen resultieren nicht aus dem Prozess der betrieblichen Leistungserstellung, sondern aus anderen unternehmerischen Aktivitäten. Zu den betriebsfremden Erträgen gehören z.B. Kursgewinne aus dem Verkauf von Wertpapieren, die nicht zum betriebsnotwendigen Vermögen gehören. Ein Beispiel für betriebfremde Aufwendungen sind Reparaturen an Gebäuden, die nicht betriebsnotwendig sind.

■ Außerordentliche Erträge und Aufwendungen

Erträge und Aufwendungen sind außerordentlich, wenn sie außerhalb der gewöhnlichen Geschäftstätigkeit eines Unternehmens anfallen. (vgl. § 277 (4) S. 1 HGB). „Außergewöhnlich" bedeutet, dass sie unregelmäßig (selten) anfallen. Das ist der Fall, wenn mit ihrer Wiederholung in absehbarer Zeit nicht zu rechnen ist. Bei dem Begriff „Geschäftstätigkeit" ist „nicht auf den Gesellschaftszweck laut Gesellschaftsvertrag und nicht auf die Trennung in betriebliche/betriebsfremde Posten abzustellen; die „Geschäftstätigkeit" bezieht sich in diesem Zusammenhang nicht nur auf den Betrieb, sondern auf das ganze Unternehmen." (Beck, 1995, § 275 HGB, Anm. 217). Außerordentliche Erträge und Aufwendungen sind damit alle betrieblichen, periodenfremden und betriebsfremden Erträge und Aufwendungen, die unregelmäßig (selten) anfallen.

Nach § 275 (2) und (3) HGB werden in der Gewinn- und Verlustrechnung die außerordentlichen Erträge und Aufwendungen getrennt von den übrigen Erträgen und Aufwendungen ausgewiesen. In diesem Zusammenhang unterscheidet man insbesondere zwei Ergebnisse:

■ Ergebnis der gewöhnlichen Geschäftstätigkeit

Dieses Ergebnis ist der Saldo aus allen regelmäßig anfallenden betrieblichen, periodenfremden und betriebsfremden Erträge und Aufwendungen (vor Steuern).

■ Außerordentliches Ergebnis

Dieses Ergebnis ist der Saldo aus allen unregelmäßig (selten) anfallenden betrieblichen, periodenfremden und betriebsfremden Erträge und Aufwendungen (vor Steuern).

Der Gewinn- und Verlustrechnung nach dem HGB entspricht das Income Statement nach IAS und US-GAAP. Allerdings hat das Income Statement im Vergleich zur deutschen Gewinn- und Verlustrechnung ein höheres Gewicht. Das höhere Gewicht resultiert daraus, dass nach IAS und US-GAAP der Grundsatz der Periodenabgrenzung und nicht das Vorsichtsprinzip dominiert. Der Grundsatz der Periodenabgrenzung soll für die „richtige" Ermittlung der Periodenergebnisse sorgen – und die Ergebnisermittlung lässt sich im Income statement nachvollziehen. In der US-amerikanischen Rechnungslegung gilt das Income statement sogar als wichtigstes Berichtsinstrument (vgl. KPMG, 1999b, S. 134).

Das Income Statement ist eine Gegenüberstellung von „income" (Erträgen) und „expenses" (Aufwendungen). Bei der Definition von income und expenses gibt es keinen Unterschied zwischen IAS und US-GAAP.

Income ist definiert als Zunahme wirtschaftlichen Nutzens in einer Abrechnungsperiode (vgl. Wollmert/Achleitner, 1997, S. 217, Coenenberg, 1997a, S. 356, KPMG, 1999b,

S. 22). Die Zunahme des wirtschaftlichen Nutzens kann durch Zufluss oder Wertsteigerung von assets oder durch Verringerung von liabilities erfolgen. Income wird wie folgt
unterschieden (vgl. Wollmert/Achleitner, 1997, S. 217, KPMG, 1999b, S. 22):

■ revenues

Revenues resultieren unmittelbar aus der operativen Tätigkeit eines Unternehmens.
Beispiele für revenues sind Umsatzerlöse, Gebühren, Zinsen, Dividenden sowie Li-
zenz- und Mieterträge.

■ gains

Gains sind Erträge aus sonstigen Tätigkeiten von Unternehmen. Darunter fallen z.B.
Erträge aus der Veräußerung von Gegenständen des Anlagevermögens, Erträge aus
der Marktbewertung von Wertpapieren und Erträge aus der Auflösung nicht mehr benötigter Rückstellungen. Gains schließen auch außerordentliche Erträge ein.

Expenses sind definiert als Abnahme wirtschaftlichen Nutzens in einer Abrechnungsperiode (vgl. Wollmert/Achleitner, 1997, S. 217, Coenenberg, 1997a, S. 356, KPMG, 1999b,
S. 20). Die Abnahme des wirtschaftlichen Nutzens kann durch Abfluss oder Wertminderung von assets oder durch Erhöhung von liabilities erfolgen. Expenses werden wie folgt
unterschieden (vgl. Wollmert/Achleitner, 1997, S. 217, KPMG, 1999b, S. 22):

■ expenses of ordinary activities

Diese expenses resultieren unmittelbar aus der operativen Tätigkeit eines Unternehmens. Beispiele sind Materialkosten, Löhne und Gehälter sowie die planmäßigen
Abschreibungen.

■ losses

Losses sind Aufwendungen aus sonstigen Tätigkeiten von Unternehmen. Darunter
fallen z.B. außerplanmäßige Wertminderungen von Vermögensgegenständen oder aus
der Umrechnung von Fremdwährungspositionen. Losses schließen auch außerordentlichen Aufwendungen ein.

Die revenues, gains, expenses of ordinary activities und losses werden im Income statement zu verschiedenen Teilergebnissen zusammengefasst. Dabei wird – wie nach dem
HGB – auch das Ergebnis der gewöhnlichen Geschäftstätigkeit (ordinary activities) sowie das außerordentliche Ergebnis (extraordinary items) sichtbar (vgl. KPMG, 1999a,
S. 172, KPMG, 1999b, S. 134).

2.4.2 Gesamtkosten- versus Umsatzkostenverfahren

Nach § 275 (1), S. 1 HGB ist die Gewinn- und Verlustrechnung in Staffelform nach dem Gesamtkostenverfahren oder dem Umsatzkostenverfahren aufzustellen. Erträge und Aufwendungen werden also nicht – wie die Vermögensgegenstände und das Kapital in der Bilanz – in Kontenform gegenübergestellt. Bei einer solchen Gegenüberstellung ergäbe sich nämlich nur ein Saldo – der Jahresüberschuss bzw. der Jahresfehlbetrag. Zwischenergebnisse wären nicht unmittelbar ersichtlich. Das ist bei der Staffelform anders. Sie verbessert die Aussagefähigkeit der Gewinn- und Verlustrechnung dadurch, dass Erträge und Aufwendungen untereinander angeordnet und mehrere Salden gezogen werden.

Wie nach dem HGB, muss nach US-GAAP das Income statement in Staffelform aufgestellt werden (vgl. Selchert/Erhardt, 1998, S. 206). In den IAS gibt es zwar keine vergleichbare Vorschrift (vgl. Selchert/Erhardt, 1998, S. 204), gleichwohl folgt auch hier das Income statement generell der Staffelform.

§ 275 (2) und (3) HGB geben für das Gesamtkosten- und das Umsatzkostenverfahren detaillierte, starre Gliederungen vor. Sie können verkürzt wie folgt dargestellt werden:

Gesamtkostenverfahren	Umsatzkostenverfahren
■ Umsatzerlöse	■ Umsatzerlöse
■ Erhöhung oder Verminderung des Bestandes an fertigen und unfertigen Erzeugnissen	■ Herstellungskosten der zur Erzielung der Umsatzerlöse erbrachten Leistungen
■ andere aktivierte Eigenleistungen	■ Bruttoergebnis vom Umsatz
■ sonstige betriebliche Erträge	■ Vertriebskosten
■ Materialaufwand	■ allgemeine Verwaltungskosten
■ Personalaufwand	■ sonstige betriebliche Erträge
■ Abschreibungen	
■ sonstige betriebliche Aufwendungen	■ sonstige betriebliche Aufwendungen
■ betriebsfremde Erträge und Aufwendungen	■ betriebsfremde Erträge und Aufwendungen
■ außerordentliche Erträge und Aufwendungen	■ außerordentliche Erträge und Aufwendungen
■ Steuern	■ Steuern
■ Jahresüberschuss	■ Jahresüberschuss

Abb. 34: Gliederung des Gesamtkosten- und des Umsatzkostenverfahrens

Das Gesamtkostenverfahren differenziert die Aufwendungen für die betriebliche Leistungserstellung nach der Art der verbrauchten Güter und Dienstleistungen, z.B. in Materialaufwand, Personalaufwand, Abschreibungen. Dagegen werden die Aufwendungen für die Leistungserstellung im Umsatzkostenverfahren nach den Funktionsbereichen Herstellung, Vertrieb und allgemeine Verwaltung differenziert.

Im Unterschied zum HGB schreiben IAS und US-GAAP kein detailliertes, starres Gliederungsschema für das Income Statement vor. IAS und US-GAAP fordern lediglich Mindestausweise (vgl. Selchert/Erhardt, 1998, S. 204, S. 209). So muss z.B. das Income Statement nach IAS wenigstens folgende Positionen aufführen (vgl. KPMG, 1999a, S. 173):

- Erlöse,

- Ergebnis aus der laufenden Geschäftstätigkeit,

- Finanzierungsaufwendungen,

- Anteil am Gewinn/Verlust von nach der Equity-Methode einbezogenen assoziierten Unternehmen und Joint Ventures,

- Steueraufwendungen,

- Ergebnis der gewöhnlichen Geschäftstätigkeit,

- außerordentliche Posten,

- Minderheitenanteile,

- Periodenergebnis.

Der Verzicht auf die Vorgabe einer verbindlichen Gliederung resultiert daraus, dass nach IAS und US-GAAP grundsätzlich das Prinzip „substance over form" gilt (vgl. Kuhlewind, 1998, S. 202).

Inhaltlich ist das Gesamtkostenverfahren dadurch charakterisiert, dass sämtlichen Erträgen eines Geschäftsjahres sämtliche Aufwendungen gegenübergestellt werden. Das bedeutet, dass auch solche Erträge und Aufwendungen erfasst werden, die sich betragsmäßig kompensieren. Eine derartige Kompensation findet immer dann statt, wenn in einem Geschäftsjahr Lagerbestände aufgebaut oder Eigenleistungen (z.B. selbsterstellte Anlagen) erbracht werden. Bei der Herstellung von Lagerbestandserhöhungen bzw. von Eigenleistungen werden zunächst deren Herstellungskosten als Aufwand gebucht. Am Bilanzstichtag müssen die Bestandserhöhungen bzw. Eigenleistungen bewertet werden, weil sie Vermögensgegenstände darstellen. Da nach deutschem Recht unrealisierte Gewinne nicht ausgewiesen werden dürfen, erfolgt die Bewertung von selbsterstellten Vermögensgegenstände höchstens mit ihren Herstellungskosten. Die Bewertung mit den Herstellungskosten führt zu einer Ertragsbuchung, die die vorab als Aufwand gebuchten Herstellungskosten gerade kompensiert.

Beispiel:

Die XY AG hat in einem Geschäftsjahr 10 000 Stück des Produktes z hergestellt. Die Herstellungskosten pro Stück z betragen 200 DM und setzen sich aus diversen Aufwendungen (z. B. für Roh-, Hilfs- und Betriebsstoffe und Arbeitszeit) zusammen. Im Geschäftsjahr wurden 8 000 Stück z zum Preis von 280 DM/Stück verkauft.

■ Ermittlung der Herstellungskosten für 10 000 Stück z

abgesetzte Stücke z	8 000 Stück x 200 DM/Stück =	1 600 000 DM
Lagerproduktion z	2 000 Stück x 200 DM/Stück=	400 000 DM
Summe Herstellungskosten		2 000 000 DM

■ Buchung des Aufwandes für die Herstellung von 10 000 Stück z

diverser Aufwand	an	Rohstoffe, Bank etc.	2 000 000 DM

■ Ermittlung der Umsatzerlöse

8 000 z x 280 DM/z =	2 240 000 DM

■ Buchung der Umsatzerlöse

Bank bzw. Forderungen	an	Umsatzerlöse	2 240 000 DM

■ Ermittlung des wertmäßigen Lagerbestandes

2 000 z x 200 DM/z =	400 000 DM

■ Buchung des Bestandsaufbaus nach dem Gesamtkostenverfahren

Fertige Erzeugnisse und Waren	an	Erhöhung des Bestandes an fertigen und unfertigen Erzeugnissen	400 000 DM

■ Gewinn- und Verlustrechnung nach dem Gesamtkostenverfahren

	Umsatzerlöse	2 240 000 DM
+	Erhöhung des Bestandes an fertigen und unfertigen Erzeugnissen	400 000 DM
./.	diverser Aufwand (davon für Lagerproduktion: 400 000 DM)	2 000 000 DM
=	**Jahresüberschuss**	**640 000 DM**

Das Gesamtkostenverfahren erfasst also die gesamte betriebliche Leistungserstellung, bestehend aus den abgesetzten und den nicht abgesetzten Leistungen (Bestandsaufbau, Eigenleistungen). Daher wird es auch als produktionsorientiertes Verfahren bezeichnet.

Dagegen zeigt das Umsatzkostenverfahren von der gesamten betrieblichen Leistungserstellung nur die abgesetzen Leistungen – es ist umsatzorientiert. Lagerbestandserhöhungen und Eigenleistungen bleiben außer Acht, sie schlagen sich nur in der Bilanz nieder. Infolgedessen stellt das Umsatzkosten nicht alle Erträge und Aufwendungen eines Geschäftsjahres einander gegenüber, sondern nur die, die sich nicht kompensieren.

Das Umsatzkostenverfahren führt grundsätzlich zum selben Ergebnis wie das Gesamtkostenverfahren. Denn es spielt für den Saldo aus Erträgen und Aufwendungen keine Rolle, ob betragsgleiche Erträge und Aufwendungen einbezogen werden oder nicht.

Das lässt sich auch an Hand des fortgeführten Beispiels zeigen (vgl. dazu noch einmal S. 195):

■ Buchung des Aufwandes für die Herstellung der hergestellten 10 000 Stück z

diverse Aufwendungen (statistische Buchung, keine Berücksichtigung in der G+V-Rechnung)	an	Rohstoffe, Bank etc.	2 000 000 DM

■ Buchung der diversen Aufwendungen als Zugang bei den fertigen Erzeugnissen

Fertige Erzeugnisse	an	diverse Aufwendungen (statistische Buchung, keine Berücksichtigung in der G+V-Rechnung)	2 000 000 DM

■ Buchung der Herstellungskosten für die abgesetzten 8 000 z

Herstellungskosten der zur Erzielung der Umsatzerlöse erbrachten Leistungen	an	Fertige Erzeugnisse	1 600 000 DM

■ Buchung der Umsatzerlöse

Bank	an	Umsatzerlöse	2 240 000 DM

■ Erläuterungen

Im Umsatzkostenverfahren werden zunächst die einzelnen Aufwandsarten für die hergestellten Stücke außerhalb der Gewinn- und Verlustrechnung gebucht. Anschließend wird die Summe der Aufwendungen unter den Aktiva „Fertige Erzeugnisse" als Zugang erfasst. Die „Fertigen Erzeugnisse" werden dann durch die Buchung der Herstellungskosten des Umsatzes entlastet. Der Saldo der „Fertigen Erzeugnisse" entspricht dem Wert der Bestandserhöhung:

2 000 000 DM ./. 1 600 000 DM = 2 000 Stück x 200 DM/Stück = 400 000 DM.

Der Jahresüberschuss ergibt sich aus den in die Gewinn- und Verlustrechnung eingehenden Erträgen und Aufwendungen.

■ Gewinn- und Verlustrechnung nach dem Umsatzkostenverfahren

	Umsatzerlöse	2 240 000 DM
./.	Herstellungskosten der zur Erzielung der Umsatzerlöse erbrachten Leistungen	1 600 000 DM
=	**Jahresüberschuss**	**640 000 DM**

Wie nach dem HGB darf nach IAS die Gewinn- und Verlustrechnung sowohl in Form des Gesamtkosten- als auch in Form des Umsatzkostenverfahrens aufgestellt werden (vgl. Coenenberg, 1997a, S. 356). Dagegen darf nach US-GAAP nur das Umsatzkostenverfahren angewendet werden (vgl. Born, 1999a, S. 46).

In der deutschen Literatur gibt es keine einheitliche Auffassung darüber, ob das Gesamtkosten- oder das Umsatzkostenverfahren informativer ist. U.a. können folgende Vorteile des Gesamt- und Umsatzkostenverfahrens genannt werden, wobei die Vorteile eines Verfahrens gleichzeitig die Nachteile des anderen Verfahrens sind:

■ Vorteile des Gesamtkostenverfahrens

♦ Die Entwicklung des Materialaufwandes, der Abschreibungen und des Personalaufwandes werden im Vergleich zur Gesamtleistung des Unternehmens sichtbar.

♦ Es gibt keine Zurechnungsprobleme bei der Verdichtung der Aufwendungen nach Funktionsbereichen.

♦ Es ist bei langfristiger Fertigung (z.B. Schiffs-, Brücken- oder Großanlagenbau) aussagefähiger, weil nach dem Realisationsprinzip die jährliche Gesamtleistung bis zur Fertigstellung nicht als Umsatzerlös gebucht werden darf.

■ Vorteile des Umsatzkostenverfahrens

♦ Es zeigt die Beziehung zwischen der Verkaufsleistung und den dafür angefallenen Aufwendungen. Diese Information wird durch zusätzliche Angaben zum Materialaufwand und Personalaufwand im Anhang ergänzt (vgl. § 285 (8) HGB).

♦ Es ist zwingend vorgeschrieben, wenn ein Unternehmen seinen Konzernabschluss nach US-GAAP aufstellen will. Nach US-GAAP ist das Gesamtkostenverfahren verboten, weil es gegen das Prinzip der fair presentation verstößt. Das wird wie folgt begründet. Das Ziel des amerikanischen Jahresabschlusses besteht in der Vermittlung relevanter Unternehmensdaten zur Vorbereitung von Investitionsentscheidungen. Wichtige Kennzahlen für Investitionsentscheidungen sind die zukünftigen cash flows bzw. Zahlungsüberschüsse eines Unternehmens. Sie sollen auf der Grundlage der Gewinn- und Verlustrechnung schätzbar sein (vgl. Kuhlewind, 1998, S. 192-193). Eine erfolgreiche Schätzung zukünftiger cash flows setzt aber voraus, dass die Gewinn- und Verlustrechnung eine differenzierte Erfolgsquellenanalyse zulässt (vgl. Kuhlewind, 1998, S. 194). Das ist nach dem Umsatzkostenverfahren mehr als nach dem Gesamtkostenverfahren der Fall. Denn die Gliederung der betrieblichen Aufwendungen nach Funktionsbereichen im Unternehmen lässt bessere Rückschlüsse auf die Erfolgsquellen zu, als der Ausweis der betrieblichen Aufwendungen nach der Art der verbrauchten Güter und Dienstleistungen.

2.4.3 Positionen der Gewinn- und Verlustrechnung nach dem Gesamtkostenverfahren (§ 275 (2) HGB)

■ **Position 1: Umsatzerlöse**

Nach § 277 (1) HGB sind Umsatzerlöse ausschließlich solche Erträge, die aus der Vermarktung unternehmenstypischer Leistungen resultieren. Sie sind nach Abzug von Erlösschmälerungen (z.B. Rabatten) und Umsatzsteuer auszuweisen.

Erträge aus betriebsfremden Nebengeschäften sind dagegen unter den sonstigen betrieblichen Erträgen zu erfassen (vgl. Coenenberg, 1997a, S. 319). Beispiele für solche Erträge sind Erlöse aus Kantinen oder Mieteinnahmen aus Werkswohnungen.

■ **Position 2: Erhöhung oder Verminderung des Bestands an fertigen und unfertigen Erzeugnissen**

Hierunter fallen Mengenänderungen und Bewertungsänderungen (vgl. § 277 (2) HGB).

♦ Mengenänderungen

Mengenänderungen entstehen durch Lagerauf- bzw. -abbau. Bestandserhöhungen stellen Erträge aus noch nicht abgesetzten Leistungen dar. Sie ergänzen die Umsatzerlöse. Diese Ergänzung ist erforderlich, weil im Gesamtkostenverfahren die Aufwendungen der abgesetzten **und** der nicht abgesetzten Leistungen erfasst werden und ihnen infolgedessen auch die Erträge der abgesetzten **und** der nicht abgesetzten Leistungen gegenübergestellt werden müssen. Bestandsminderungen zeigen, dass das Unternehmen in der betrachteten Periode mehr Erzeugnisse abgesetzt als hergestellt hat. Durch Bestandsminderungen werden den Umsatzerlösen gebündelte Herstellungsaufwendungen früherer Perioden gegenübergestellt. Das entspricht dem Grundsatz der sachlichen Abgrenzung. Denn danach soll Aufwand aus der Leistungserstellung in der Periode erfolgswirksam werden, in der die Erzeugnisse verkauft werden und dadurch zu Umsatzerlösen führen.

♦ Bewertungsänderungen

Bestände können auch wertmäßigen Änderungen unterliegen. So sind z.B. Abschreibungen erforderlich, wenn der Marktwert unter den Buchwert des Bestandes fällt. Diese Abschreibungen sind solange als Aufwand in der Position „Bestandsveränderungen" zu erfassen, wie sie die in dem Unternehmen üblichen Abschreibungen nicht überschreiten (vgl. § 277 (2) HGB). Liegt dagegen eine Überschreitung vor, ist der über die üblichen Abschreibungen hinausgehende Betrag in der Position 7 b: „Abschreibungen auf Vermögensgegenstände des Umlaufvermögens, soweit diese die in der Kapitalgesellschaft üblichen Abschreibungen überschreiten" zu erfassen (vgl. Beck, 1995, § 275, Anm. 143, Anm. 144). Was unter „üblichen Abschreibungen" zu verstehen ist, lässt sich aus dem HGB nicht entnehmen. In der Literatur (vgl. z.B. Beck, 1995, § 275 HGB, Anm. 145) wird vorgeschlagen, die Trennung von üblichen und unüblichen Abschreibungen durch einen Zeitvergleich der Abschreibungen im Unternehmen vorzunehmen. Dabei sollten Durchschnittswerte für die letzten drei bis fünf Jahre berücksichtigt werden. Hilfsweise kann auch ein externer Branchenvergleich zur Ermittlung der üblichen bzw. unüblichen Abschreibungen dienen.

■ **Position 3: andere aktivierte Eigenleistungen**

Unternehmen können Leistungen nicht nur für den Absatzmarkt, sondern auch für sich selbst erbringen. Ein Beispiel für solche Leistungen sind selbsterstellte Anlagen. Die Leistungserstellung führt zunächst zu Vermögensminderungen, die einerseits als Aufwand und andererseits als Abgang von Aktiva (z.B. Bank, Rohstoffe) bzw. Zugang von Passiva (z.B. Verbindlichkeiten) erfasst werden. Diesen Vermögensminderungen steht die erbrachte Leistung gegenüber, die als Zugang von Aktiva (z.B. Technische Anlagen und Maschinen) und als Ertrag unter der Position „andere aktivierte Eigenleistungen" gebucht wird.

■ **Position 4: sonstige betriebliche Erträge**

Diese Position ist eine Sammelposition. Sie umfasst alle regelmäßig anfallenden betrieblichen, betriebsfremden und periodenfremden Erträge, soweit sie nicht unter anderen Ertragspositionen auszuweisen sind. Neben den schon erwähnten Erlösen aus Kantinen und Mieteinnahmen aus Werkswohnungen sind Auflösungen von Rückstellungen und Währungsgewinne weitere Beispiele für sonstige betriebliche Erträge.

■ **Position 5: Materialaufwand**

Hierunter fallen alle Aufwendungen für Roh-, Hilfs- und Betriebsstoffe und für bezogene Waren sowie Aufwendungen für bezogene Leistungen. Die Aufwendungen für Roh-, Hilfs- und Betriebsstoffe und für bezogene Waren sind getrennt von den Aufwendungen für bezogene Leistungen auszuweisen, um die oftmals umfangreiche Position „Materialaufwand" transparent zu gestalten.

♦ Position 5a: Aufwendungen für Roh-, Hilfs- und Betriebsstoffe und für bezogene Waren

Hierunter wird zum einen der mengenmäßige Verbrauch der Stoffe und Waren erfasst. Er berechnet sich wie folgt:

	Anfangsbestand
+	Zugänge
./.	Abgänge
=	Materialverbrauch

Zum anderen werden in dieser Position wertmäßige Änderungen der Stoffe und Waren in Form von Abschreibungen erfasst. Wie bei den Bestandsveränderungen gilt das allerdings nur solange, wie die Abschreibungen das übliche Maß nicht überschreiten. Kommt es zu einer Überschreitung, werden die über das übliche Maß hinausgehenden Abschreibungsbeträge wiederum in Position 7 b erfasst.

♦ Position 5b: Aufwendungen für bezogene Leistungen

Zu den Aufwendungen für bezogene Leistungen mit Materialaufwandscharakter zählen vor allem Fremdleistungen, die in die Fertigung eingehen. Ein Beispiel dafür ist die Fremdvergabe von Lackierarbeiten.

■ Position 6: Personalaufwand

♦ Position 6a: Löhne und Gehälter

Die Position umfasst alle Geld- und Sachleistungen an Arbeiter, Angestellte und Vorstandsmitglieder. Dabei sind stets die Bruttobezüge zu berücksichtigen, weil auch die Arbeitnehmeranteile zur Sozialversicherung und die Lohnsteuer letztlich vom Unternehmen getragen werden.

♦ Position 6b: soziale Abgaben und Aufwendungen für Altersversorgung und für Unterstützung

Bei den sozialen Abgaben handelt es sich um die gesetzlichen Pflichtabgaben zur Sozialversicherung. Die Aufwendungen für Altersversorgung und Unterstützung umfassen hauptsächlich Pensionszahlungen, Zuführungen zu den Pensionsrückstellungen und Zuweisungen an Unterstützungskassen.

■ Position 7: Abschreibungen

♦ Position 7a: auf immaterielle Vermögensgegenstände des Anlagevermögens und Sachanlagen sowie auf aktivierte Aufwendungen für die Ingangsetzung und Erweiterung des Geschäftsbetriebs

Das HGB unterscheidet bei Abschreibungen im Anlagevermögen zwischen immateriellen Vermögensgegenständen und Sachanlagen einerseits und Finanzanlagen andererseits. Position 7a enthält alle planmäßigen und außerplanmäßigen Abschreibungen auf die immateriellen Vermögensgegenstände und die Sachanlagen. Ferner gehen in die Position die nach § 282 HGB vorgeschriebenen Abschreibungen auf aktivierte Aufwendungen für die Ingangsetzung und Erweiterung des Geschäftsbetriebs ein. Abschreibungen auf Finanzanlagen werden in der Position 12: „Abschreibungen auf Finanzanlagen und auf Wertpapiere des Umlaufvermögens" erfasst.

◆ Position 7b: auf Vermögensgegenstände des Umlaufvermögens, soweit diese die in der Kapitalgesellschaft üblichen Abschreibungen überschreiten

Wie schon bei den Bestandsveränderungen und dem Materialaufwand angesprochen, unterscheidet das HGB bei Abschreibungen auf das Umlaufvermögen übliche und unübliche Abschreibungen. In der Position 7b werden nur die Abschreibungsbeträge ausgewiesen, die über das übliche Maß hinausgehen (vgl. Olfert/Körner/Langenbeck, 1998, S. 241). Aus der Bezeichnung der Position könnte man schließen, dass es sich dabei um sämtliche unüblichen Abschreibungen im Umlaufvermögen handelt. Das ist aber nicht der Fall. Unübliche Abschreibungen auf Wertpapiere des Umlaufvermögens werden in der Position 12: „Abschreibungen auf Finanzanlagen und auf Wertpapiere des Umlaufvermögens" ausgewiesen (vgl. Beck, 1995, § 275, Anm. 143). Dadurch wird die sinnvolle Trennung von Betriebs- und Finanzergebnis unterstützt (vgl. Coenenberg, 1997a, S. 329).

■ **Position 8: Sonstige betriebliche Aufwendungen**

Die Position bildet das Gegenstück zur Position 4: „Sonstige betriebliche Erträge". Es handelt sich auch hier um eine Sammelposition. Sie erfasst alle regelmäßig anfallenden betrieblichen, betriebsfremden und periodenfremden Aufwendungen, soweit sie nicht unter anderen Aufwandspositionen auszuweisen sind. Beispiele für sonstige betriebliche Aufwendungen sind Kursverluste bei der Veräußerung von Wertpapieren oder Zuführungen zu den Rückstellungen nach § 249 (2) HGB.

■ **Position 9: Erträge aus Beteiligungen**

Hierunter fallen die laufenden Erträge aus Beteiligungen. Ein Beispiel dafür sind Dividenden. Beteiligungserträge aus verbundenen Unternehmen müssen mit einem „davon"-Vermerk gesondert ausgewiesen werden, um finanzielle Verflechtungen offenzulegen.

Gewinne aus der Veräußerung von Beteiligungen erscheinen unter Position 4: „sonstige betriebliche Erträge", Abschreibungen auf Beteiligungen unter Position 12: „Abschreibungen auf Finanzanlagen und Wertpapiere des Umlaufvermögens" und Verluste aus Beteiligungsverkäufen unter der Position 8: „sonstige betrieblichen Aufwendungen".

■ **Position 10: Erträge aus anderen Wertpapieren und Ausleihungen des Finanzanlagevermögens**

Die Position enthält alle Erträge aus Finanzanlagen, soweit sie nicht unter Position 9: „Erträge aus Beteiligungen" auszuweisen sind. Wiederum sind Erträge von verbunden Unternehmen mit einem „davon"-Vermerk gesondert auszuweisen.

■ **Position 11: sonstige Zinsen und ähnliche Erträge**

Hierunter fallen alle Erträge, die nicht in den Positionen 9: „Erträge aus Beteiligungen" und 10: „Erträge aus anderen Wertpapieren und Ausleihungen des Finanzanlagevermögens" auszuweisen sind. Beispiele für sonstige Zinserträge sind Zinsen für Einlagen bei Kreditinstituten und laufende Erträge aus Wertpapieren des Umlaufvermögens. Zinsähnliche Erträge stehen in Zusammenhang mit Kreditvergaben. Ein Beispiel dafür sind Kreditprovisionen.

■ **Position 12: Abschreibungen auf Finanzanlagen und auf Wertpapiere des Umlaufvermögens**

Unter diese Position gehören **alle** Abschreibungen auf die Finanzanlagen und Wertpapiere des Umlaufvermögens, d.h. auf

♦ Anteile an verbundenen Unternehmen,

♦ Ausleihungen an verbundene Unternehmen,

♦ Beteiligungen,

♦ Ausleihungen an Unternehmen, mit denen ein Beteiligungsverhältnis besteht,

♦ Wertpapiere,

♦ sonstige Ausleihungen,

♦ eigene Anteile.

■ **Position 13: Zinsen und ähnliche Aufwendungen**

Die Position umfasst alle Zinsaufwendungen und ähnlichen Aufwendungen, gleichgültig welcher Art und Fristigkeit die zu Grunde liegende Verbindlichkeit ist. Beispiele sind Zinsen für geschuldete Kredite, Verzugszinsen bei verspäteten Zahlungen und Abschreibungen auf ein aktiviertes Disagio. Aufwendungen an verbundene Unternehmen sind mit einem „davon"-Vermerk gesondert auszuweisen. Keinen Zinsaufwandscharakter haben Kosten des Zahlungsverkehrs, Kreditvermittlungsprovisionen und -überwachungsgebühren. Sie werden unter der Position 8: „sonstige betriebliche Aufwendungen" erfasst (vgl. Coenenberg, 1997a, S. 337).

■ **Position 14: Ergebnis der gewöhnlichen Geschäftstätigkeit**

Das Ergebnis der gewöhnlichen Geschäftstätigkeit ist der Jahreserfolg vor Berücksichtigung des außerordentlichen Ergebnisses und vor Steuern. Es enthält alle regelmäßig anfallenden betrieblichen, periodenfremden und betriebsfremden Erträge und Aufwendungen (vor Steuern). Dem Ergebnis der gewöhnlichen Geschäftstätigkeit wird besondere Bedeutung beigemessen. Denn durch die Beschränkung auf die regelmäßig anfallenden Erträge und Aufwendungen ist es das Ergebnis, das bei konstanten Bedingungen der Umwelt auch künftig erzielbar ist und daher Prognosen für die Zukunft ermöglicht (vgl. Küting/Weber, 1999, S. 229).

■ **Position 15: außerordentliche Erträge**

Hierunter werden **alle** unregelmäßigen (selten) anfallenden betrieblichen, perioden-fremden und betriebsfremden Erträge erfasst. Beispiele sind Gewinne aus Betriebs- oder Teilbetriebsveräußerungen und einmalige Zuschüsse der öffentlichen Hand.

■ **Position 16: außerordentliche Aufwendungen**

Hierunter fallen **alle** unregelmäßig (selten) anfallenden betrieblichen, periodenfrem-den und betriebsfremden Aufwendungen. Beispiele sind Verluste aus der Ver-äußerung ganzer Betriebe und außerplanmäßige Abschreibungen bei Katastrophen-schäden.

■ **Position 17: außerordentliches Ergebnis**

Das außerordentliche Ergebnis ist der Saldo aus den außerordentlichen Erträgen und Aufwendungen. Da es sich nur aus unregelmäßig (selten) anfallenden Erträgen und Aufwendungen zusammensetzt, ist es nicht nachhaltig erzielbar und eignet sich infol-gedessen auch nicht für Zukunftsprognosen.

■ **Position 18: Steuern vom Einkommen und Ertrag**

Hierbei handelt es sich um alle Steuern, die das Unternehmen vom Einkommen und Ertrag schuldet. Das sind die Körperschaftssteuer, die Gewerbeertragssteuer und die Kapitalertragssteuer. Die Position erfasst außerdem Nachzahlungen für Einkommens- und Ertragsteuern, Zuführungen zu den Rückstellungen für diese Steuerarten sowie latente Steueraufwendungen. Darüberhinaus werden auch Erstattungen für Einkom-mens- und Ertragsteuern, Auflösungen von Steuerrückstellungen für diese Steuerarten sowie latenter Steuerertrag in die Position eingestellt. Darin wird kein Verstoß gegen das Saldierungsverbot nach § 246 (2) HGB gesehen, weil es sich nicht um Erträge, sondern um Korrekturen des Aufwandes handelt (vgl. Olfert/Körner/Langenbeck, S. 1998, S. 248).

■ **Position 19: sonstige Steuern**

Die Position umfasst alle Steuern, die das Unternehmen schuldet und die nicht in Po-sition 18: „Steuern vom Einkommen und Ertrag" ausgewiesen werden. Dazu gehören z.B. die Steuern vom Vermögen.

■ **Position 20: Jahresüberschuss/Jahresfehlbetrag**

Der Jahresüberschuss/Jahresfehlbetrag ist der im Geschäftsjahr erwirtschaftete Ge-winn bzw. Verlust. Er ist die Schlussposition der Gewinn- und Verlustrechnung, wenn der Jahresabschluss ohne Gewinnverwendung dargestellt wird.

Die einzelnen Positionen der Gewinn- und Verlustrechnung lassen sich bei Bedarf noch weiter untergliedern. So können z.B. unter der Position 7: „Abschreibungen" die Ab-schreibungen auf immaterielle Vermögensgegenstände, Sachanlagen sowie aktivierte

Aufwendungen für die Ingangsetzung und Erweiterung des Geschäftsbetriebs in planmäßige und außerplanmäßige Abschreibungen unterteilt werden.

Neben den im Gesamtkostenverfahren vorgeschriebenen Salden lassen sich weitere Salden ermitteln, die zusätzliche Aussagen über die Zusammensetzung des Erfolgs machen.

■ **Gesamtleistung**

Die Gesamtleistung eines Unternehmens im betrachteten Geschäftsjahr ergibt sich, wenn man die Umsatzerlöse, die Bestandsveränderungen sowie die anderen aktivierten Eigenleistungen addiert. Die Gesamtleistung ist eine wichtige Größe zur Analyse der Aufwandsstruktur eines Unternehmens. Üblicherweise werden folgende Kennzahlen gebildet:

Materialintensität	**Personalintensität**
$\dfrac{\text{Materialaufwand}}{\text{Gesamtleistung}}$	$\dfrac{\text{Personalaufwand}}{\text{Gesamtleistung}}$

Die Kennzahlen zeigen den relativen Anteil der beiden großen Produktionsfaktoren „Material" und „Arbeit" an der Gesamtleistung. Dadurch wird die Anfälligkeit des Unternehmens bei Veränderungen der Produktionsfaktoren – z.B. bei Materialpreisschwankungen oder Steigerung von Lohn- und Gehaltssätzen – offengelegt. Ein deutliches Ansteigen beider Kennzahlen ist stets als Signal für eine strukturell verschlechterte Ertragskraft zu werten (vgl. Coenenberg, 1997a, S. 695).

■ **Rohergebnis**

Als Rohergebnis wird der Saldo aus den Positionen Umsatzerlöse, Bestandsveränderungen, andere aktivierte Eigenleistungen, sonstige betriebliche Erträge und Materialaufwand bezeichnet. Nach § 276 (1) HGB dürfen kleine und mittelgroße Kapitalgesellschaften ihre Gewinn- und Verlustrechnung mit dem Rohergebnis beginnen.

■ **Betriebsergebnis**

Das Betriebsergebnis ist der Saldo aus den Positionen 1 bis 8. Die Bezeichnung ist insofern irreführend, als im Betriebsergebnis nicht nur regelmäßig anfallende betriebliche, sondern auch regelmäßig anfallende periodenfremde und betriebsfremde Erträge und Aufwendungen enthalten sind. Allerdings nur solche, die nicht aus Finanzanlagen und den Wertpapieren des Umlaufvermögens resultieren. Der betriebswirtschaftliche Aussagegehalt des Betriebsergebnisses leidet unter der Einbeziehung der periodenfremden und betriebsfremden Erträge und Aufwendungen. Denn eine Beurteilung des nachhaltig erzielbaren Erfolges aus der eigentlichen Tätigkeit des Unternehmens ist nur auf der Basis der betrieblichen Erträge und Aufwendungen möglich (vgl. Küting/Weber, 1999, S. 229, S. 237).

■ **Finanzergebnis**

Das Finanzergebnis ist der Saldo aus den Positionen 9 bis 13. Es umfasst alle regelmäßigen Erträge und Aufwendungen aus den Finanzanlagen und den Wertpapieren des Umlaufvermögens und zeigt damit den Erfolg aus dem Engagement in diesen Nebengeschäften. Die Summe aus Finanzergebnis und Betriebsergebnis ist das Ergebnis der gewöhnlichen Geschäftstätigkeit.

2.4.4 Abweichende Positionen der Gewinn- und Verlustrechnung nach dem Umsatzkostenverfahren (§ 275 (3) HGB)

Bei Anwendung des Umsatzkostenverfahrens werden folgende Positionen des Gesamtkostenverfahrens durch andere ersetzt:

2. Erhöhung oder Verminderung der Bestandes an fertigen und unfertigen Erzeugnissen		2. Herstellungskosten der zur Erzielung der Umsatzerlöse erbrachten Leistungen
3. andere aktivierte Eigenleistungen	⇒	3. Bruttoergebnis vom Umsatz
5. Materialaufwand		4. Vertriebskosten
6. Personalaufwand		5. allgemeine Verwaltungskosten
7. Abschreibungen		

Abb. 35: Unterschiedliche Positionen des Gesamt- und Umsatzkostenverfahrens

Bestandserhöhungen und Eigenleistungen entfallen ersatzlos, sie schlagen sich nur in der Bilanz nieder. Die anderen Aufwendungen müssen denen des Umsatzkostenverfahrens zugeordnet werden.

■ **Position 2: Herstellungskosten der zur Erzielung der Umsatzerlöse erbrachten Leistungen**

Unter dieser Position sind alle Aufwendungen auszuweisen, die aus der Herstellung der abgesetzten Leistungen stammen. Dabei spielt es keine Rolle, in welchem Geschäftsjahr die Herstellungskosten entstanden sind. Infolgedessen stellen Bestandsminderungen Herstellungskosten des Umsatzes in dem Geschäftsjahr dar, in dem die Bestände abgesetzt werden.

Die Ermittlung der Herstellungskosten des Umsatzes wurde vom Gesetzgeber nicht eindeutig geregelt. In der Literatur gibt es unterschiedliche Auffassungen darüber, ob die Ermittlung der Herstellungskosten des Umsatzes auf der Grundlage des

§ 255 (2) HGB oder unabhängig von ihm erfolgen soll (vgl. z.B. Beck, 1995, § 255, Anm. 266-272). Geht man davon aus, dass der § 255 (2) HGB auch für die Ermittlung der umsatzbezogenen Herstellungskosten gilt, ergibt sich ein Problem. Das Problem resultiert daraus, dass der Paragraph die Wahl zwischen Voll- und Teilkosten zulässt. Das hat zur Folge, dass die Herstellungskosten des Umsatzes entscheidend von der Bewertungsmethode abhängen.

Beispiel:

Die XY AG hat zu Beginn eines Geschäftsjahres folgende Ausgangsbilanz:

Aktiva		Passiva	
Sachanlagen	1 000 000 DM	Eigenkapital	1 200 000 DM
Material	600 000 DM	Fremdkapital	2 000 000 DM
Fertige Erzeugnisse	800 000 DM		
Bank	800 000 DM		
	3 200 000 DM		3 200 000 DM

Innerhalb des Geschäftsjahres werden u.a. 10 000 Stück des Produktes z hergestellt. Für ein Stück z fallen folgende Herstellungskosten an:

	Materialeinzelkosten	20 DM
+	Fertigungseinzelkosten	20 DM
=	Teilkosten	40 DM
+	anteilige Materialgemeinkosten	30 DM
+	anteilige Fertigungsgemeinkosten	40 DM
=	produktionsbezogene Vollkosten	110 DM
+	anteilige Verwaltungsgemeinkosten	10 DM
=	Vollkosten	120 DM

Die Herstellungskosten setzen sich aus folgenden Aufwandsarten zusammen:

Materialaufwand	400 000 DM
Personalaufwand	700 000 DM
Abschreibungen auf Sachanlagen	100 000 DM
Σ	**1 200 000 DM**

Die XY AG setzt im Geschäftsjahr 6 000 Stück z zu 190 DM/Stück ab.

Die XY AG bilanziert Lagerbestände mit ihren Teilkosten. Diese Bewertungsmethode legt sie auch bei der Ermittlung der Herstellungskosten des Umsatzes in der Gewinn- und Verlustrechnung zu Grunde. In diesem Fall würde das Geschäftsjahr wie folgt in den Büchern abgebildet:

■ Buchungen

Materialaufwand (statistische Buchung, keine Berücksichtigung in der G+V-Rechnung)	an	Roh-, Hilfs- und Betriebsstoffe	400 000 DM

Personalaufwand (statistische Buchung, keine Berücksichtigung in der G+V-Rechnung)	an	Bank	700 000 DM

Abschreibungen (statistische Buchung, keine Berücksichtigung in der G+V-Rechnung)	an	Sachanlagen	100 000 DM

Fertige Erzeugnisse	1 200 000 DM	an	Materialaufwand (statistische Buchung, keine Berücksichtigung in der G+V-Rechnung)	400 000 DM
			Personalaufwand (statistische Buchung, keine Berücksichtigung in der G+V-Rechnung)	700 000 DM
			Abschreibungen (statistische Buchung, keine Berücksichtigung in der G+V-Rechnung)	100 000 DM

Herstellungskosten des Umsatzes	an	fertige Erzeug-nisse	6 000 Stück x 40 DM/Stück =	240 000 DM

allgemeine Verwal-tungskosten	an	fertige Erzeug-nisse	10 000 Stück x 10 DM/Stück =	100 000 DM

sonstiger betriebli-cher Aufwand	an	fertige Erzeug-nisse	10 000 Stück x 70 DM/Stück =	700 000 DM

Bank	an	Umsatzerlöse	6 000 Stück x 190 DM/Stück =	1 140 000 DM

- Bilanz

Aktiva		Passiva	
Sachanlagen	900 000 DM	Eigenkapital	1 200 000 DM
Material	200 000 DM	Jahresüberschuss	100 000 DM
Fertige Erzeugnisse	960 000 DM	Fremdkapital	2 000 000 DM
Bank	1 240 000 DM		
	3 300 000 DM		3 300 000 DM

- Gewinn- und Verlustrechnung

	Umsatzerlöse	1 140 000 DM
./.	Herstellungskosten des Umsatzes	240 000 DM
=	**Bruttoergebnis vom Umsatz**	**900 000 DM**
./.	allgemeine Verwaltungskosten	100 000 DM
./.	sonstiger betrieblicher Aufwand	700 000 DM
=	Jahresüberschuss	100 000 DM

- Angaben im Anhang gemäß § 285 (8) HGB

Materialaufwand	400 000 DM
Personalaufwand	700 000 DM

- Erläuterungen

  Der Saldo der Zu- und Abgänge bei den fertigen Erzeugnissen entspricht der Bestandserhöhung bei der gewählten Bewertungskonzeption:

1 200 000 DM		4 000 Stück x 40 DM/Stück
./. 240 000 DM		
./. 700 000 DM	=	
./. 100 000 DM		
= 160 000 DM		= 160 000 DM

Würde die XY AG ihre Lagerbestände mit Vollkosten bewerten und ihre Herstellungskosten des Umsatzes auf Vollkostenbasis ermitteln, würde das Geschäftsjahr wie folgt in den Büchern abgebildet:

■ Buchungen

Materialaufwand (statistische Buchung, keine Berücksichtigung in der G+V-Rechnung)	an	Roh-, Hilfs- und Betriebsstoffe	400 000 DM

Personalaufwand (statistische Buchung, keine Berücksichtigung in der G+V-Rechnung)	an	Bank	700 000 DM

Abschreibungen (statistische Buchung, keine Berücksichtigung in der G+V-Rechnung)	an	Sachanlagen	100 000 DM

Fertige 1 200 000 DM	an	Materialaufwand	400 000 DM
Erzeugnisse		(statistische Buchung, keine Berücksichtigung in der G+V-Rechnung)	
		Personalaufwand	700 000 DM
		(statistische Buchung, keine Berücksichtigung in der G+V-Rechnung)	
		Abschreibungen	100 000 DM
		(statistische Buchung, keine Berücksichtigung in der G+V-Rechnung)	

| Herstellungskosten des Umsatzes | an | fertige Er-zeugnisse | 6 000 Stück x 120 DM/Stück = | 720 000 DM |

| Bank | an | Umsatzerlöse | 6 000 Stück x 190 DM/Stück = | 1 140 000 DM |

■ Bilanz

Aktiva		Passiva	
Sachanlagen	900 000 DM	Eigenkapital	1 200 000 DM
Material	200 000 DM	Jahresüberschuss	420 000 DM
Fertige Erzeugnisse	1 280 000 DM	Fremdkapital	2 000 000 DM
Bank	1 240 000 DM		
	3 620 000 DM		3 620 000 DM

■ Gewinn- und Verlustrechnung

Umsatzerlöse	1 140 000 DM
./. Herstellungskosten des Umsatzes	720 000 DM
= **Bruttoergebnis vom Umsatz**	**420 000 DM**
= Jahresüberschuss	420 000 DM

■ Angaben im Anhang gemäß § 285 (8) HGB

Materialaufwand	400 000 DM
Personalaufwand	700 000 DM

■ Erläuterungen

Der Saldo der Zu- und Abgänge bei den fertigen Erzeugnissen entspricht der Bestandserhöhung bei der gewählten Bewertungskonzeption:

1 200 000 DM	=	4 000 Stück x 120 DM/Stück
./. 720 000 DM		
= 480 000 DM		= 480 000 DM

Das Beispiel verdeutlicht die Abhängigkeit der Herstellungskosten des Umsatzes, des umsatzbezogenen Bruttoergebnisses sowie des Jahresüberschusses von der Bewertungsmethode. Werden die Herstellungskosten des Umsatzes auf Vollkostenbasis ermittelt, sind die Herstellungskosten des Umsatzes höher und folglich das Bruttoergebnis vom Umsatz niedriger als bei einer Ermittlung der umsatzbezogenen Herstellungskosten auf Teilkostenbasis. Dafür ist bei einer Bestandsbewertung mit Vollkosten der Jahresüberschuss höher, weil mehr Aufwendungen durch die Aktivierung kompensiert werden. Im Beispiel steigt der Jahresüberschuss bei einer Bewertung zu Vollkosten um 420 000 DM ./. 100 000 DM = 320 000 DM. Das entspricht der Lagererhöhung multipliziert mit der Differenz aus Voll- und Teilkosten: 4 000 Stück x (120 DM ./. 40 DM) = 320 000 DM.

In der Praxis und der Literatur setzt sich jedoch immer mehr die Auffassung durch, dass der § 255 (2) HGB für die Ermittlung der umsatzbezogenen Herstellungskosten keine Rolle spielt. Im Hinblick auf die Regelungen in IAS und US-GAAP wird dafür plädiert, die Herstellungskosten des Umsatzes mit den produktionsbezogenen Vollkosten anzusetzen (vgl. Beck, 1995, § 275, Anm. 271, vgl. dazu noch einmal S. 61f.).

Das gilt unabhängig davon, wie selbsterstellte, nicht verkaufte Vermögensgegenstände in der Bilanz bewertet werden.

Fortführung des Beispiels:

Würde die XY AG ihre Lagerbestände mit Teilkosten bewerten und ihre umsatzbezogenen Herstellungskosten auf der Basis der produktionsbezogenen Vollkosten ermitteln, würde das Geschäftsjahr wie folgt in den Büchern abgebildet:

■ Buchungen

Materialaufwand (statistische Buchung, keine Berücksichtigung in der G+V-Rechnung)	an	Roh-, Hilfs- und Betriebsstoffe	400 000 DM

Personalaufwand (statistische Buchung, keine Berücksichtigung in der G+V-Rechnung)	an	Bank	700 000 DM

Abschreibungen (statistische Buchung, keine Berücksichtigung in der G+V-Rechnung)	an	Sachanlagen	100 000 DM

Fertige Erzeugnisse	1 200 000 DM	an	Materialaufwand (statistische Buchung, keine Berücksichtigung in der G+V-Rechnung)	400 000 DM
			Personalaufwand (statistische Buchung, keine Berücksichtigung in der G+V-Rechnung)	700 000 DM
			Abschreibungen (statistische Buchung, keine Berücksichtigung in der G+V-Rechnung)	100 000 DM

Herstellungskosten des Umsatzes	an	fertige Erzeugnisse	6 000 Stück x 110 DM/Stück =	660 000 DM

allgemeine Verwaltungskosten	an	fertige Erzeugnisse	10 000 Stück x 10 DM/Stück =	100 000 DM

An dieser Stelle sind von den gesamten Aufwendungen in Höhe von 1 200 000 DM 760 000 DM berücksichtigt. Die Differenz in Höhe von 1 200 000 DM ./. 760 000 DM = 440 000 DM stellt den Wert des Bestandsaufbaus **aus der Sicht der Gewinn- und Verlustrechnung** dar. Dies lässt sich auch dadurch nachvollziehen, dass 4 000 Stück z bewertet mit den Herstellungskosten des Umsatzes in Höhe von 110 DM/Stück gerade den 440 000 DM entsprechen. **Aus der Sicht der Bilanz** darf die Bestandserhöhung aber nur einen Wert von 160 000 DM haben. Denn bei Bewertung zu Teilkosten ergibt sich für den Lagerbestand ein Wert in Höhe von 4 000 z x 40 DM/z = 160 000 DM. Die Differenz in Höhe von 440 000 DM ./. 160 000 DM = 280 000 DM resultiert daraus, dass nach den bisherigen Buchungen der Saldo der Zu- und Abgänge bei den fertigen Erzeugnissen (= Bestandsaufbau) mit 4 000 z x (110 DM ./. 40 DM) = 280 000 DM zu hoch ist. Das macht eine Ausgleichsbuchung erforderlich. Eine Möglichkeit besteht darin, die Differenz als sonstigen betrieblichen Aufwand zu buchen:

sonstiger betrieblicher Aufwand	an	fertige Er-zeugnisse	4 000 Stück x 70 DM/Stück =	280 000 DM

Eine andere Möglichkeit besteht darin, die Differenz als Herstellungskosten des Umsatzes zu verbuchen:

Herstellungskosten des Umsatzes	an	fertige Er-zeugnisse	4 000 Stück x 70 DM/Stück =	280 000 DM

Für die Deklarierung der Differenz als Herstellungskosten des Umsatzes spricht die internationale Praktik. Die Einbeziehung in die umsatzbezogenen Herstellungskosten würde also dazu führen, dass „die Ergebnisrechnung nach dem Umsatzkostenverfahren international vergleichbarer würde." (Coenenberg, 1997a, S. 347, vgl. Adler/Düring/Schmaltz, 1992, § 275, Anm. 223). Für die Buchung als sonstigen betrieblichen Aufwand spricht, dass in der Periode des Lagerzugangs die Herstellungskosten des Umsatzes nicht zu hoch ausgewiesen werden (vgl. z.B. Coenenberg, 1997a, S. 347). Im Weiteren wird von einer Verbuchung als sonstiger betrieblicher Aufwand ausgegangen.

Bank	an	Umsatzerlöse	6 000 Stück x 200 DM/Stück =	1 140 000 DM

■ Bilanz

Aktiva		Passiva	
Sachanlagen	900 000 DM	Eigenkapital	1 200 000 DM
Material	200 000 DM	Jahresüberschuss	100 000 DM
Fertige Erzeugnisse	960 000 DM	Fremdkapital	2 000 000 DM
Bank	1 240 000 DM		
	3 300 000 DM		3 300 000 DM

■ Gewinn- und Verlustrechnung

Umsatzerlöse	1 140 000 DM
./. Herstellungskosten des Umsatzes	660 000 DM
= Bruttoergebnis vom Umsatz	**480 000 DM**
./. allgemeine Verwaltungskosten	100 000 DM
./. sonstiger betrieblicher Aufwand	280 000 DM
= Jahresüberschuss	100 000 DM

■ Angaben im Anhang gemäß § 285 (8) HGB

Materialaufwand	400 000 DM
Personalaufwand	700 000 DM

■ Erläuterungen

Der Saldo der Zu- und Abgänge bei den fertigen Erzeugnissen entspricht der Bestandserhöhung bei der gewählten Bewertung zu Teilkosten:

1 200 000 DM		4 000 Stück x 40 DM/Stück	
./. 660 000 DM			
./. 100 000 DM	=		
./. 280 000 DM			
= 160 000 DM		= 160 000 DM	

Die Herstellungskosten des Umsatzes sind auf der Grundlage der produktionsbezogenen Vollkosten ermittelt.

■ **Position 3: Bruttoergebnis vom Umsatz**

Das Ergebnis verkörpert die Absatzleistung des Unternehmens. Es ergibt sich aus der Differenz zwischen den Umsatzerlösen und den umsatzbezogenen Herstellungskosten. Durch den Spielraum bei der Ermittlung der Herstellungskosten des Umsatzes hängt es entscheidend von der Bewertungsmethode ab. Die betriebswirtschaftliche

Bedeutung der Zwischensumme wird überwiegend im Rahmen von zeitlichen Vergleichen gesehen (vgl. Beck, 1995, § 275, Anm. 280).

■ **Position 4: Vertriebskosten**

Unter diese Position fallen alle Personal-, Material-, und Abschreibungsaufwendungen sowie die sonstigen Kosten, die dem Vertriebsbereich zurechenbar sind. Beispiele sind Verpackungskosten, Transportkosten, Kosten der Marktforschung, Werbung und Absatzförderung, Kosten für Auslieferungsläger, Löhne und Gehälter der Vertriebsmitarbeiter, vertriebsbedingte Abschreibungen.

■ **Position 5: allgemeine Verwaltungskosten**

Die Position enthält alle Verwaltungskosten, die nicht in den Herstellungskosten des Umsatzes erfasst werden. Es handelt sich um Personal-, Material- und Abschreibungsaufwendungen sowie sonstige Aufwendungen, die dem Verwaltungsbereich zuzurechnen sind.

Die übrigen Positionen des Umsatzkostenverfahrens sind auch im Gesamtkostenverfahren zu finden. Allerdings kann es zu inhaltlichen Abweichungen kommen. So ist z.B. die Position „sonstige betriebliche Aufwendungen" im Umsatzkostenverfahren mit der gleichlautenden Position im Gesamtkostenverfahren nicht vergleichbar, weil erhebliche Teile der „sonstigen betrieblichen Aufwendungen" im Gesamtkostenverfahren im Umsatzkostenverfahren unter anderen Positionen ausgewiesen werden. Ein Beispiel dafür sind Messekosten, die im Umsatzkostenverfahren als Vertriebskosten ausgewiesen werden.

2.5 Ausgewählte zusätzliche Angaben und Informationen

2.5.1 Kapitalflussrechnung

Nach dem HGB müssen lediglich börsennotierte Konzerne eine Kapitalflussrechnung aufstellen (vgl. § 297 (1), S. 2 HGB). Eine Kapitalflussrechnung stellt die Zahlungsströme eines Unternehmens im Zeitablauf dar und weist im Ergebnis den Finanzmittelbestand am Ende des Geschäftsjahres aus. Dadurch soll die Einschätzung verbessert werden,

■ ob ein Unternehmen in der Zukunft Zahlungsüberschüsse (cash flows) erzielen wird,

■ ob fällige Zahlungsverpflichtungen erfüllt und eine Dividende gezahlt werden kann,

- welcher Finanzierungsbedarf künftig entstehen kann,
- wie die Investitions- und Finanzierungsvorgänge sich auf die Finanzlage des Unternehmens auswirken.

Üblicherweise ist die Kapitalflussrechnung in drei Bereiche unterteilt:

- laufende Geschäftstätigkeit,
- Investitionstätigkeit,
- Finanzierungstätigkeit.

Durch die Dreiteilung soll ein Überblick über die Mittelherkunft und Mittelverwendung gegeben werden.

Bei der Ermittlung der Zahlungsströme unterscheidet man die direkte und die indirekte Methode.

Bereiche der Kapitalfluss- rechnung	direkte Methode	indirekte Methode
laufende Geschäftstätigkeit	Bei der direkten Methode werden die wesentlichen Mittelzuflüsse und -abflüsse aus der laufenden Geschäftstätigkeit unmittelbar erfasst.	Bei der indirekten Methode geht man vom Jahresüberschuss/Jahresfehlbetrag aus und leitet durch Zu- bzw. Abrechnung zahlungsunwirksamer Geschäftsvorfälle die Zahlungsmittelveränderungen aus der laufenden Geschäftstätigkeit ab.
Investitionstätigkeit	Die Zahlungsströme aus der Investitionstätigkeit werden unmittelbar erfasst.	
Finanzierungstätigkeit	Die Zahlungsströme aus der Finanzierungstätigkeit werden unmittelbar erfasst.	

Abb. 36: Bereiche und Methoden der Kapitalflussrechnung

Da die Kapitalflussrechnung liquiditätsorientiert ist, ist der direkten Methode grundsätzlich der Vorzug zu geben. In der Praxis zeigt sich jedoch, dass die indirekte Methode von der überwiegenden Mehrheit der Unternehmen gewählt wird. Das liegt daran, dass die indirekte Methode unmittelbar auf dem Rechnungswesen aufbauen kann.

Vor diesem Hintergrund hat der Hauptfachausschuss des Instituts der Wirtschaftsprüfer in Deutschland sowohl für die direkte als auch für die indirekte Kapitalflussrechnung eine Mindestgliederung erarbeitet (vgl. IDW, 1995b, S. 210 ff.):

■ **direkte Kapitalflussrechnung**

1.		Einzahlungen von Kunden für den Verkauf von Erzeugnissen, Waren und Dienstleistungen
2.	-	Auszahlungen an Lieferanten und Beschäftigte
3.	+	Sonstige Einzahlungen, die nicht der Investitions- und Finanzierungstätigkeit zuzuordnen sind
4.	-	Sonstige Auszahlungen, die nicht der Investitions- und Finanzierungstätigkeit zuzuordnen sind
5.	**=**	**Mittelzufluss aus laufender Geschäftstätigkeit**
6.		Einzahlungen aus Abgängen (z.B. Verkaufserlöse, Tilgungsbeträge) von Gegenständen des Anlagevermögens (Restbuchwerte erhöht um Gewinne und vermindert um Verluste aus dem Anlagenabgang)
7.	-	Auszahlungen für Investitionen in das Anlagevermögen
8.	**=**	**Mittelzufluss/-abfluss aus der Investitionstätigkeit**
9.		Einzahlungen aus Kapitalerhöhungen und Zuschüssen der Gesellschafter
10.	-	Auszahlungen an Gesellschafter (Dividenden, Kapitalrückzahlungen, andere Ausschüttungen)
11.	+	Einzahlungen aus der Begebung von Anleihen und aus der Aufnahme von (Finanz-)Krediten
12.	-	Auszahlungen für die Tilgung von Anleihen und (Finanz-)Krediten
13.	**=**	**Mittelzufluss/-abfluss aus der Finanzierungstätigkeit**
14.		Zahlungswirksame Veränderungen des Finanzmittelbestands (Summe der Zeilen 5, 8 und 13)
15.	+/-	Wechselkursbedingte und sonstige Wertänderungen des Finanzmittelbestands
16.	+	Finanzmittelbestand am Anfang des Geschäftsjahres
17.	**=**	**Finanzmittelbestand am Ende des Geschäftsjahres**

Abb. 37: Mindestgliederung für die direkte Kapitalflussrechnung nach dem IDW

■ **indirekte Kapitalflussrechnung**

1.		Jahresüberschuss/Jahresfehlbetrag
2.	+/-	Abschreibungen/Zuschreibungen auf Gegenstände des Anlagevermögens
3.	+/-	Zunahme/Abnahme der Rückstellungen
4.	+/-	Sonstige zahlungsunwirksame Aufwendungen/Erträge
5.	-/+	Gewinn/Verlust aus dem Abgang von Gegenständen des Anlagevermögens
6.	-/+	Zunahme/Abnahme der Vorräte, der Forderungen aus Lieferungen und Leistungen sowie anderer Aktiva
7.	+/-	Zunahme/Abnahme der Verbindlichkeiten aus Lieferungen und Leistungen sowie anderer Passiva
8.	**=**	**Mittelzufluss aus laufender Geschäftstätigkeit**
9.		Einzahlungen aus Abgängen (z.B. Verkaufserlöse, Tilgungsbeträge) von Gegenständen des Anlagevermögens (Restbuchwerte erhöht um Gewinne und vermindert um Verluste aus dem Anlagenabgang)
10.	-	Auszahlungen für Investitionen in das Anlagevermögen
11.	**=**	**Mittelzufluss/-abfluss aus der Investitionstätigkeit**
12.		Einzahlungen aus Kapitalerhöhungen und Zuschüssen der Gesellschafter
13.	-	Auszahlungen an Gesellschafter (Dividenden, Kapitalrückzahlungen, andere Ausschüttungen)
14.	+	Einzahlungen aus der Begebung von Anleihen und aus der Aufnahme von (Finanz-)Krediten
15.	-	Auszahlungen für die Tilgung von Anleihen und (Finanz-)Krediten
16.	**=**	**Mittelzufluss/-abfluss aus der Finanzierungstätigkeit**
17.		Zahlungswirksame Veränderungen des Finanzmittelbestands (Summe der Zeilen 8, 11 und 16)
18.	+/-	Wechselkursbedingte und sonstige Wertänderungen des Finanzmittelbestands
19.	+	Finanzmittelbestand am Anfang des Geschäftsjahres
17.	**=**	**Finanzmittelbestand am Ende des Geschäftsjahres**

Abb. 38: Mindestgliederung für die indirekte Kapitalflussrechnung nach dem IDW

Nach IAS und US-GAAP ist die Aufstellung von Kapitalflussrechnungen generell Pflicht (SFAS 95, IAS 7). Diese Pflicht resultiert daraus, dass der Jahresabschluss nach IAS und US-GAAP investororientiert aufzustellen ist und zukünftige Zahlungsüberschüsse (cash flows) von besonderer Bedeutung für Investitionsentscheidungen sind. Die IAS haben sich bei ihren Regeln zur Kapitalflussrechnung weitgehend an das Vorbild von SFAS 95 angelehnt. Aus diesem Grund wird in den USA eine Kapitalflussrechnung nach IAS als gleichwertig mit einer nach US-GAAP angesehen (vgl. KPMG, 1999b, S. 158). Da der Vorschlag des IDW sich seinerseits weitgehend an IAS 7 anlehnt, bestehen zwischen den Kapitalflussrechnungen nach IDW, IAS und US-GAAP keine nennenswerten Unterschiede.

2.5.2   Eigenkapitalentwicklung

Im Unterschied zum HGB verlangen IAS und US-GAAP einen eigenständigen Nachweis über solche Entwicklungen des Eigenkapitals, die sich in der Gewinn- und Verlustrechnung nicht als Erträge und Aufwendungen niederschlagen. Beispiele dafür sind:

- Kapitalerhöhungen gegen Einlagen,
- Veränderungen von Gewinnrücklagen,
- Veränderungen der Neubewertungsrücklagen.

Bei der Darstellung der Eigenkapitalveränderungen ist für jeden Eigenkapitalposten vom Anfangsbestand auf den Endbestand derart überzuleiten, dass alle wesentlichen Veränderungen sichtbar werden.

Der Verzicht auf einen eigenständigen Nachweis über erfolgsneutrale Eigenkapitalveränderungen im deutschen Jahresabschluss ist nicht gleichbedeutend mit einem vollständigen Verzicht auf Informationen über solche Eigenkapitalveränderungen. So fordert z.B. das deutsche Aktienrecht, Veränderungen der Gewinn- und Kapitalrücklagen im Anhang anzugeben (vgl. dazu 2.5.3 Anhang).

2.5.3   Anhang

Nach § 264 (1) HGB muss der Jahresabschluss einer Kapitalgesellschaft einen Anhang enthalten. Der Anhang ergänzt die Bilanz und die Gewinn- und Verlustrechnung durch zusätzliche Informationen, die für die Beurteilung der Vermögens-, Finanz- und Ertragslage von Bedeutung sind. Das HGB sieht für den Anhang keine besondere Form vor. Infolgedessen ist er als solcher zu bezeichnen und vom Lagebericht abzugrenzen. Die Angaben im Anhang müssen wahr, vollständig, klar und übersichtlich sein und sich auf wesentliche Sachverhalte beschränken. Das HGB regelt die Anhangangaben in den §§ 284 bis 286. Darüber hinaus ergeben sich Angabepflichten aus rechtsformspezifischen

Gesetzen wie dem Aktiengesetz. So muss der Anhang einer Aktiengesellschaft z.B. enthalten:

■ Angaben über Bilanzierungs- und Bewertungsmethoden (§ 284 (2) HGB),

■ Angaben über die Verfahren der Währungsumrechnung (§ 284 (2) HGB),

■ Angaben und Begründungen für Abweichungen von Bilanzierungs- und Bewertungsmethoden (§ 284 (2) HGB),

■ Angaben über den Gesamtbetrag der Verbindlichkeiten mit einer Restlaufzeit von mehr als fünf Jahren und über den Gesamtbetrag der Verbindlichkeiten, die durch Pfandrechte oder ähnliche Rechte gesichert sind (§ 285 HGB),

■ Ausweis des Materialaufwandes und der Personalaufwendungen bei Anwendung des Umsatzkostenverfahrens in der Gewinn- und Verlustrechnung § 285 HGB),

■ Angaben über die Gesamtbezüge für die Mitglieder der Geschäftsführung, eines Aufsichtsrates, eines Beirats oder einer ähnlichen Einrichtung (Organbezüge) (§ 285 HGB),

■ Erläuterungen der Bilanzposition „sonstige Rückstellungen", wenn diese Rückstellungen in der Bilanz nicht gesondert aufgeführt sind und einen erheblichen Umfang haben (§ 285 HGB),

■ Angaben zu Veränderungen bei den Kapitalrücklagen (§ 152 (2) AktG),

■ Angaben zu Veränderungen bei den Gewinnrücklagen (§ 152 (3) AktG).

Für kleine und mittelgroße Kapitalgesellschaften sieht der § 288 HGB größenabhängige Erleichterungen bei der Aufstellung des Anhangs vor. So brauchen z.B. kleine Kapitalgesellschaften im Sinne des § 267 (1) HGB die Bilanzposition „sonstige Rückstellungen" nicht zu erläutern.

Über die vorgeschriebenen Anhangangaben hinaus können freiwillige Angaben gemacht werden, um den Informationsempfängern des Jahresabschlusses zusätzliche Informationen zu vermitteln.

Auch nach IAS und US-GAAP ist im Jahresabschluss ein Anhang (notes) vorgesehen, der eine Vielzahl von Angaben enthalten muss. Dabei gibt es Gemeinsamkeiten und Unterschiede zu den deutschen Angabepflichten. So müssen z.B.

■ sowohl nach HGB als auch nach IAS und US-GAAP die angewandten Bilanzierungs- und Bewertungsmethoden angegeben werden,

- nach IAS und US-GAAP umfangreichere Angaben zu Währungsumrechnungen als nach dem HGB gemacht werden (vgl. Selchert/Erhardt, 1998, S. 239, S. 241),

- Organbezüge nach HGB, nicht aber nach IAS und US-GAAP angegeben werden (vgl. Selchert/Erhardt, 1998, S. 260, S. 264).

2.5.4   Segmentberichte

Die Beurteilung eines Unternehmens wird erschwert, wenn es

- in geographisch unterschiedlichen Regionen,

- verschiedenartige Produkte und Dienstleistungen

anbietet und über diese Aktivitäten im Jahresabschluss nur in aggregierter Form berichtet. Denn durch die Aggregation nivellieren sich die spezifischen Gewinne und Verluste sowie Chancen und Risiken einzelner Unternehmensaktivitäten – sie sind nicht ersichtlich. Diesem Problem begegnet die Berichterstattung über Segmente.

Ein Segment ist ein abgegrenzter Bereich eines Unternehmens. International dominiert die Segmentierung nach Geschäftsfeldern und Regionen. Das gilt z.B. für Australien, Deutschland, Großbritannien und Neuseeland. Geschäftsfelder sind produktbezogene Tätigkeitsbereiche. Regionen sind geographische Tätigkeitsbereiche. Die BASF hat beispielsweise folgende Segmente gebildet (vgl. BASF, 1999, S. 12):

Geschäftsfelder	Regionen
■ Gesundheit und Ernährung	■ Europa
■ Farbmittel und Veredelungsprodukte	■ Nordamerika
■ Chemikalien	■ Südamerika
■ Kunststoffe und Fasern	■ Asien, Pazifischer Raum, Afrika
■ Öl und Gas	
■ sonstige	

Segmentberichte haben die Aufgabe, wichtige Daten über einzelne Segmente eines Unternehmens zur Verfügung zu stellen und damit einen vertieften Einblick in die wirtschaftlichen Strukturen eines Unternehmens zu geben. Nach § 297 (1), S. 2 HGB sind Segmentberichte für börsennotierte Konzerne Pflicht. Allerdings fordert das HGB nur eine rudimentäre Segmentberichterstattung, weil es lediglich die Angabe der Segmentumsätze vorschreibt (§ 285 (4), § 314 (3) HGB). Das ist im internationalen Vergleich völlig unzureichend. Daher finden sich in deutschen Geschäftsberichten meistens zusätzliche Informationen über die Segmente. So veröffentlicht z.B. die BASF für ihre Geschäftsfelder folgende Informationen (vgl. BASF, 1999, S. 12-13):

- externe Umsätze,

- Umsatz einschließlich des Leistungsaustauschs zwischen den Segmenten,

- Ergebnis,

- Vermögen,

- Vermögensrendite

- die Forschungskosten,

- Investitionen in Sachanlagen und immaterielle Vermögensgegenstände,

- Abschreibungen auf Sachanlagen und immaterielle Vermögensgegenstände.

Die Segmentberichterstattung nach IAS ist im IAS 14 geregelt. Danach müssen solche Unternehmen einen Segmentbericht erstellen, die den Kapitalmarkt in Anspruch nehmen. Es ist nach Geschäftsfeldern und Regionen zu segmentieren. Dabei ist zwischen primären und sekundären Segmenten zu unterscheiden. Primäre Segmente sind solche, die einen hohen Offenlegungsbedarf aufweisen. Sekundäre Segmente sich solche mit niedrigem Offenlegungsbedarf. Wenn die Risiken und die Eigenkapitalrendite des Unternehmens hauptsächlich auf die Geschäftsfelder zurückzuführen sind, sind diese die primären Segmente und die Regionen die sekundären Segmente. Andernfalls ist es umgekehrt (vgl. IAS 14.26). Sind die Segmente gleichgewichtig, sind die Geschäftsfelder die primären und die Regionen die sekundären Segmente. Für primäre Segmente sind zahlreiche Angaben zu machen (vgl. dazu im Einzelnen Böcking/Benecke, 1998, S. 100-101). Dazu gehören z.B.:

- Segmentumsatz mit separaten Angaben über externe und intersegmentäre Umsätze,

- Segmentergebnis,

- Segmentvermögen,

- Investitionen in langfristiges Segmentvermögen (immaterielle Vermögensgegenstände und Sachanlagen),

- Abschreibungen und Wertberichtigungen,

- Segmentverbindlichkeiten.

Für sekundäre Segmente werden die offenzulegenden Angaben nach der Art der primären Segmente bestimmt. Wenn z.B. die primären Segmente die Geschäftsfelder sind, dann sind für Regionen mit externen Umsätzen oder assets $\geq$ 10% des entsprechenden Betrages des Gesamtunternehmens folgende Angaben zu machen (vgl. Böcking/Benecke, 1998, S. 102):

- ■ Segmentumsatz mit fremden Dritten,

- ■ Segmentvermögen,

- ■ Investitionen in langfristiges Segmentvermögen.

Die Segmentberichterstattung nach US-GAAP ist im SFAS 131 geregelt. Danach ist ein Segmentbericht für alle börsennotierten Unternehmen Pflicht. In der US-amerikanischen Rechnungslegung folgt die Segmentierung dem management approach. Das bedeutet, dass die Segmente entsprechend der tatsächlichen Führungsstruktur eines Unternehmens gebildet werden. Häufig entsprechen die so gebildeten Segmente nicht den international gängigen Segmenten „Geschäftsfelder" und „Regionen". Insofern kann die Vergleich-barkeit mit Unternehmen anderer Länder durch den management approach leiden (vgl. Ordelheide/Stubenrath, 1998, S. 286). Die Angabepflichten für die Segmente sind umfangreich und gehen über die Angabepflichten der IAS für primäre Segmente noch hinaus (vgl. dazu im Einzelnen Böcking/Benecke, 1998, S. 100-101).

Das Problem der mangelnden internationalen Vergleichbarkeit durch den management approach wird allerdings in gewissem Umfang dadurch entschärft, dass nach US-GAAP eine zusätzliche Segmentierung nach Geschäftsfeldern und Regionen wie folgt vorgese-hen ist:

- ■ Geschäftsfelder

   Wenn die Segmentierung nach dem management approach den Geschäftsfeldern nicht entspricht, muss zusätzlich über die Geschäftsfelder informiert werden. Allerdings ist in diesem Fall nur über deren externe Umsätze zu berichten (vgl. Ordelheide/Stuben-rath, 1998, S. 294).

- ■ Regionen

   Generell sind über Regionen folgende Angaben zu machen (vgl. Ordelheide/Stuben-rath, 1998, S. 294-295:

   - ♦ externe Umsätze,

   - ♦ langfristiges Segmentvermögen,

   - ♦ langfristige Geschäftsbeziehungen zu Finanzintermediären,

   - ♦ sonstige Angaben z.B. über Grundschulden und aktive latente Steuern.

Außerdem müssen nach US-GAAP Angaben über Großkunden (major customers) ge-macht werden. „Wenn zumindest 10% der Gesamtumsatzerlöse mit einem einzelnen Kunden getätigt werden, muss diese Tatsache offengelegt werden. Die Angaben bein-halten das betroffene Segment und den Umsatz, nicht jedoch die Nennung dieses Kunden." (KPMG, 1999b, S. 176).

2.5.5   Lagebericht

Bilanz, Gewinn- und Verlustrechnung sowie der Anhang können die wirtschaftliche Lage eines Unternehmens nicht vollständig beschreiben. Dazu sind ergänzende Informationen über betriebswirtschaftliche, volkswirtschaftliche, technische, rechtliche und soziale Aspekte erforderlich (vgl. Baus, 1999, S. 80). Diese Informationen enthält der Lagebericht. Er ist nach § 264 (1), S. 1 HGB von jeder Kapitalgesellschaft zu erstellen, sofern es sich nicht um eine kleine Kapitalgesellschaft handelt (vgl. § 264 (1), S. 3 HGB). Da das HGB keine Formvorschriften für den Lagebericht enthält, haben die Unternehmen bei seiner Erstellung einen Ermessensspielraum. Wie im Anhang müssen die Angaben im Lagebericht wahr, vollständig, klar und verständlich sein und sich auf wesentliche Sachverhalte beschränken. Nach § 289 (1) HGB sind im Lagebericht „zumindest der Geschäftsverlauf und die Lage der Kapitalgesellschaft so darzustellen, dass ein den tatsächlichen Verhältnissen entsprechendes Bild vermittelt wird; dabei ist auch auf die Risiken der künftigen Entwicklung einzugehen."

Die Begriffe „Lage" und „Geschäftsverlauf" werden im HGB nicht definiert. Beide Teile der Berichterstattung lassen sich nur schwierig voneinander abgrenzen, weil sie sehr eng miteinander verknüpft sind. Aus den Angaben zum Geschäftsverlauf und zur Lage muss ersichtlich sein, wie sich die Geschäfte im abgelaufenen Jahr entwickelt haben, welche Ereignisse dafür verantwortlich waren und wie sich die Situation am Bilanzstichtag darstellt. Beispiel: "Das Geschäft verlief bis zur Jahresmitte 1998 sehr erfreulich, schwächte sich jedoch in der zweiten Jahreshälfte deutlich ab. Unter dem Einfluss der verschiedenen Krisen gaben die Preise nach, und die Nachfrage ging zurück. Wir haben daher den guten Umsatz von 1997 nicht erreicht. Das Ergebnis konnten wir dennoch auf hohem Niveau halten. Dazu trugen rückläufige Rohstoffkosten ebenso bei wie Maßnahmen zur Rationalisierung und Kostensenkung. Hinzu kam ein gutes Finanzergebnis." (BASF, 1999, S. 8). Das Eingehen auf Risiken der künftigen Entwicklung kann z.B. wie folgt aussehen: „In den USA haben Käufer von Vitaminprodukten Klagen gegen verschiedene Hersteller, darunter auch Gesellschaften der BASF-Gruppe, erhoben. Sie machen die Verletzung kartellrechtlicher Bestimmungen geltend, die auch Gegenstand einer behördlichen Überprüfung ist. Die Klagen befinden sich noch im Anfangsstadium. Wir haben Klageabweisung beantragt. Unsere Bemühungen, den Rechtsstreit um das Medikament Synthroid in den USA durch einen angemessenen Vergleich beizulegen, werden fortgesetzt." (BASF, 1999, S. 10).

Neben den Muss-Vorschriften des § 289 (1) HGB sieht der § 289 (2) weitere Soll-Vorschriften vor: „Der Lagebericht soll auch eingehen auf:

1.   Vorgänge von besonderer Bedeutung, die nach dem Schluss des Geschäftsjahres eingetreten sind;

2.   die voraussichtliche Entwicklung der Kapitalgesellschaft;

3.   den Bereich Forschung und Entwicklung;

4.   bestehende Zweigniederlassungen der Gesellschaft."

Zu den nach dem Bilanzstichtag eingetretenen Vorgängen von besonderer Bedeutung gehören Ereignisse, die für die Einschätzung der Zukunftsaussichten des Unternehmens
wichtig sind. Beispiele für solche Vorgänge sind Veränderungen der Rahmenbedingun-
gen (z.B. Gesetzgebung, gesamtwirtschaftliche Entwicklung), sinkende Verkaufspreise
und steigende Rohstoffpreise. Über die voraussichtliche Entwicklung der Kapitalgesellschaft wird berichtet, indem die Geschäftsleitung ihre Erwartungen für die Zukunft dar-
legt. Im Bericht über den Bereich Forschung und Entwicklung wird beispielsweise auf
das Volumen der Aufwendungen für Forschung und Entwicklung eingegangen: „Mit
Forschung und Entwicklung gestalten wir unsere Zukunft. Der Einsatz zahlt sich aus: Im
Jahr 2000 werden wir mindestens ein Fünftel unseres Umsatzes (ohne das Segment Öl
und Gas) mit Produkten erzielen, die in den letzten fünf Jahren neu in den Markt einge-
führt wurden. Der Preis dafür: F+E-Aufwendungen von rund 2,6 Milliarden DM allein in
1998 und voraussichtlich 2,8 Milliarden DM in 1999." (BASF, 1999, S. 26). Zum Bericht über die Zweigniederlassungen des Unternehmens gehören u.a. Angaben, wo und
wann Niederlassungen eröffnet wurden.

Weder IAS noch US-GAAP fordern einen Lagebericht, wie ihn das HGB vorschreibt
(vgl. Coenenberg, 1997a, S. 402, Selchert/Erhardt, 1998, S. 267). Allerdings sehen sie
eine Reihe von Angabepflichten vor, die den Informationen des Lageberichts entsprechen oder ähneln. So müssen z.B. sowohl nach IAS als auch nach US-GAAP wesentliche
Ereignisse offengelegt werden, die nach dem Bilanzstichtag eingetreten sind. Wenn z.B.
die Produktionsstätte eines Schuldners nach dem Bilanzstichtag durch Brand zerstört
wird und der Schuldner deswegen Konkurs anmelden muss, ist dieser Sachverhalt im
Anhang (notes) darzulegen.

Literaturverzeichnis

Achleitner, Ann-Krisitn / Behr, Giorgio, International Accounting Standards, 2. Auflage, München, 2000

Adler / Düring / Schmaltz, Rechnungslegung und Prüfung der Unternehmen, 6. Aufl. in mehreren Teilbänden, bearbeitet von K.-H. Forster, R. Goerdeler, J. Lanfermann, H.-P. Müller, G. Siepe und K. Stolberg, Stuttgart, 1995 ff.

AktG, Aktiengesetz, Beck-Texte, 31. Aufl., München, 1999

Arnold, Günter / Botta, Volkmar / Hoefener, Frank / Pech, Ulrike, Rechnungswesen und Controlling, hrsg. v. Volkmar Botta, Herne/Berlin, 1998

Ballwieser, Wolfgang, Was bewirkt eine Umstellung der Rechnungslegung vom HGB auf US-GAAP?, in: US-amerikanische Rechnungslegung, hrsg. v. Wolfgang Ballwieser, 3. Aufl., Stuttgart, 1998, S. 331-349

BASF, Geschäftsbericht 1998, Ludwigshafen, 1999

Bauer, Sibylle, Spätes Erwachen: Jahrelang haben deutsche Unternehmen Bestrebungen, die Rechnungslegungsvorschriften weltweit zu harmonisieren, nicht ernstgenommen. Nun steht ihre Bilanzierungspraxis auf dem Spiel, in: TopBusiness, Februar 1994, S. 112-116

Baukmann, Dirk / Mandler, Udo, International Accounting Standards, München/Wien, 1997

Baus, Josef, Bilanzpolitik, Berlin, 1999

Beck, C. H., Beck'scher Bilanzkommentar, 3. Aufl., München, 1995

Blödtner, Wolfgang / Bilke, Kurt / Weiss, Manfred, Lehrbuch Buchführung und Bilanzsteuerrecht, 4. Aufl., Berlin, 1997

Böcking, Hans-Joachim / Benecke, Birka, Neue Vorschriften zur Segmentberichterstattung nach IAS und US-GAAP unter dem Aspekt des Business Reporting, in: Die Wirtschaftsprüfung, 3 (1998), S. 92-107

Born, Karl (1999a), Rechnungslegung nach IAS, US-GAAP und HGB im Vergleich, Stuttgart, 1999

Born, Karl (1999b), Rechnungslegung International, 2. Auflage, Stuttgart, 1999

Buhleier, Christian / Helmschrott, Harald, Auf dem Weg zu den Weltstandards bei der Konzernrechnungslegung – Zur Anwendbarkeit der IAS und US-GAAP, in: Betriebs-Berater, (15) 1997, S. 775-779

Busse von Colbe, Walther, Rechnungslegungsziele und Ansätze zur internationalen Harmonisierung der Rechnungslegung deutscher Unternehmen, in: US-amerikanische Rechnungslegung, hrsg. v. Wolfgang Ballwieser, 3. Aufl., Stuttgart, 1998, S. 369-387

Bussiek, Jürgen / Ehrmann, Harald, Buchführung, 6. Aufl., Ludwigshafen, 1999

Coenenberg, Adolf, Jahresabschluß und Jahresabschlußanalyse, Aufgaben und Lösungen, 7. Aufl., Landsberg/Lech, 1994

Coenenberg, Adolf (1997a), Jahresabschluß und Jahresabschlußanalyse, 16. Aufl., Landsberg/Lech, 1997

Coenenberg, Adolf (1997b), Jahresabschluß und Jahresabschlußanalyse, Aufgaben und Lösungen, 9. Aufl., Landsberg/Lech, 1997

Demming, Claudia, US-amerikanische Rechnungslegung, in: Internationale Rechnungslegung, hrsg. v. Horst Gräfer / Claudia Demming, Stuttgart, 1994, S. 229-306

EStG, Einkommenssteuergesetz, Beck-Texte, 24. Aufl., München, 1998

Financial Accounting Standards Board, Original Pronouncements – 1998/99 Edition, Accounting Standards as of June 1, 1998, Vol. I: FASB Statements of Standards, Vol. II: AICPA Pronouncements, FASB Interpretations, FASB Concepts Statements, FASB Technical Bulletins, New York u.a., 1998

Fischer, Lutz, Bilanz, steuerliche, in: Handwörterbuch der Betriebswirtschaft, hrsg. v. Erwin Grochla und Waldemar Wittmann, 4. Aufl., Stuttgart, 1984, Sp. 887-899

Frankenberg, Peter, Jahresabschlüsse im internationalen Vergleich, Analyse US-amerikanischer und deutscher Unternehmen, Wiesbaden, 1993

GmbHG, GmbH-Gesetz, Beck-Texte, 31. Aufl., München 1999

Goebel, Andrea, Die Konzernrechnungslegung nach HGB, IAS und US-GAAp, in: Der Betrieb, Heft 50 (1995), S. 2489-2492

Göbel, Stefan, Die Bilanzierung von Tageswerten und die Saldierung von Gewinnen und Verlusten, in: US-amerikanische Rechnungslegung, hrsg. v. Wolfgang Ballwieser, 3. Aufl., Stuttgart, 1998, S. 165-187

Gräfer, Horst, Annual Report – Der US-amerikanische Jahresabschluss, Ein praktischer Leitfaden zum Verständnis und zur Analyse US-amerikanischer Geschäftsberichte, Stuttgart, 1992

Gräfer, Horst / Sorgenfrei, Christiane, Bilanzierungstraining, Herne/Berlin, 1998

Haller, Axel, Das Verhältnis von steuerrechtlicher und „handesrechtlicher" Rechnungslegung in den USA, in: DBW, 1988, S. 723-733

Haller, Axel, Wesentliche Ziele und Merkmale US-amerikanischer Rechnungslegung, in: US-amerikanische Rechnungslegung, hrsg. v. Wolfgang Ballwieser, 3. Aufl., Stuttgart, 1998, S. 1-26

Hayn, Sven, Internationale Rechnungslegung: Ursachen, Wirkungen und Lösungsansätze zur Überwindung internationaler Rechnungslegungsdivergenzen, Stuttgart, 1997

HGB, Handelsgesetzbuch, Beck-Texte, 34. Aufl., München, 1999

IDW (1995a), Rechnungslegung nach International Accounting Standards, 1995

IDW (1995b), Stellungnahme HFA 1/1995: Die Kapitalflussrechnung als Ergänzung des Jahres- und Konzernabschlusses, Gemeinsame Stellungnahme des Hauptfachausschusses und des Arbeitskreises „Finanzierungsrechnung" der Schmalenbach-Gesellschaft / Deutsche Gesellschaft für Betriebswirtschaft e.V., in: Die Wirtschaftsprüfung, 1995, S. 210ff.

International Accounting Standards Committee (Hrsg.), International Accounting Standards 1998, London 1998

International Accounting Standards Committee (Hrsg.), International Accounting Standards 1998, Deutsche Fassung, Stuttgart, 1999

International Accounting Standards Committee (Hrsg.), International Accounting Standards 1999, Deutsche Fassung, Stuttgart, 1999

Kieso, Donald E. / Weygandt, Jerry J., Intermediate Accounting, 8. Aufl., New York/Brisbane/Toronto/Singapore, 1995

Kleekämper, Heinz, IASC – Das Trojanische Pferd der SEC?, in: US-amerikanische Rechnungslegung, hrsg. v. Wolfgang Ballwieser, 3. Aufl., Stuttgart, 1998, S. 351-367

KPMG Deutsche Treuhand-Gesellschaft (Hrsg.) Die Lifo-Bewertung im amerikanischen Handels- und Steuerrecht, o.O., 1988

KPMG Deutsche Treuhand-Gesellschaft (Hrsg.) (1997), Rechnungslegung nach US-amerikanischen Grundsätzen, Düsseldorf, 1997

KPMG Deutsche Treuhand-Gesellschaft (Hrsg.) (1999a), International Accounting Standards, Stuttgart, 1999

KPMG Deutsche Treuhand-Gesellschaft (Hrsg.) (1999b), Rechnungslegung nach US-amerikanischen Grundsätzen, 2. Aufl., Düsseldorf, 1999

Kremin-Buch, Beate, Strategisches Kostenmanagement, Wiesbaden, 1998

Küting, Karlheinz / Weber, Claus-Peter, Die Bilanzanalyse, 4. Aufl., Stuttgart 1999

Kupsch, Peter, Ansatz und Bewertung von Rückstellungen im amerikanischen Jahresabschluß – eine vergleichende Betrachtung aus deutscher Sicht, in: US-amerikanische Rechnungslegung, hrsg. v. Wolfgang Ballwieser, 3. Aufl., Stuttgart, 1998, S. 109-133

Leffson, Ulrich, Die Grundsätze ordnungsmäßiger Buchführung, 7. Aufl., Düsseldorf 1987

Maret, Johannes / Wepler, Lothar, Internationalisierung der Rechnungslegung – Die Kapitalmarkt- und Analystenperspektive, in: Internationale Rechnungslegung, Festschrift für Professor Claus-Peter Weber zum 60. Geburtstag, hrsg. v. Karl-Heinz Küting / Günther Langenbucher, Stuttgart, 1999, S. 37-44

Olfert, Klaus, Kostenrechnung, 9. Aufl., Ludwigshafen, 1994

Olfert, Klaus / Körner, Werner / Langenbeck, Jochen, Bilanzen, 8. Aufl., Ludwigshafen, 1998

Ordelheide, Dieter, Wettbewerb der Rechnungslegungssysteme IAS, US-GAAP und HGB, in: Controlling und Rechnungswesen im internationalen Wettbewerb, hrsg. v. C. Börsig / A. Coenenberg, Stuttgart, 1998, S. 15-53

Ordelheide, Dieter / Stubenrath, Michael, Segmentberichterstattung, in: US-amerikanische Rechnungslegung, hrsg. v. Wolfgang Ballwieser, 3. Aufl., Stuttgart, 1998, S. 273-298

Richardt, Bodo, Internationale Rechnungslegung in Deutschland, in: Gestaltung und Analyse in der Rechts-, Wirtschafts- und Steuerberatung von Unternehmen, hrsg. v. Haarmann, Hemmelrath & Partner, Sozietät von Rechtsanwälten, Wirtschaftsprüfern und Steuerberatern, Köln, 1998, S. 311-324

Riebel, Paul, Einzelkosten- und Deckungsbeitragsrechnung, 7. Aufl., Wiesbaden, 1994

Saage, Gustav, Die stillen Reserven im Rahmen der aktienrechtlichen Pflichtprüfung, Köln, 1959

Scherrer, Gerhard, Grundlagen der US-amerikanischen Konzernrechnungslegung, in: US-amerikanische Rechnungslegung, hrsg. v. Wolfgang Ballwieser, 3. Aufl., Stuttgart, 1998, S. 223-272

Schildbach, Thomas, Ansatz und Bewertung immaterieller Anlagewerte, in: US-amerikanische Rechnungslegung, hrsg. v. Wolfgang Ballwieser, 3. Aufl., Stuttgart, 1998, S. 95-107

Schreiber, Ulrich, Die Bedeutung der US-amerikanischen Rechnungslegung für die Besteuerung von Gewinnen und Ausschüttungen, in: US-amerikanische Rechnungslegung, hrsg. v. Wolfgang Ballwieser, 3. Aufl., Stuttgart, 1998, S. 47-94

Selchert, Friedrich / Erhardt, Martin, Internationale Rechnungslegung, München/Wien, 1998

Steiner, Manfred, Kommentierung zu IAS 25, in: Rechnungslegung nach International Accounting Standards (IAS): Kommentar auf der Grundlage des deutschen Bilanzrechts, hrsg. v. Jörg Baetge, Dietrich Dörner, Heinz Kleekämper, Peter Wollmert, Stuttgart, 1997, S. 923-953

Vigelius, Christoph, HGB, US-GAAP, IAS, Vergleich deutscher und internationaler Rechnungslegungsstandards, Diskussionsbeiträge zur Bankbetriebslehre, hrsg. v. Thomas Heidorn, Heinz Cremers, Jürgen Moormann, Bd. 4, 2. Aufl., Frankfurt, 1998

Wöhe, Günter / Kaiser, Hans / Döring, Ulrich, Übungsbuch zur Einführung in die allgemeine Betriebswirtschaftslehre, 8. Aufl., München, 1996

Wollmert, Peter / Achleitner, Ann-Kristin, Konzeptionelle Grundlagen der IAS-Rechnungslegung, in: Die Wirtschaftsprüfung, Jg. 50, Teil I, 7 (1997), S. 209-222, Teil II, 8 (1997), S. 245-256

Stichwortverzeichnis